Weben

Clara Creager

Ein schöpferisches
Kunsthandwerk

Hörnemann

Layout: Rolf Bünermann und Uwe Köppermann
Originalverlag: Doubleday & Company, Inc., New York
Originaltitel: Weaving
Deutsch von Claudia Kölling

© 1974 by Clara Creager
Alle deutschen Rechte beim
Hörnemann Verlag, Bonn-Röttgen 1979
Gesamtherstellung: Mohndruck
Reinhard Mohn GmbH, Gütersloh
Printed in Germany
Buchnummer 239/04040/1
ISBN 3-87384-440-0

Inhalt

Einleitung

Weben ist etwas Schöpferisches, das für jeden von uns einen anderen Stellenwert besitzt. Für unsere Vorfahren war es eine Notwendigkeit, da jedes Kleidungsstück aus handgewebtem Tuch gefertigt wurde. Heutzutage wird das Weben immer mehr zu einem Kunsthandwerk. Einige sehen darin die Renaissance eines Handwerks, andere ungeahnte Möglichkeiten textilen Gestaltens. Tatsächlich kann beim Weben jeder ganz individuell seinen Neigungen nachgehen. Der Weber fügt ähnlich wie der Komponist ganz unterschiedliche Elemente zu einem Ganzen zusammen. Schon mit der primitivsten Ausrüstung, mit einem Strang Garn oder einem Faden, kann man schöne, dekorative oder nützliche Gegenstände schaffen. Weben ist eines der ältesten Handwerke, und durch intensives Studium der alten Muster und Techniken können Sie ohne weiteres die alten Vorbilder nacharbeiten. Dem Kreativen aber wird das Weben zur Sprache, um seine Gefühle und Empfindungen auszudrücken. Zu beidem soll dieses Buch Anregungen geben: Nach einer allgemeinen Information über Webstühle, Garne und die grundlegenden Techniken, werden die traditionellen Webmuster und Techniken für vierschäftige Webstühle beschrieben. Es folgt das freie oder kreative Weben, das sowohl auf primitiven Webrahmen, die Sie selbermachen können, wie auch auf den größeren, herkömmlichen Webstühlen möglich ist. Wir wollen weder durch eine bestimmte Tradition noch durch die technischen Grenzen eines spezifischen Webstuhls gebunden sein.

Abb. links:
Dekorativer Wandbehang von Clara Creager
Leinenbindiges Gewebe aus verschiedenen Garnen in unbestimmter Folge.

Mechanische Vorrichtungen und Hilfsmittel und durch Übung erworbene Geschicklichkeit sollen ja nur dazu dienen, den Faden so führen zu können, wie es Ihrem ideellen Konzept entspricht.

Mögen Sie auch das Vergangene schätzen – und das Erbe an Webmustern ist groß – so hoffe ich doch, daß Sie sich der Zukunft und den vielen Bereichen, die noch zu erobern sind, zuwenden. Ob Ihr Vorhaben für praktische oder dekorative Zwecke gedacht ist, beim Weben können Sie immer kreativ sein. Ideen für schöpferisches Weben finden Sie in der Natur und bei vielen Kunstgegenständen. Lassen Sie Ihrer Phantasie freien Lauf, denken Sie an einen herrlichen Sonnenuntergang, eine Blattmaserung, ein Lieblingsgemälde oder an ein modernes Gebäude. Es wird nicht lange dauern, bis Sie Ihren Eindruck in eine Kombination von Farben und Techniken, die Ihnen gefällt und die diese Empfindung ausdrückt, übertragen können. Garne und Fasern, die in einer Vielfalt verschiedener Farben und Qualitäten erhältlich sind, tragen dazu bei, das Weben zu einem individuellen Handwerk zu machen. Nach endlosem Experimentieren mit Materialien und Techniken findet jeder Weber seine Domäne – oder auch viele Domänen. Dies gilt es in Angriff zu nehmen.

Man kann die Wichtigkeit eines breiten Grundwissens über das Weben und die Struktur von Geweben nicht stark genug betonen; es soll Ihnen dabei helfen, Ihre eigenen Techniken und Mittel zu finden. Es gibt viele und verschiedene Möglichkeiten, sich über das Weben zu informieren. Die beste Methode, herauszufinden, worum es beim Weben geht, ist, Stunden bei einem gelernten Weber in seiner Werkstatt zu nehmen, am besten allein oder in einer kleinen Gruppe. Oder Sie profitieren von den Webkursen der örtlichen Volkshochschulen oder von Kursen, die von Kunstvereinen, der Gemeinde, Erholungszentren u. ä. angeboten werden.

Man sollte den Enthusiasmus und die Ideen, die bei der Arbeit mit anderen »Fans« entstehen, nicht unterschätzen. Es ist sinnvoll, Bücher über Webtechniken zu lesen und Kurse darüber zu hören, aber den größten Nutzen hat man, wenn man sich an seinen Webrahmen oder Webstuhl setzt und das Gelesene oder Gehörte nacharbeitet. Oftmals werden Sie von Ihren Ergebnissen begeistert sein, andere Male enttäuscht. Aber solche Erfahrungen würden Sie niemals machen, wenn Sie nicht tatsächlich das Gewebe selbst erstellt hätten.

Geduld ist eine nötige Tugend, wenn Sie die grundlegenden Webtechniken erlernen. Auch wenn Sie sehr ungeduldig sind und gleich richtig anfangen wollen, müssen Sie sich klar darüber sein, daß zuerst eine Menge an vorbereitender Arbeit getan werden muß, bevor Sie sich an den Webstuhl setzen. Das ist ein unerläßlicher Bestandteil des Webens. Einer der größten Vorteile beim Weben ist, daß Sie so kurz oder so lang wie Sie wollen bei der Arbeit bleiben können. Bei der Vorbereitung zum Weben und beim Weben selbst können Sie an jedem Punkt aufhören und später weitermachen. Nichts kommt durcheinander, nichts muß wieder neu gearbeitet werden. Das einzige Problem, das auftauchen könnte, betrifft die Hauskatze oder jemanden, der ebenso gern wie Sie mit Garnen arbeitet und versucht, zu »helfen«.

Irgendeine Art von Webrahmen brauchen Sie zwar unbedingt zum Weben, aber das Wort sollte niemanden abschrecken, wie das bei manchen Leuten der Fall zu sein scheint. Ob Sie einen primitiven Webrahmen oder einen komplizierten Webstuhl benutzen, dessen spezifische Natur Sie in einem gewissen Maße einschränkt, bleibt sich gleich, denn wenn Sie durch die Arbeit an Ihrem Gerät Erfahrung gewinnen, werden Ihnen diese Einschränkungen bald irrelevant erscheinen. Sie können dann diese Grenzen überwinden und dem Webstuhl Ihre Wünsche »aufzwingen«.

Wir haben uns bemüht, dieses Buch übersichtlich und verständlich zu machen, und haben deshalb jeden Vorgang illustriert. In den einzelnen Kapiteln werden die unterschiedlichen Webeverfahren so präsentiert, wie sie bei verschiedenen Webstuhlmodellen angewendet werden. Sobald Sie die Bedienung Ihres Webstuhls voll beherrschen, werden Sie merken, daß Ihr ganzes Wesen in die Arbeit mit einbezogen wird. Sie entwickeln dann einen Rhythmus beim Weben, der Geist und Muskeln gleichermaßen mit einbezieht. Das eigentliche »Weberlebnis« kann man am besten vergleichen mit dem Erlebnis, allein zu sein, seiner Lieblingsmusik zuzuhören und dabei die Sorgen des Tages zu vergessen. Ob Sie ein glattes Tuch weben oder Ihrer schöpferischen Phantasie am Webstuhl freien Lauf lassen, Sie werden dabei Fröhlichkeit, Ausgeglichenheit und innere Befriedigung empfinden.

Wandbehang »Roter Puff« (Red Bouffant) mit Wolle, Reyon und umwickelten Federn von Terry Illes.

1 Webrahmen und Webstühle

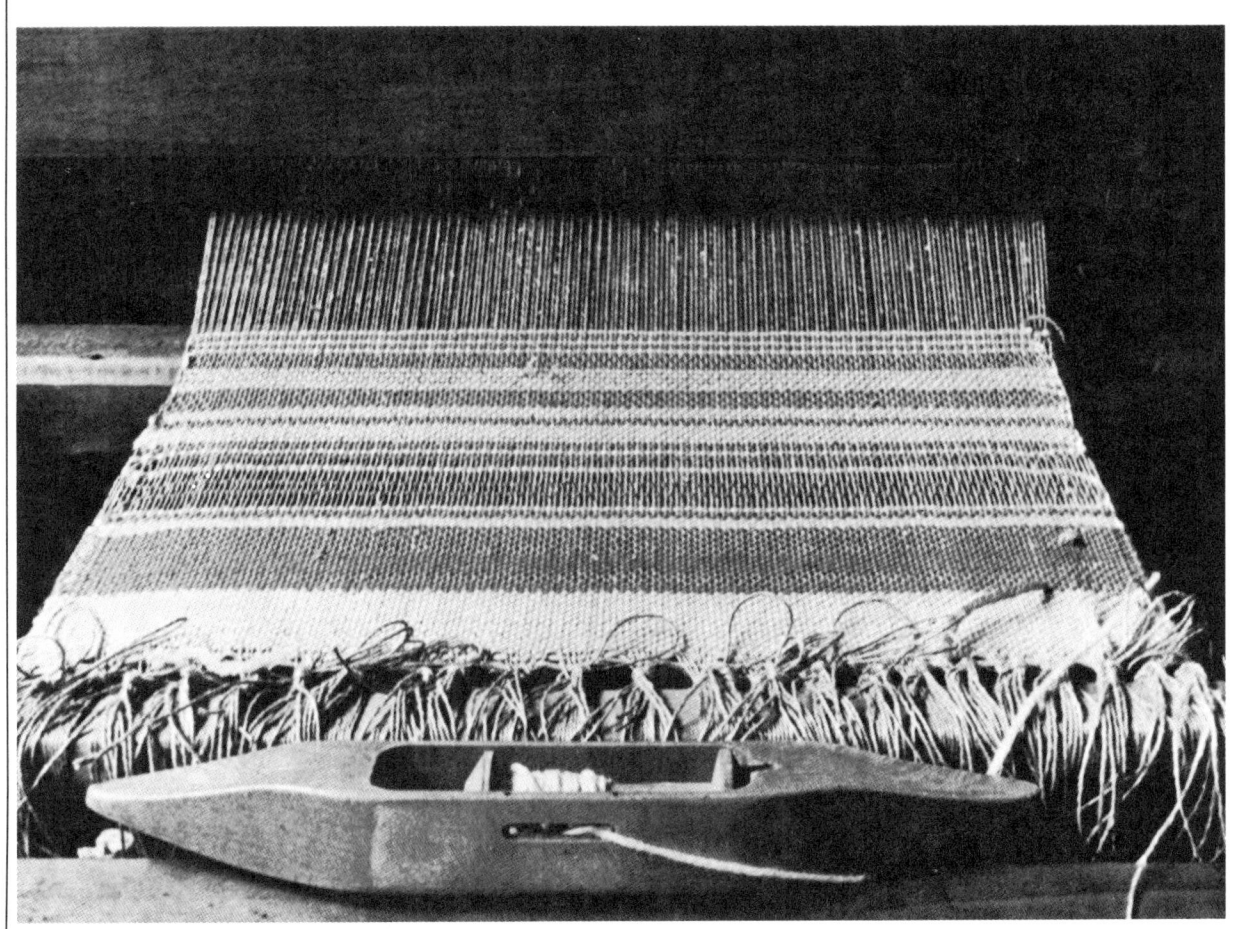

Viele Materialien und Geräte eignen sich dazu, Fäden zu einem Gewebe zu verarbeiten. Das wichtigste Element beim Weben sind aufgespannte Fäden.

Zum Weben können die unterschiedlichsten Geräte dienen – vom einfachen Rahmen bis zur komplizierten Maschine. Als Anfänger sollten Sie erst einmal verschiedene Webrahmenmodelle ausprobieren. Webrahmen sind hölzerne Rechtecke in der Art von Bilderrahmen. Außerdem sollten Sie versuchen, so viel wie möglich über die verschiedenen, dem Handweber zugänglichen Modelle von Webrahmen und Webstühlen in Erfahrung zu bringen.

Vielleicht gehören Sie zu den Glücklichen, die für wenig Geld einen gebrauchten Webstuhl bekommen können. In diesem Fall sollten Sie unbedingt zufassen; einen großen Fehler können Sie dabei kaum machen. Wenn der Webstuhl aufgestellt ist, können Sie ziemlich sicher sein, daß die wichtigsten Teile intakt sind. Wenn er jedoch zerlegt ist und eher einem Holzstoß gleicht, ist es besser, einen Bekannten vom Fach zu bitten nachzuprüfen, ob die wichtigen Teile vorhanden sind. Nehmen Sie lieber keinen Webstuhl, der große Reparaturen braucht, wenn Sie nicht in der Lage sind, diese Arbeit ohne größere Schwierigkeiten selbst zu erledigen; die möglicherweise auftauchenden Frustrationen könnten Ihre Lust am Weben beeinträchtigen.

Ein alter Webstuhl hat ausgesprochen persönlichen Charakter und ist für einen echten Weber manchmal fast wie ein ergebenes Haustier. Er arbeitet sicher nicht ganz so effektiv wie ein neuer Webstuhl, aber das nimmt man meist gern in Kauf.

Ersatzteile für einen gebrauchten Webstuhl kann man fast immer noch bekommen, besonders, wenn der Webstuhl von einem bekannten Hersteller stammt. Insofern wäre ein solcher Webstuhl eine gute Investition, selbst wenn er zehn Jahre oder mehr alt ist.

Unter »altem« Webstuhl kann man ebensogut einen riesigen Webstuhl aus dem Jahre 1800 wie auch die vielen in den 20er und 30er Jahren des 20. Jahrhunderts gebauten Webstühle (damals erlebte die Handweberei eine Renaissance) verstehen.

Wenn wir von Webstühlen sprechen, denken wir normalerweise an große hölzerne, komplizierte, lärmende Maschinen. Dieses heraufbeschworene Bild ist nicht allzu falsch, aber es gibt Unterschiede. Die meisten Webstühle sind aus Holz. Es gibt einige aus Metall, aber sie sind unpraktisch wegen des Lärms, der bei der Arbeit an ihnen entsteht. Webstühle müssen einige Verbindungs- und Aufhängungsschnüre haben. Früher nahm man dafür Baumwollschnüre, aber diese dehnten sich und rissen leicht, so daß einige Hersteller auf Ketten zurückgriffen. Diese jedoch sind wieder zu laut und beeinträchtigen auch die Mechanik des Webstuhls. Heutzutage verwenden die meisten Hersteller Nylonschnüre; Nylon dehnt sich nicht, reißt nicht und ist geräuschlos.

Früher waren die Webstühle enorm groß. Heute jedoch werden die einzelnen Teile der Webstühle eher wie zierliche Möbelstücke gefertigt. Die Webstühle sind heute so klein wie nur möglich, und die Verarbeitung und die Details sind so gut ausgeführt, daß man sie ohne weiteres im Wohnzimmer aufstellen kann.

Sich für den passenden Webstuhl zu entscheiden, ist manchmal eine langwierige Sache. Es ist wichtig, einen Webstuhl zu haben, der Ihrem Charakter und Lebensstil entspricht. Falls Sie beabsichtigen, einen Webstuhl zu kaufen, sollten Sie folgende grundlegenden Punkte berücksichtigen:

1. Größe
   a) Wieviel Raum steht zur Verfügung?
   b) Können Sie an dem Webstuhl arbeiten, ohne sich zu verkrampfen?
2. Welche Werkstücke wollen Sie hauptsächlich darauf arbeiten?
3. Wieviel wollen Sie ausgeben?

Wenn Sie diese Punkte beim Weiterlesen im Hinterkopf behalten, müßten Sie in der Lage sein, unter den erhältlichen Webstühlen ein passendes Modell auszuwählen.

Mit Hilfe herkömmlicher Geräte –
Schiffchen und Standwebstuhl –
können Sie überlieferte Bindungen
nachempfinden oder auch Ihre
eigene künstlerische Phantasie
walten lassen.

Webrahmen

Die höchste und reinste Form des Webens ist das freie Weben am Webrahmen. Obwohl am Webrahmen das Weben sehr langsam vorangeht, lohnt es sich doch, weil die Möglichkeiten zum persönlichen und kreativen Ausdruck hier unbegrenzt sind. (In den letzten Kapiteln dieses Buches beschäftigen wir uns mit dem freien Weben).

Sie können einen Webrahmen kaufen, aber es macht auch viel Spaß, einen Rahmen selbst herzustellen. Versuchen Sie es mit einem derben Keilrahmen, wie ihn Maler zum Aufspannen der Leinwand verwenden, einem Bilderrahmen oder einem Rahmen von Fliegengittern, wenn Sie quadratische oder rechteckige Gewebe machen wollen. Für runde Gewebe können Sie ein Lampenschirmgestell, eine runde Dose oder einen Pappteller nehmen (siehe S. 42).

Für Ihr erstes Projekt brauchen Sie noch keine besondere Ausrüstung. Mit einer Tür als Webrahmen, einem Knäuel festem Garn oder Schnur können Sie beginnen. Machen Sie einfach einen Überhandknoten in das Ende der Schnur und befestigen Sie es oben an der Türkante mit einem Reißnagel. Dann wickeln Sie das Garn um die Tür: d. h. vorn von oben nach unten, um die Unterkante herum, hinten von unten nach oben und auf der Vorderseite wieder von oben nach unten. Die Tür muß natürlich offen stehen – dabei mag es durchaus ein wenig mühsam sein, das Garn unter der Tür durchzubekommen. Die Tür wird so lange umwickelt, bis mindestens 24 Fäden auf der Vorder- und Rückseite sind. Das Ende der Schnur wird, genau wie der Anfang, oben an der Tür befestigt. Die Fäden sollten in einem regelmäßigen Abstand von 3 mm bis 6 mm nebeneinander liegen, je nach Stärke des Garns oder der Schnur.

Damit haben Sie nun die Längsfäden oder Kettfäden, wie der Fachausdruck heißt, aufgezogen, und Sie können nun damit beginnen, die Querfäden, im Fachausdruck den Schuß, einzuziehen. Anders ausgedrückt, Sie können mit dem eigentlichen Weben beginnen.

Das Schußgarn (das sind die Fäden, die rechtwinklig zu den Kettfäden mit diesen verwoben werden) muß nicht so fest sein wie das Kettgarn. Man kann dasselbe Garn wie für die Kettfäden verwenden, oder aber, um einen interessanteren Effekt zu erzielen, verschiedene Farben und Qualitäten verwenden. Der Schußfaden kann in regelmäßigem (immer über und unter einen Kettfaden) oder unregelmäßigem Rhythmus, d. h. über und unter zwei oder drei Kettfäden in regelmäßiger Folge, durch die Kette gezogen werden. Für den Schußfaden kann man einen oder auch mehrere Fäden auf einmal nehmen.

Beim Weben brauchen Sie ein Gerät, um die Schußfäden nach jedem Schußeintrag zusammenzuschieben. Das geht sehr gut mit einem gewöhnlichen Kamm. Man kann die Schußfäden sehr eng zusammenschieben oder aber auch einen kleinen Zwischenraum lassen, so daß die Kettfäden sichtbar bleiben. Die Kettfäden kann man umwickeln, verdrehen, mit dem Schußfaden verknoten und vieles mehr.

Für Ihren ersten Versuch können Sie statt eines Webstuhls auch eine Tür nehmen.

Wenn Sie ein langes Gewebe erstellen wollen, ziehen Sie während der Arbeit die Kettfäden um die Tür, so daß Sie immer weiter weben können. Oder Sie erstellen zwei einzelne Stücke, eines auf jeder Seite der Tür. Wenn die Arbeit beendet ist, brauchen Sie nur an einer Stelle die Kettfäden durchzuschneiden. Um sicher zu gehen, daß sich das Gewebe nicht auflöst, sollten Sie Überhandknoten in die Kettfäden dicht am Gewebe knüpfen.

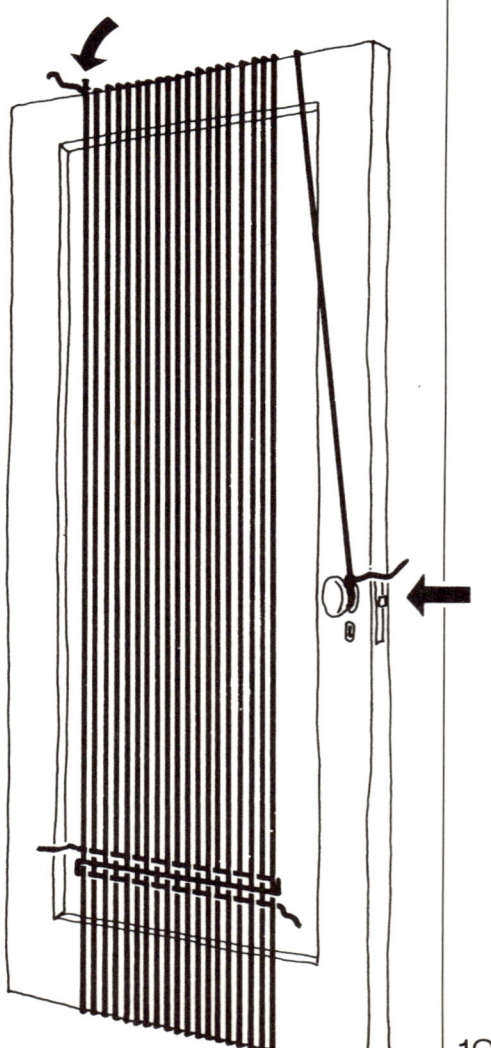

Wandbehang von Louise Todd.
Eine Kombination verschiedener
Garnsorten und Webtechniken.

Mit dieser Arbeit werden Sie mit dem Weben in seiner primitivsten Ausprägung vertraut. Bei diesem Verfahren haben Sie Kettfäden und Schußfäden miteinander verwoben, so daß ein Gewebe entstand – und mehr ist Weben nicht. Ihr Werkzeug entsprach dem nötigen Minimum; natürlich ist diese Methode nicht dafür geeignet, meterweise Gebrauchsstoff herzustellen. Aber ohne größere Ausgaben für Geräte können Sie so doch etwas Geschicklichkeit im Weben erwerben und ihrer Phantasie mit Hilfe von Garnsorten und Farbkombinationen Gestalt verleihen. Die Möglichkeiten bei dieser Art des Webens sind so vielfältig wie die Phantasie jedes Menschen.

Es gibt noch viele andere Geräte, die man als einfachen Webrahmen verwenden kann. Ein Bilderrahmen oder ein gegabelter Ast eignet sich gleichermaßen gut, oder vielleicht wollen Sie auch das Garn an Nägeln aufspannen, die in gleichmäßigem Abstand in die Wand oder in einen Holzrahmen geschlagen sind. Das einzige, was man beachten muß, ist, daß die Kettfäden unter einer gewissen Spannung stehen müssen.

Bei etwas Überlegung fallen Ihnen bestimmt viele nützliche Dinge ein, die Sie auf einem solchen »primitiven« Webrahmen erstellen können, z. B. eine Tasche, einen Schal, Sets, Sitzkissen, Topflappen, Tischläufer usw.

»Charlottes Netz«
(Charlotte's Web),
von Alberta Parkinson.
Naturfarbenes Leinengarn
auf einem runden Pappteller,
der hier als Webrahmen dient.

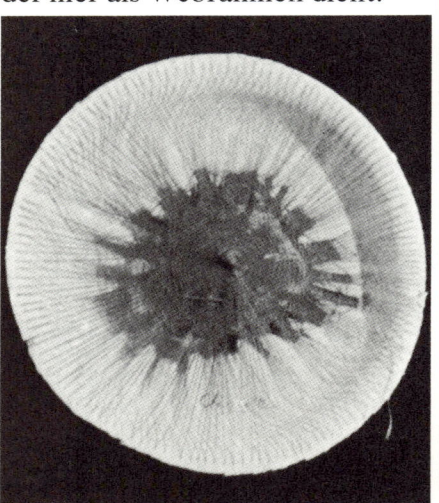

Halskette,
gewebt auf einem ringförmigen,
mit Einschnitten für die Kette
versehenen Papprahmen.
Von Jenny Wiersba.

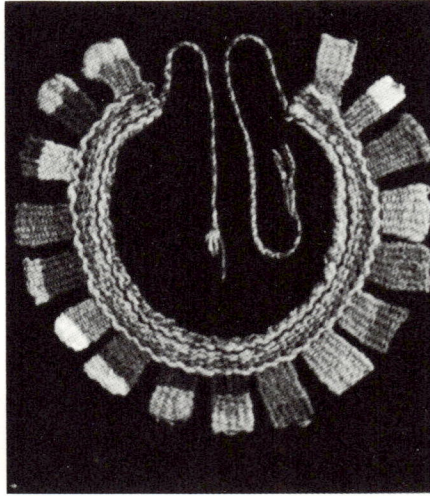

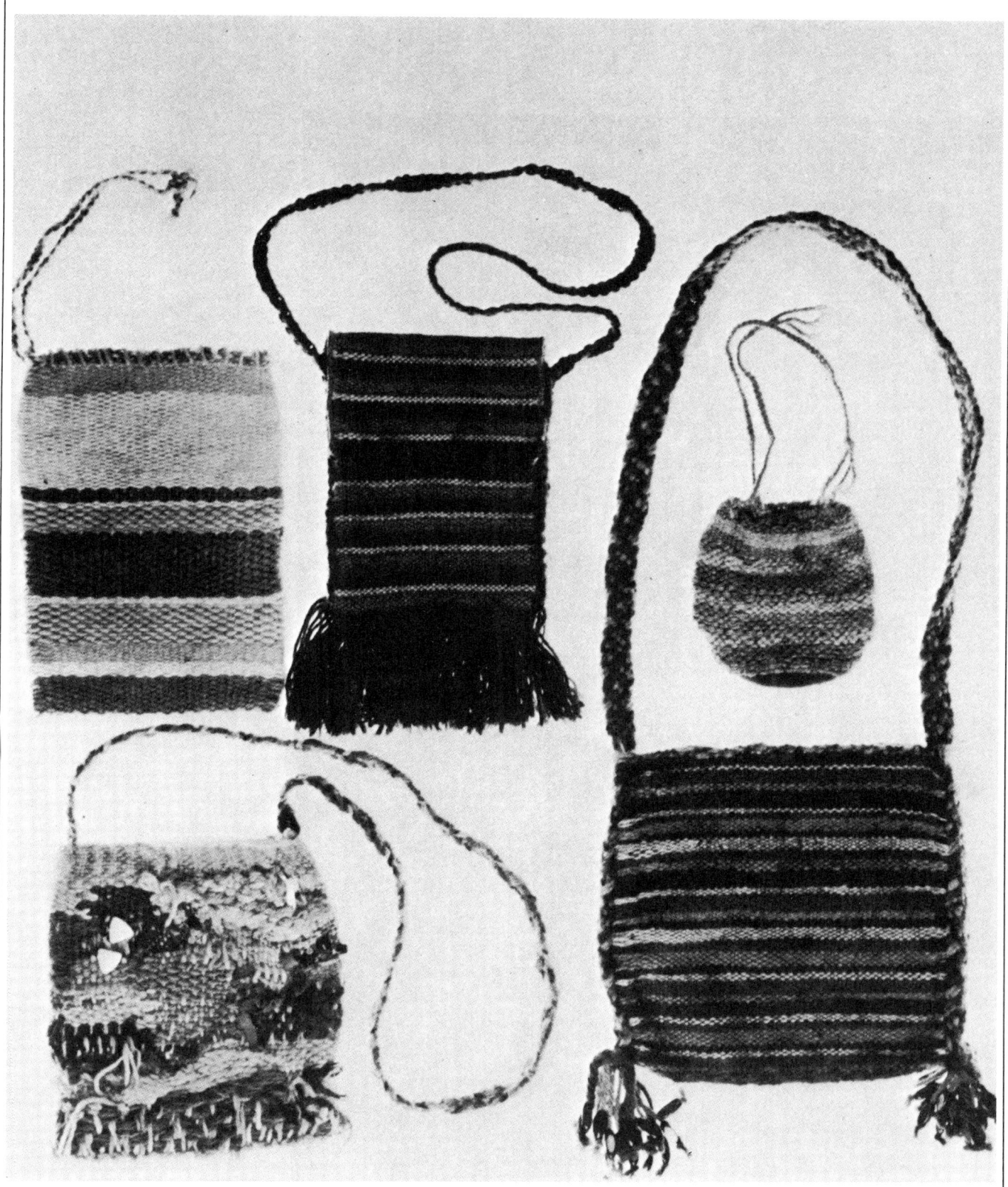

Schüler von Mrs. Diane Wiersba
webten diese Umhängetaschen
auf verschiedenen »primitiven«
Webrahmen,
um eine Konservendose,
eine Haferflocken-Schachtel,
ein Nagelbrett und auf Karton
mit eingeschnittenen Enden.

Wandbehang von Lois Haselow,
auf einem einfachen Webrahmen
mit Knüpf- und Bildwebtechniken gewebt.

Der Gurtwebstuhl

Der Gurtwebstuhl (siehe Abbildung Seite 34) ist ebenfalls eine sehr einfache Webvorrichtung. Viele Völker weben noch heute auf ihm. Die farbenfrohen, malerischen Gewebe der Indianer Perus z. B. sind normalerweise auf diese Weise gewoben.

Das Grundprinzip ist immer noch das gleiche – Kettfäden werden aufgespannt. Die Fäden für die Kette sollten so vorbereitet werden, wie es in den folgenden Kapiteln (Aufbringen der Kette und Webtechniken) beschrieben ist. Früher verwendete man für die Kette sehr dünne Fäden, heutzutage ist es vernünftiger, weniger und dafür gröbere Fäden bei diesem Webstuhl zu verwenden. Die dünnen Fäden sollte man für die Arbeit auf Standwebstühlen reservieren, da dort die Kontrollmöglichkeiten größer sind.

Das eine Ende des Webstuhls wird an einem festen Punkt wie einem Baum, Pfosten oder Türgriff befestigt. Am anderen Ende der Kette ist eine Leiste, die ihrerseits an einem Gurt befestigt ist, den man sich beim Weben um die Taille legt. Der Weber kann zum Weben ebenso im Schneidersitz auf dem Boden sitzen wie auch stehen. Wenn er sich zurücklehnt, dehnen bzw. spannen sich die Kettfäden – so bekommt er die nötige Kettspannung.

Das Weben geht wie beim Webrahmen vor sich: Die Kette wird mit dem Schußfaden, der auf einer Webnadel aufgewickelt ist, verflochten. Die Webnadel ist ein flacher Holzstab, der an beiden Enden eine tiefe Einkerbung aufweist, in der der Faden liegt.

Um das Weben auf dieser Art Webstuhl etwas zu erleichtern, kann man eine Vorrichtung benutzen, die man Schaft nennt. Mit dieser Vorrichtung wird ein Fach in der Kette geöffnet. Fach nennt man den Raum, der entsteht, wenn ein Teil der Kette gehoben und der Rest der Kette nicht bewegt oder gesenkt wird. Der Schußfaden wird durch diesen Hohlraum (Fach) »geschossen« oder »eingetragen«. Wenn der

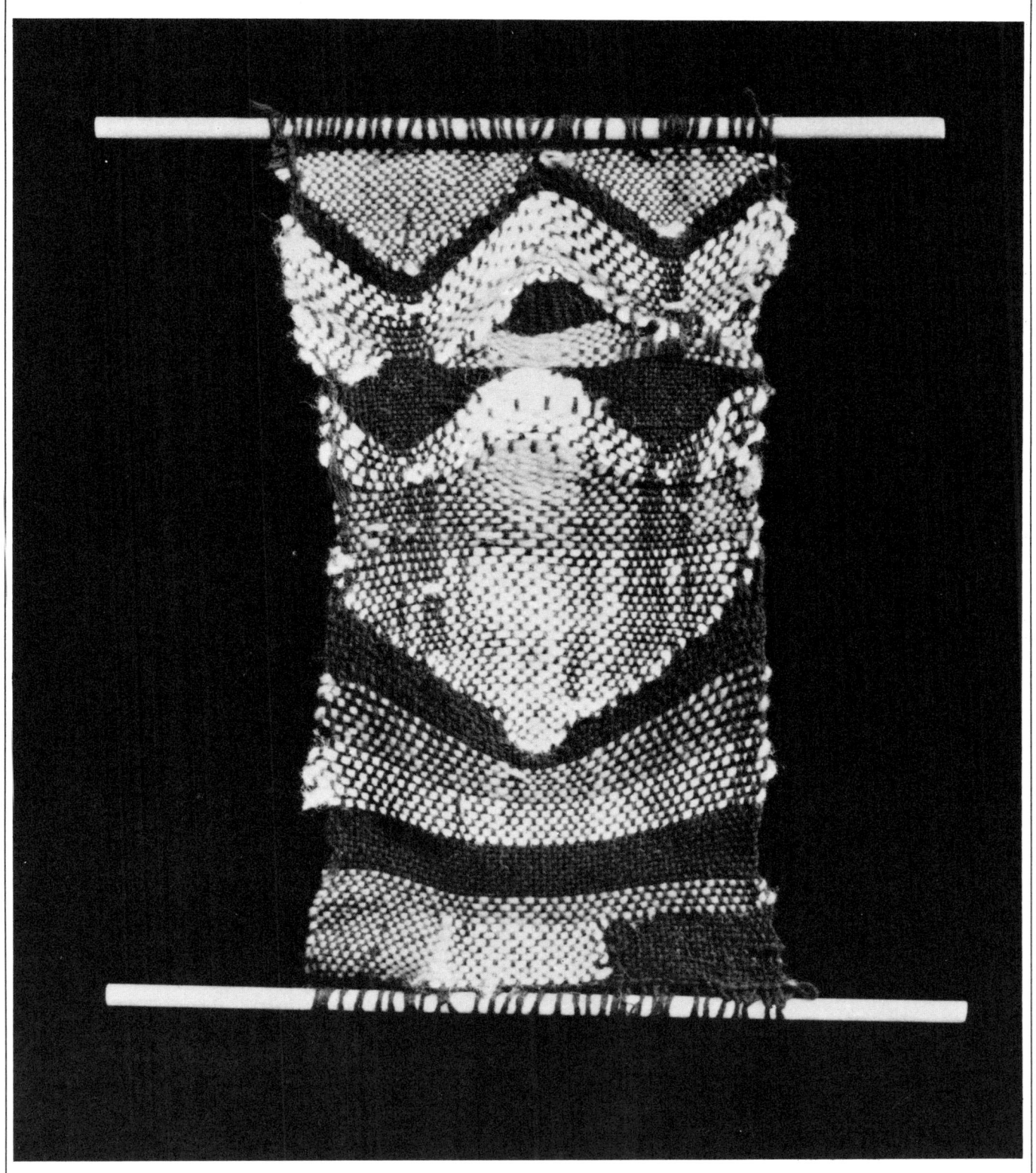

Wandbehang,
gewebt von Dennis Stroll
auf einer als Webrahmen
fungierenden Lattenkiste
17 mit Nägeln für die Ketteneinteilung.

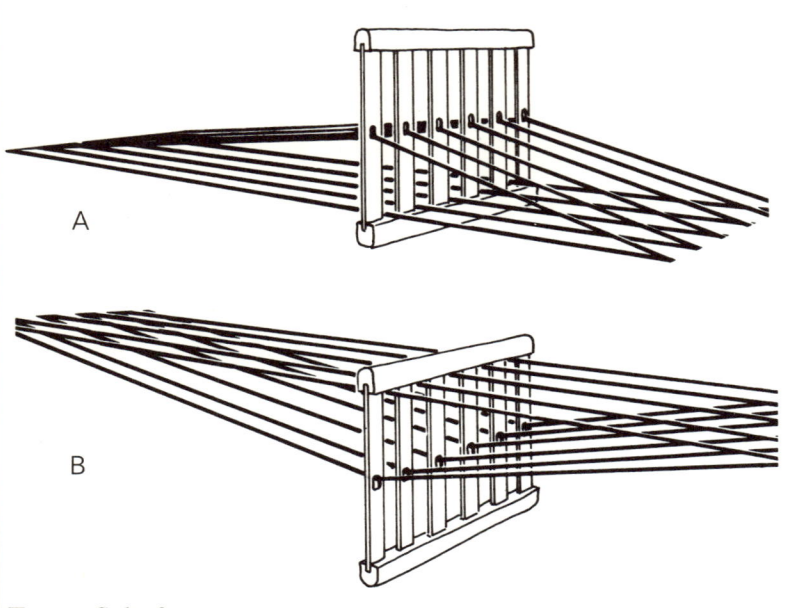

Fester Schaft
mit durchlaufender Kette.
A. Lage der Kettfäden,
wenn man den Schaft hochzieht.
B. Lage der Kettfäden,
wenn man den Schaft nach unten drückt.

Fester Schaft im Webrahmen.

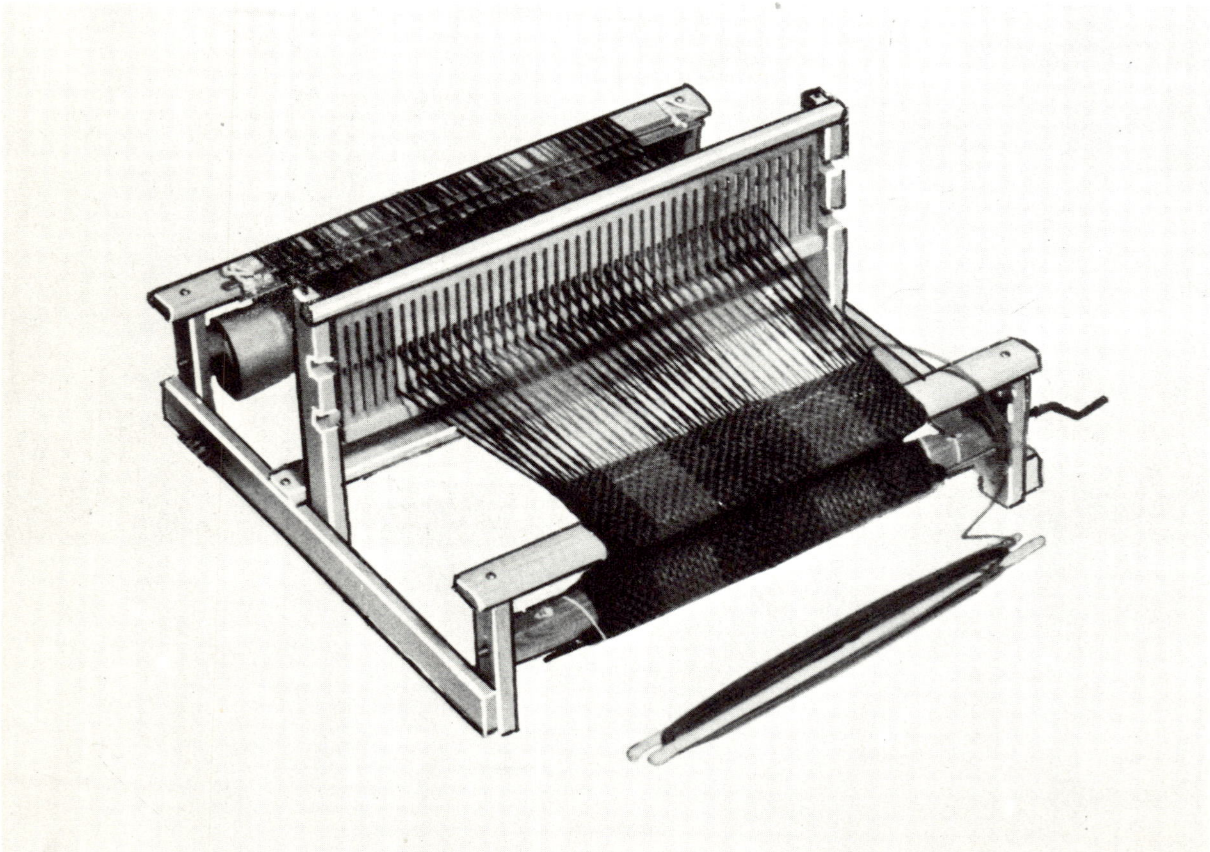

andere Teil der Kette gehoben wird und die zuerst gehobenen Teile gesenkt werden, erfolgt der nächste Schußeintrag. Schuß und Kette werden so miteinander verwoben.

Der Schaft besteht meist aus Holz. Zwei waagerechte Leisten sind durch 5 mm breite Stäbe aus Holz oder Metall miteinander verbunden. Diese Stäbe sind in Abständen von ca. 5 mm senkrecht nebeneinander angebracht. Jeder dieser Stäbe (genannt Litze) hat in der Mitte eine runde Öffnung, das Litzenauge oder die Litzenöse. Die Kettfäden werden abwechselnd durch das Litzenauge und den Schlitz zwischen den Litzen gefädelt. Wenn der Schaft nach unten gedrückt wird, sind die Kettfäden in den Schlitzen oben, wenn der Schaft nach oben gezogen wird, sind die Kettfäden in den Ösen oben. Der Schaft dient auch zum Anschlagen der Schußfäden, d. h. anstelle eines Kamms schiebt er die Schußfäden zusammen und sorgt dafür, daß das Gewebe nicht auf einer Seite lockerer als auf der anderen wird.

Der Vorteil des Gurtwebstuhls liegt darin, daß man längere Stücke weben kann als auf den gewöhnlichen Webrahmen. Außerdem kann man ihn zusammenrollen und auf kleinem Platz aufbewahren, wenn man gerade nichts in Arbeit hat. Wenn die Kettfäden alle gut an der Leiste oben und unten befestigt sind, verwirren sie sich auch nicht.

Weben auf dem Gurtwebstuhl ist eine herrliche Beschäftigung im Freien und verleitet gern zum Nacharbeiten von Formen aus der Natur. Interessante Kompositionen können entstehen, wenn man getrocknete Gräser, Samenhülsen, Zweige und Ästchen mit verwebt. Diese der Natur nachempfundenen Formen eignen sich gleichermaßen zu dekorativen Zwecken wie z. B. für ein auch praktisch verwendbares Deckchen.

Wenn Sie in einer Gegend Urlaub machen, die ganz anders ist als Ihre Heimat, können Sie irgendein typisches lokales Material einweben und so Ihre Eindrücke und Erinnerungen an diesen Urlaub verewigen.

Der Schaft ist ein recht vielseitiges Gerät und kann auch in einem einfachen Webrahmen benutzt werden.

Der Bandwebstuhl

Ein Bandwebstuhl ist ein ganz einfacher, zweischäftiger Webstuhl (siehe folgenden Abschnitt), mit dem man schmale Bänder oder Gürtel weben kann. Es ist ein einfaches Gestell mit Holzstiften. Die Fächer werden mit Schnurlitzen gebildet, ein Holzstift wirkt als Exzenter und dient der Spannungsregulierung. Gestell und Stifte sollten aus Hartholz sein, damit sie die von der Kette ausgeübte Spannung aushalten. Ganz einfache bunte Gürtel und Bänder werden mit zwei Schäften gewebt, während man kompliziertere Muster nur dadurch erstellen kann, daß man jeweils mit den Fingern die entsprechenden Kettfäden hebt. Breitere Gewebe erhält man, wenn man die schmalen Bänder zusammennäht.

Bandwebstuhl.

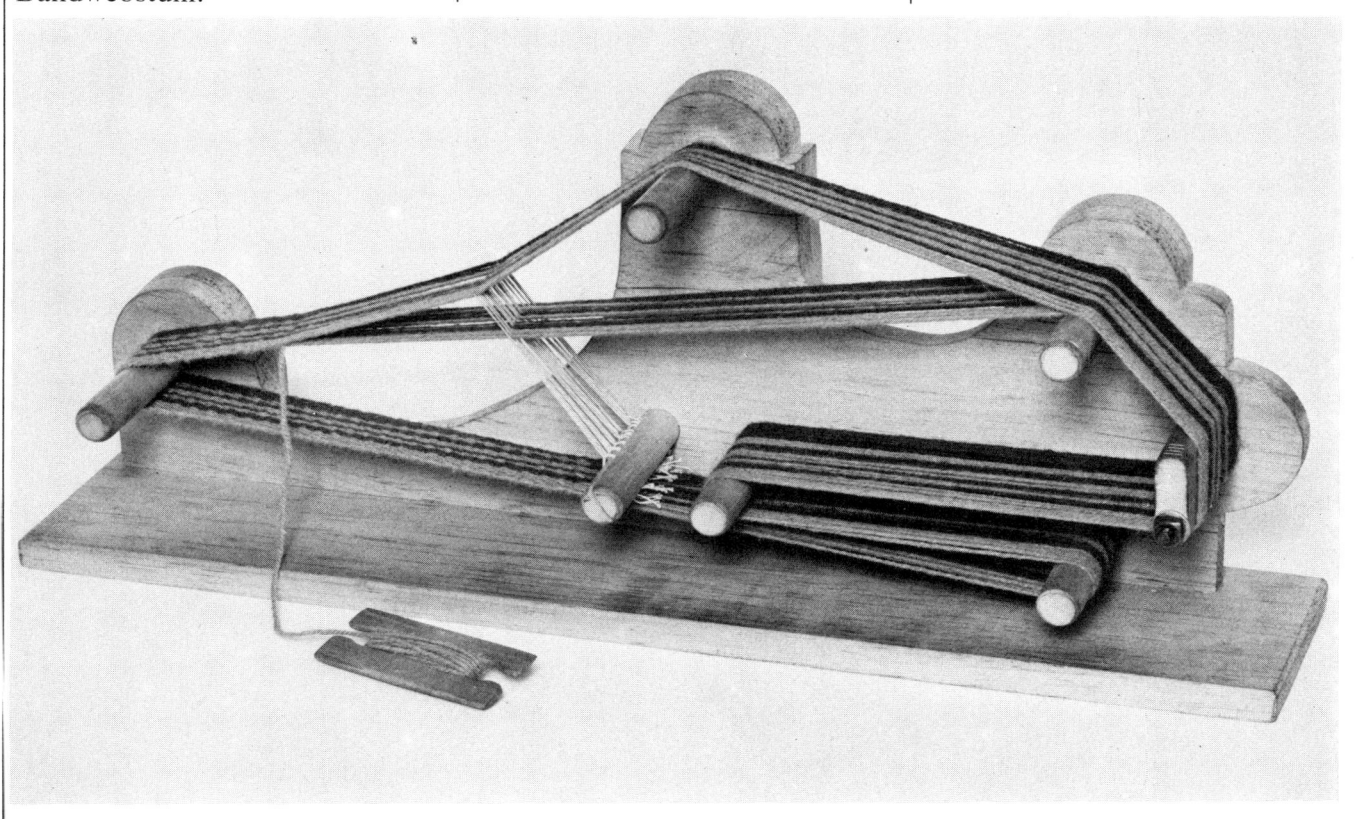

Zweischäftige Tritt- und Tischwebstühle

Je komplizierter der Webrahmen, desto leichter die Arbeit des Webers. Ein zweischäftiger Webstuhl funktioniert im Prinzip genauso wie ein Webrahmen. Ein Schaft (ein Rahmen, in dem die Litzen stehen oder hängen) hebt oder senkt die Kettfäden und bildet so ein Fach in der Kette, wie das auch beim Gurtwebstuhl der Fall war. Beim Webrahmen wird das mit der Hand gemacht, während bei einem Standwebstuhl die Schäfte mit Tritten verbunden sind und mit den Füßen betätigt werden.

Heute werden, wenn überhaupt, nur mehr sehr wenige zweischäftige Standwebstühle hergestellt. Wesentlich häufiger findet man vierschäftige Standwebstühle, die man, wenn man will, auch wie zweischäftige verwenden kann. Es gibt viele gebrauchte zweischäftige Webstühle, da sie in den 30er Jahren sehr beliebt waren. Meist sind sie aber schwer und groß und nehmen viel Platz weg.

Ursprünglich wurden sie zum Weben von Flickenteppichen hergestellt und dienen auch, zusätzlich zum Weben anderer Objekte, immer noch diesem Zweck. Ein Flickenteppich ist für jemanden, der zum ersten Mal an einem Webstuhl sitzt, ein gut geeignetes Projekt. Der Faden für die Kette ist billig, Stoffreste und Flicken gibt es immer, und welch bessere Möglichkeit gäbe es, sich mit dem eigenen Webstuhl vertraut zu machen?

Fester Standwebstuhl mit zwei Schäften (der bevorzugte Webstuhl der Autorin).

Einen Tischwebstuhl mit zwei Schäften können Sie neu kaufen. Für Anfänger ist ein solches Modell ideal, man kann viel darauf weben, und es ist relativ billig. Nur ist die mögliche Webbreite ziemlich schmal, normalerweise 40 bis 50 cm. Dieser Webstuhl funktioniert wie der Standwebstuhl, außer daß die Schäfte nicht mit Tritten, sondern durch Hebel mit der Hand bedient werden.

Auf einem zweischäftigen Webstuhl kann man Leinenbindung weben. Das ist die einfachste Bindung überhaupt. Das Prinzip der Leinenbindung (die auch Tuchbindung genannt wird) ist, daß der Schußfaden über den ersten und unter dem zweiten Kettfaden, über den dritten und unter dem vierten Kettfaden läuft. So entsteht ein festes Gewebe. Mit der Leinenbindung kann man unzählige Muster entwerfen, je nachdem, welche Garnstruktur, Farbe, oder Garnkombination man wählt, welche Kett- und Schußdichte man nimmt, usw. Mit Hilfe verschiedener Farben können Sie auch ohne weiteres Streifen und Karos weben.

Die Unkompliziertheit eines zweischäftigen Webstuhls macht die Vorarbeiten zu einem Vergnügen. Wenn Sie das Weben eher als eine schöpferische Ausdrucksmöglichkeit ansehen, werden Sie mit einem zweischäftigen Webstuhl sehr zufrieden sein.

Abb. unten:
So werden die einzelnen Stoffstreifen für den Flickenteppich zu einem fortlaufenden Faden verbunden.

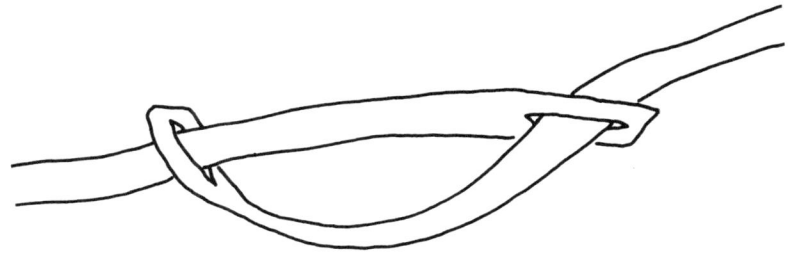

Zweischäftiger Tischwebstuhl.

Der Gobelinwebstuhl

Der Gobelinwebstuhl wurde in der Vergangenheit besonders zum Weben von Teppichen benutzt. Diese Teppiche stellten oft etwas bildlich dar, und beim Voranschreiten der Arbeit am Webstuhl konnte man sich den Gesamteffekt gut vorstellen. Heute kann man Teppiche auf jeder Art Webstuhl fertigen, und umgekehrt können andere Gewebe ebensogut auf dem Gobelinstuhl gewebt werden. Der Gobelinstuhl besteht aus einem einfachen, senkrechten Rahmen, auf den die Kette gespannt wird. Die Fachbildung geschieht hier mittels an einer Latte befestigter Schnurlitzen (dem sogenannten Litzenbaum). Im Unterschied zu anderen Hochwebstühlen besitzt der Gobelinwebstuhl weder Blattlade noch Schäfte, funktioniert also im wesentlichen wie ein Webrahmen. Gemeinsam mit den anderen Hochwebstühlen hat er die »hohe Kette«, d. h. die senkrecht aufgespannte Kette. Der Schuß wird nicht mit einem Handgriff angeschlagen, sondern mit schnellen, aufeinanderfolgenden Handbewegungen – das nötige Instrument dazu ist ein sogenannter Teppichklopfer oder ein Kamm. Folglich muß der Schuß nicht unbedingt waagerecht liegen und kann auch stückweise nach dem Muster eingelegt werden, d. h., er muß nicht jedes Mal über die ganze Breite der Kette laufen. Für geometrische Muster ist oft auch ein Webstuhl mit Schäften und Blattlade geeignet; für Muster mit welligen und fließenden Linien dagegen eignet sich der Gobelinwebstuhl hervorragend.

Wandbehang im Innenhof;
gewebt auf einem zweischäftigen Webstuhl
mit verschiedenartigen Zwirnen.

Wenn Sie sich hinsichtlich der Art der Gewebe, die Sie anfertigen wollen, noch nicht festgelegt haben, dann käme sicher am ehesten ein Webstuhl oder Webrahmen ohne fächerbildende Einrichtung in Frage. Die je nach Größe sehr geringen Anschaffungskosten sind hier auf jeden Fall von Vorteil. Die Arbeit geht an diesen Geräten langsam voran, aber dafür kann man seiner Phantasie bei der Arbeit freien Lauf lassen.

Silvia Heyden
an ihrem großen Hochwebstuhl.

Webstühle mit Schäften, Blattlade und Webblatt erleichtern das Weben und lassen mehr Kontrollmöglichkeiten zu. Allerdings müssen Sie die Blattlade nicht unbedingt einsetzen; so daß Sie auch an diesem Webstuhl die Kette partienweise beweben können.

Durch das Webblatt bleiben die Kettfäden gleichmäßig gespreizt, und die Schäfte erleichtern die Fachbildung sehr. Es ist jedoch wesentlich schwieriger, ein solches Modell selbst zu bauen. Falls Sie einen Webstuhl selbst bauen, dürfen Sie nicht vergessen, auf Gleichgewicht und Bewegungsfreiheit aller Teile zu achten.

Hochwebstuhl mit Schnurlitzen.

Der vierschäftige Webstuhl

Der vielseitigste Handwebstuhl ist einer mit vier Schäften. Mit diesem Typ können vielfältige und komplizierte Gewebe erstellt werden.

Es gibt drei Typen von vierschäftigen Webstühlen. Sie unterscheiden sich durch die Art der Fachbildung: Der Schaftwebstuhl mit Oberfachbildung, der Rollenzugwebstuhl mit Unterfachbildung und der Kontermarschwebstuhl mit Ober- und Unterfachbildung. Lassen Sie sich nicht verwirren, alle drei Typen funktionieren eigentlich nach dem gleichen Prinzip. Es ist jedoch wichtig zu wissen, welche Vor- und Nachteile Ihr eigener Webstuhl hat. Tischwebstühle unterscheiden sich von Standwebstühlen nur dadurch, daß die Schäfte bei ersteren durch Handhebel, bei letzteren durch Tritte (Pedale) bedient werden.

Vierschäftiger
Rollenzugwebstuhl
mit den wichtigsten Teilen:

1. Brustbaum
2. Warenbaum
3. Lade oder Blattlade
   A. Ladenstelzen
   B. Ladendeckel
   C. Webblatt (Riet)
   D. Ladenbahn
4. Schürze oder Anknottuch
5. Vier Seitenschwingen
6. Verschnürung
7. Tritte
8. Bremshebel
   A. Warenbaumbremsung
   B. Kettbaumbremsung
9. Schäfte
10. Litzen
11. Schloß oder Rahmen
12. Sperräder
13. Streichbaum
14. Kettbaum
15. Rollen

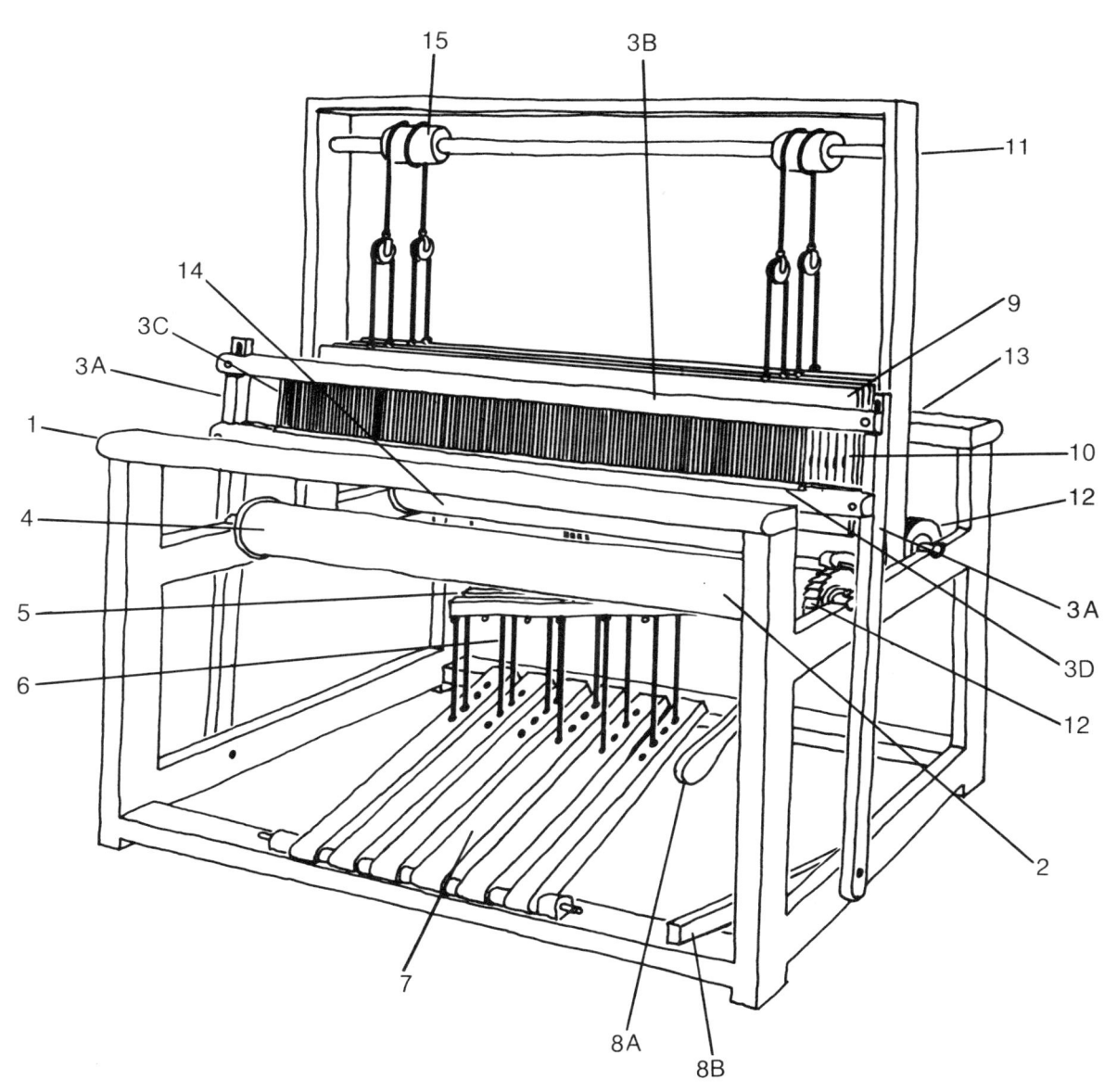

25

Vierschäftiger Tischwebstuhl
mit Handhebeln
für die Bedienung der Schäfte.

Der Schaftwebstuhl

Der Schaftwebstuhl erfreut sich heute zunehmend großer Beliebtheit. Jeder Schaft kann einzeln betätigt werden. Ein Vorteil dieses Modells ist, daß bei der Fachbildung die oberen Kettfäden ganz sauber von den unteren geschieden werden, ganz egal, wie viele Schäfte an die Tritte gebunden sind. Ein anderer Vorteil ist der, daß man doppelte Lagen weben bzw. andere Bindungen weben kann, bei welchen die Schäfte einzeln bedient werden müssen. Man nennt diesen Webstuhl auch Oberfach-Webstuhl, weil durch das Betätigen eines Pedals der Schaft gehoben wird, so daß die durch die Litzenösen laufenden Kettfäden das obere Teil des Fachs bilden. Dieses Modell empfiehlt sich bei freierem, experimentellem Weben.

Die meisten Tischwebstühle sind Oberfach-Webstühle. Viele Weber besitzen außer einem Standwebstuhl auch noch einen Tischwebstuhl, an dem sie z. B. Probestücke arbeiten. Außerdem sind Tischwebstühle praktisch, weil man sie immer mitnehmen kann, sei es zu einer Gemeinschaftssitzung mit anderen Webfreunden, zu einem Kurs, um neue Techniken zu lernen und gleich auszuprobieren, zu Vorführungszwecken oder auch in den Urlaub an die See oder in die Berge. Tischwebstühle gibt es in Größen, mit denen man Gewebe von 20 bis 70 cm Breite weben kann. Natürlich sind die größeren Geräte nicht mehr so leicht transportabel. Ab 60 cm Webbreite sollte man an den Kauf eines Standgeräts denken. Für alle Arten von Taschen, Schals, Tischläufern und -deckchen und Wandbehängen genügt aber ein Tischwebstuhl. Nur die Webbreite bestimmt die Grenzen für das, was man auf dem Tischwebstuhl weben kann.

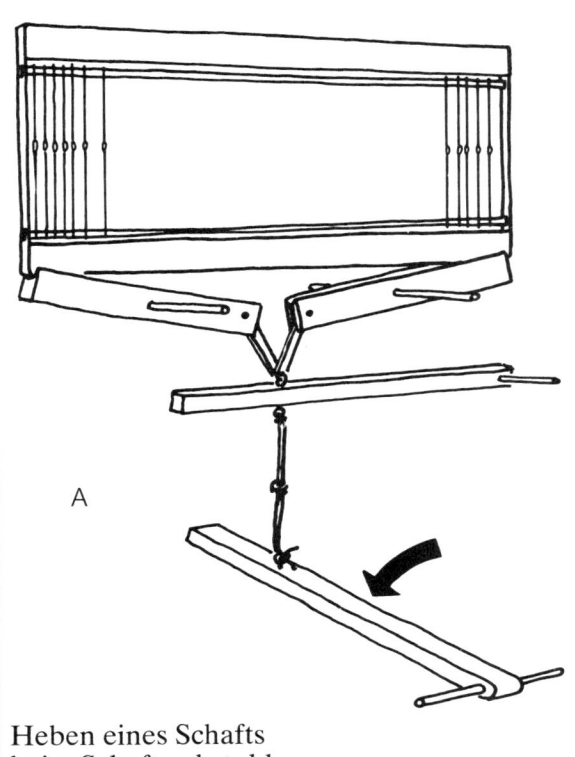
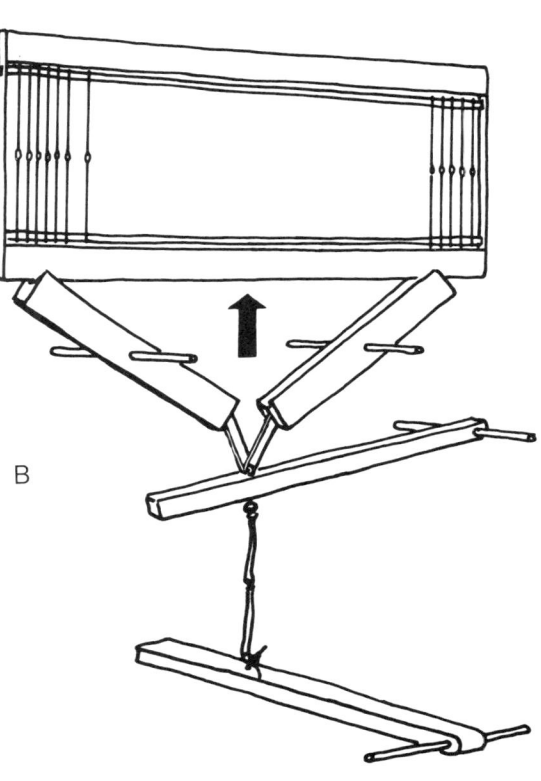

Heben eines Schafts
beim Schaftwebstuhl.
A. Schaft in Ruhelage.
B. Schaft hebt sich
durch Niederdrücken des Tritts.

Der Rollenzug-webstuhl

Dieser Webstuhl ist sehr leicht zu bedienen und arbeitet auch sehr leise. Die Schäfte sind an Rollen aufgehängt, so daß beim Senken von zwei Schäften die anderen über die Rollen nach oben gehen. Auf diese Art und Weise entsteht ein Unterfach.

Das Unterfach ist besonders dann wertvoll, wenn die Kettfäden eng zusammenliegen und leicht aneinanderhaften. Da diese Webstühle relativ einfach zu bauen sind, sind sie gewöhnlich billiger. Webstühle mit Rollenzug eignen sich hervorragend zum Weben von Meterware und traditionellen Mustern.

Rollenzugwebstuhl.

28

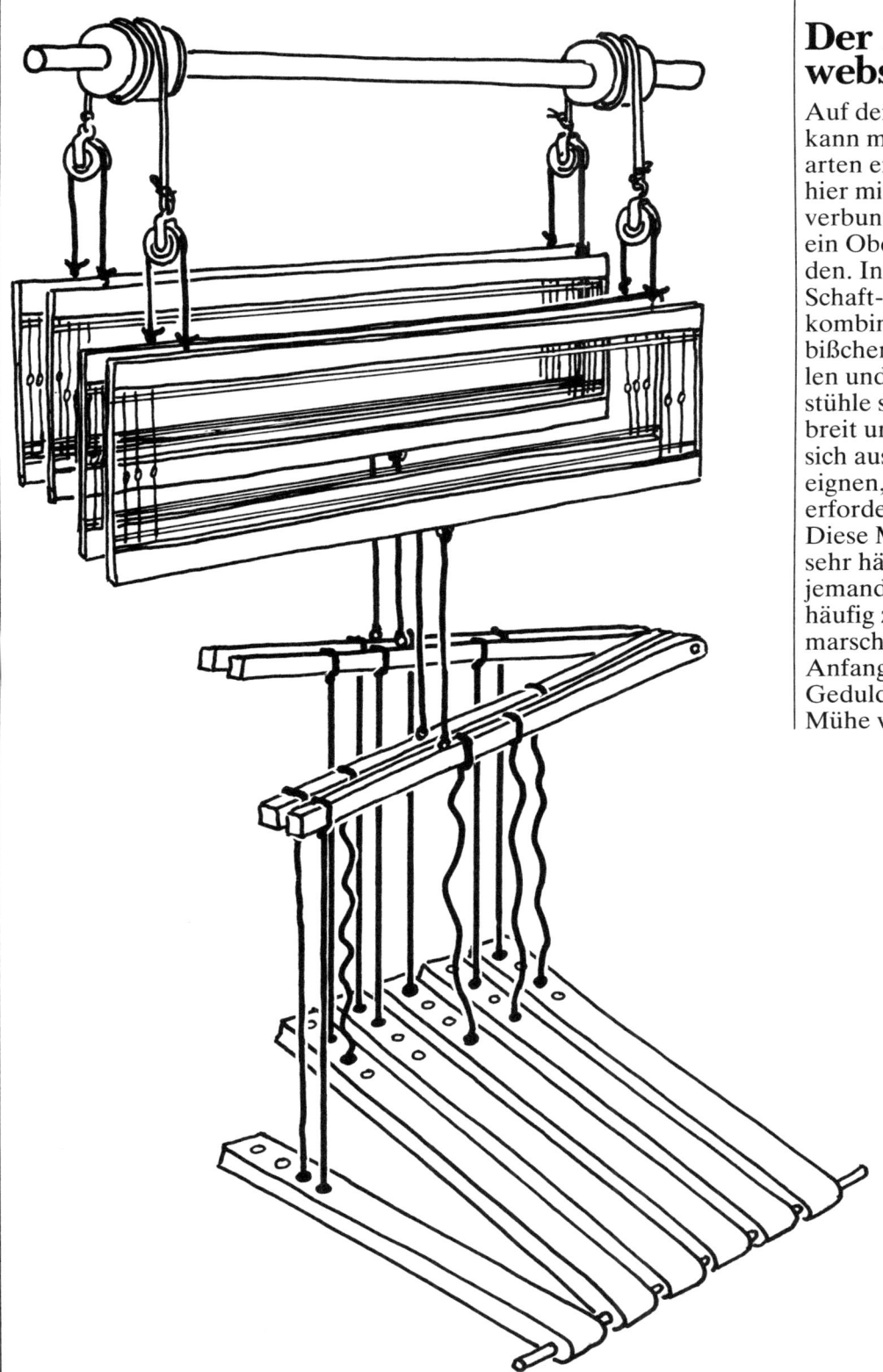

Der Kontermarschwebstuhl

Auf dem Kontermarschwebstuhl kann man die meisten Gewebearten erstellen. Da jeder Schaft hier mit zwei Seitenschwingen verbunden ist, kann er gleichzeitig ein Ober- und ein Unterfach bilden. In ihm sind die Vorteile des Schaft- und Rollenzugwebstuhls kombiniert, er ist höchstens ein bißchen kompliziert im Aufstellen und Einstellen. Diese Webstühle sind normalerweise sehr breit und fest gebaut, so daß sie sich ausgezeichnet für Gewebe eignen, die ein festes Anschlagen erfordern wie z. B. Teppiche. Diese Modelle sind neuerdings sehr häufig anzutreffen. Für jemanden, der vorhat, viel und häufig zu weben, ist der Kontermarschwebstuhl ideal. Für den Anfang müssen Sie sich mit etwas Geduld wappnen, aber die Mühe wird sich lohnen.

Funktionsweise der Schäfte beim Rollenzugwebstuhl.

Allgemeines

Standwebstühle mit Tritten sind normalerweise so groß, daß man mit ihnen 40 bis 150 cm breite Tuche weben kann. Bei einem alten Webstuhl können Sie die mögliche Webbreite herausfinden, indem Sie die Innenkanten der Schäfte abmessen und 2 bis 5 cm abziehen, die durch die Einarbeitung auf jedem Webrahmen verlorengehen.

Für welches Webstuhlmodell Sie sich entscheiden, hängt mit den spezifischen Geweben und Bindungen, die Sie weben wollen, zusammen. Zum Beispiel ist ein leichter Webstuhl unbrauchbar für das Weben von Teppichen, weil man bei diesen den Schuß sehr fest anschlagen muß.

Manche Webstühle haben ein zusammenklappbares Untergestell, so daß sie bei Nichtgebrauch leicht weggeräumt werden können und wenig Platz beanspruchen. Allerdings beeinträchtigt das ihre Standfestigkeit.

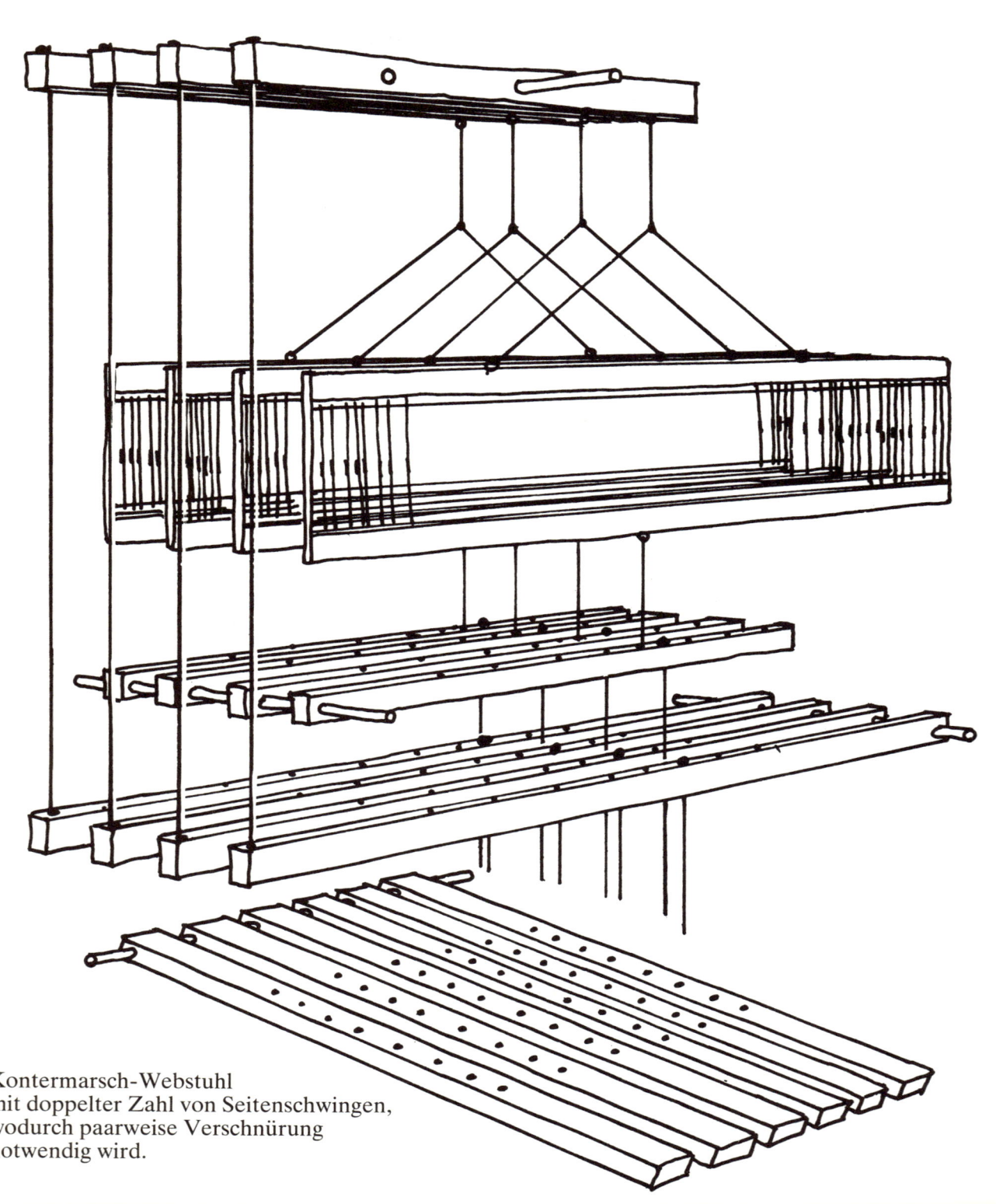

Kontermarsch-Webstuhl
mit doppelter Zahl von Seitenschwingen,
wodurch paarweise Verschnürung
notwendig wird.

2 Die Garne

Das nötige Werkzeug zum Weben sind Webrahmen oder -stühle, das Rohmaterial die Garne. Farben und Strukturen von Garnen wenden sich an Augen und Tastsinn zugleich und inspirieren zu weiteren Versuchen und immer wieder neuer, andersartiger Verarbeitung. Will man ein erfolgreicher und auch kompetenter Weber sein, so ist eine gewisse Grundkenntnis der Fasern und Garne und ihrer Eigenschaften unerläßlich. Durch das Spinnen oder Zusammendrehen von Fasern zu einem fortlaufenden Faden entsteht Garn. Garnhersteller liefern Garne in einer Vielzahl unterschiedlicher Qualitäten und Farben. Keine Skala oder Tabelle kann ausreichend über alle lieferbaren Garne informieren. Mit Hilfe der allgemeinen Regeln, die wir im folgenden anführen, kann sicher jeder die Garnsorten ihren Eigenschaften entsprechend verwerten. Garne teilt man nach Art der Faser, nach Stärke und Gewicht, nach Art der Drehung und nach Farben ein. Im Unterschied zu Fasern bestehen Garne immer aus mehreren Fäden.

Abb. rechts:
Der Begriff »Weben« umfaßt einen großen Bereich, je nach Art der Hilfsmittel, Techniken und Arbeitsergebnisse. Mit einem Gegenstand aus Ihrer unmittelbaren Umgebung und Ihren Händen statt der Mechanik eines Webstuhls können Sie immer neue Kunstwerke schaffen. Bei diesem Rundgewebe ist gesponnene und ungesponnene Wolle in Erdfarben zu einem »Stück Natur« verwebt worden.

Verschiedene Lieferarten für Webgarne. Alle Fasern sind in unterschiedlicher Menge auf verschieden große Kegel, Röhrchen und Spulen gewickelt erhältlich.

Fasern

Es gibt drei verschiedene Faser-arten: pflanzliche, tierische und Kunstfasern. Jede Faser hat andere Eigenschaften.

Pflanzliche Fasern

Leinen (Flachs). Im allgemeinen verwendet man diese kräftige Faser zum Weben von Haushalts-tuchen wie z. B. Bettwäsche, weil sie dem Gewebe Stärke und Dauerhaftigkeit verleiht.
Baumwolle gewinnt man aus der faserigen Substanz, die die Samen der Baumwollpflanze umgibt. Baumwollgarn verarbeitet sich leicht, weil es fest und elastisch ist. Es eignet sich hervorragend für Anfänger.
Andere pflanzliche Fasern sind z. B. Ramie oder Chinagras, Sisal, Jute und Hanf (siehe Fachwörter-verzeichnis).

Tierische Fasern

Wolle, gesponnen aus dem Vlies der Schafe oder anderer Tiere, ist bekannt für ihre vielseitige Ver-wendbarkeit. Je nachdem, wie sie gesponnen ist, kann sie sehr fest und leicht sein, und eignet sich im allgemeinen hervorragend zum Weben. Erst wenn Sie tatsächlich mit Wolle arbeiten, lernen Sie die vielseiti-gen Möglichkeiten dieses Mate-rials kennen und schätzen.
Seide – ein fortlaufender Faden, der von Seidenraupen ausgeschie-den wird. Seide ist eine feine, glänzende Faser und wird zu eleganten Stoffen verwebt. Diese Faser sollte nur der erfahrenere Weber verarbeiten.

Kunstfasern

Zellstoffasern werden aus Zellu-lose und Weichhölzern hergestellt. Sie waren die ersten Chemiefasern und sind heute noch unter den Namen Reyon, Cupro und Azetat bekannt. Vollsynthetische Fasern sind chemische Verbindungen aus mineralischen Elementen wie Kohle, Wasser, Mineralöl und Kalkstein. Einige dieser Fasern sind Acryl, Nylon und Polyester. Kunstfasern haben praktische Eigenschaften. Sie sind leicht, formbeständig, elastisch, glän-zend. Jede Kunstfaser ist für einen spezifischen Zweck ent-wickelt und kommt bei entspre-chender Verwendung am besten zur Geltung. Für den Handweber mögen die Eigenschaften der verschiedenen Kunstfasern erst einmal ein verwirrend weites Feld sein. Der Vorteil der einen Faser könnte der Nachteil der anderen sein, so daß der Weber zur Beurteilung der Wirkung und Qualität einer Faser ein Muster weben sollte, bevor er die eigent-liche Arbeit beginnt.
Kunstfasern sind oft leichter erhältlich und auch billiger als natürliche Fasern. Sie sind pflege-leicht und vielseitig verwendbar, und es gibt sie in vielen Farbtönen. Die Verwendung von natürlichen Fasern entspricht allerdings mehr der Natur des Webens. Sie wirken wärmer, lebendiger und haben oft auch schönere Farben.

Abb. links:
Valerie Creager mit dem Gurt-webstuhl. An diesem Webstuhl kann man im Stehen und im Sitzen arbeiten.

Gewichts- und Längennumerierung

Die Stärke des Garns ist der nächste wichtige Punkt, der beachtet werden muß. Um die für eine bestimmte Arbeit benötigte Garnmenge genau abzuschätzen, muß man wissen, wie die Stärke eines Garns errechnet wird.

Da es kaum sinnvoll wäre, den Durchmesser eines Garns zu messen, wird die Stärke (Decke) durch die in einem bestimmten Gewicht enthaltene Garnlänge bestimmt. Man spricht in diesem Zusammenhang von einer Garnnummer. Die Nummer, mit der die Garnstärke bezeichnet wird, verweist darauf, wieviel Meter eines Garns 1 Gramm wiegen. Denken Sie daran, daß eine Nummer nicht die gleiche Stärke für alle Faserarten bedeutet. Bei dieser Längennumerierung mit dem Zeichen *Nm* bedeutet z. B. Nm4, daß 4 m dieses Garns 1 Gramm wiegen. Die niedrigen Zahlen bezeichnen also die dickeren Garne, die hohen die dünneren.

Eine andere Art der Numerierung, die Gewichtsnumerierung (in *tex*), setzt sich international immer mehr durch. Die tex-Nummer bezeichnet, wieviel Gramm 1000 Meter Garn wiegen. 2 *tex* bedeutet dann, daß 1000 m 2 Gramm wiegen. Hier verweist die hohe Nummer auf dickes und die niedrige Nummer auf dünnes Garn.

Bei Seide, Reyon usw. geht die Maßangabe ebenfalls von einer fixen Länge und einem variablen Gewicht aus. Da Seide ein Naturfaden ist, variiert die Dicke manchmal beträchtlich. Die Standardlänge ist hier 450 m, und das Gewicht wird mit *denier* bezeichnet. Wenn die Dicke einer Seide 1 ist, ist die Länge 450 m und das Gewicht 1 *denier*. Bei einer Seidenstärke von 10 ist die Länge ebenfalls 450 m und das Gewicht 10 *denier*.
Die Numerierungssysteme sind leider nicht international genormt, sondern variieren von Land zu Land.

Effektzwirne.
(von links nach rechts)
Flammenzwirn
Flammenzwirn
Perl- oder Krauszwirn
Frottézwirn
Schleifenzwirn

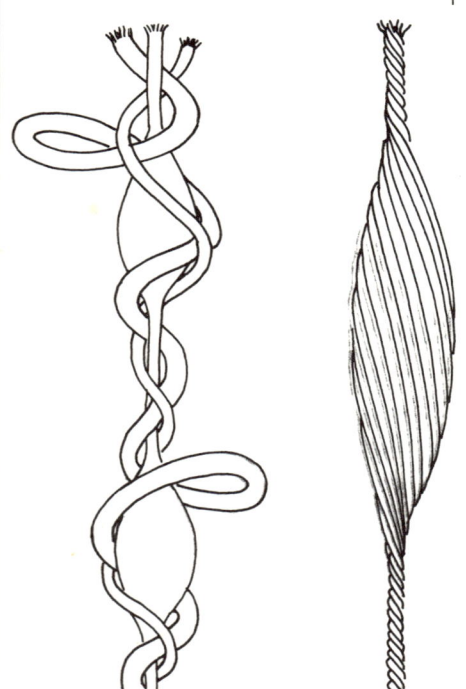
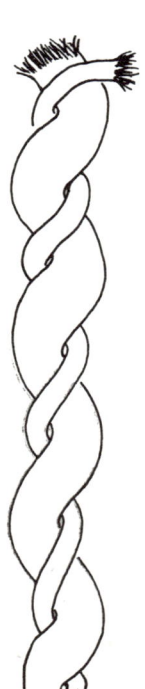
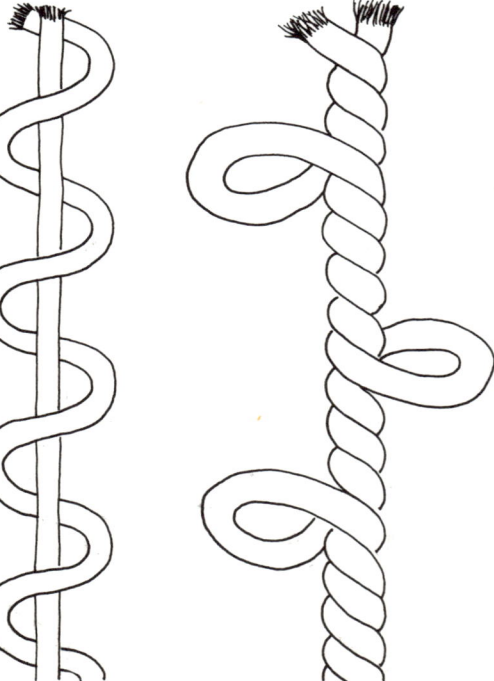

Zwirne

Garn kann aus einer einzelnen gesponnenen Faser (Einfachgarn) oder aus mehreren Fäden bestehen (Mehrfachzwirne). Man nennt diese dann jeweils nach der Anzahl der Fäden Zweifach-, Dreifachgarn usw.

Die meisten Fasern werden gesponnen und auch nach der Art des Verspinnens bezeichnet. Seide jedoch ist ausreichend lang, um nach dem Zwirnen (Verdrehen) mehrerer Fäden direkt verwendet werden zu können. Bei Mehrfachgarnen wird die Dicke wie oben angegeben, aber zur Längen- oder Gewichtsnummer tritt eine zweite Zahl hinzu, die die Zahl der Fäden angibt, aus denen das Garn besteht. So bedeutet die Nummer 3/2, daß ein Garn der Nummer 3 aus zwei Fäden zusammengedreht ist.

Garndrehung

Beim Verspinnen der Fasern zu Garn kann man verschiedene Verfahren anwenden, die das Aussehen des Garns beeinflussen. Stärke und Richtung der Drehung beeinflussen die Garnstruktur. Einfädige Garne sind entweder S-förmig (Linksdrall) oder Z-förmig (Rechtsdrall) gedreht, sie können aber auch kaum oder gar nicht gedreht sein, wenn die Faser sehr lang ist. Bei mehrfädigen Garnen können beide oder alle Fäden in gleicher oder entgegengesetzter Richtung gedreht sein, und Fäden verschiedener Gewichtsnumerierung und Spannung können miteinander kombiniert sein. Auf diese Art und Weise kommen immer neue und anders strukturierte Garne zustande.

Farbe

Die verschiedenen Farben erhalten die Fasern und Garne durch den Färbevorgang. Fasern kann man färben, bevor sie zu Garn verarbeitet werden (spinngefärbtes Garn), oder das Garn wird nach dem Spinnen gefärbt. Bei Zwirnen und Mehrfachgarnen können verschiedene Farbtöne miteinander kombiniert werden, wenn die einzelnen Fäden vor dem Zwirnen oder Drehen gefärbt wurden.

A. Einfachgarn mit Linksdrall.
B. Einfachgarn mit Rechtsdrall.
C. Zweifachgarn.

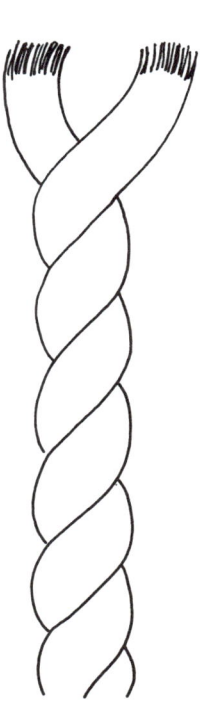

A. S-Draht   B. Z-Draht   C. Zweifachgarn

Garn in Docken

Wolle und seltener auch Leinen bekommt man manchmal in Form von Docken zu kaufen. Für Wollgarne ist diese Aufbewahrungsweise am besten. Wickeln Sie Wolle nie zu Knäueln, und wenn es schon sein muß, dann nur sehr locker. Es ist natürlich bequemer, Garn vom Knäuel zu verwenden, aber Wolle verliert ihre natürliche Elastizität, wenn sie ständig gespannt ist. Obwohl man glauben könnte, daß das Garn in Docken leicht durcheinanderkommt, ist das bei normalem Umgang damit nicht der Fall. Nach dem Entwirren der Docke legen Sie den Strang auf eine Haspel, dann lösen Sie die Knoten, die ihn zusammenhalten, ziehen ein Fadenende heraus, und schon ist das Garn verwendungsfähig. Wenn Sie nicht das ganze Garn von einem Strang verbrauchen, binden Sie Anfangs- und Endfaden wieder zusammen, nehmen den Strang von der Haspel ab, drehen den Strang und stecken das eine geschlungene Ende durch das andere. So kann man das Garn zur späteren Weiterverwendung aufheben.

Diese Haspel kann man an der Tischplatte befestigen.
Das obere Teil läßt sich für jede Stranggröße verstellen.

Offener Wollstrang,
darunter die gedrehte Docke.
In dieser Form
wird Wolle aufbewahrt.

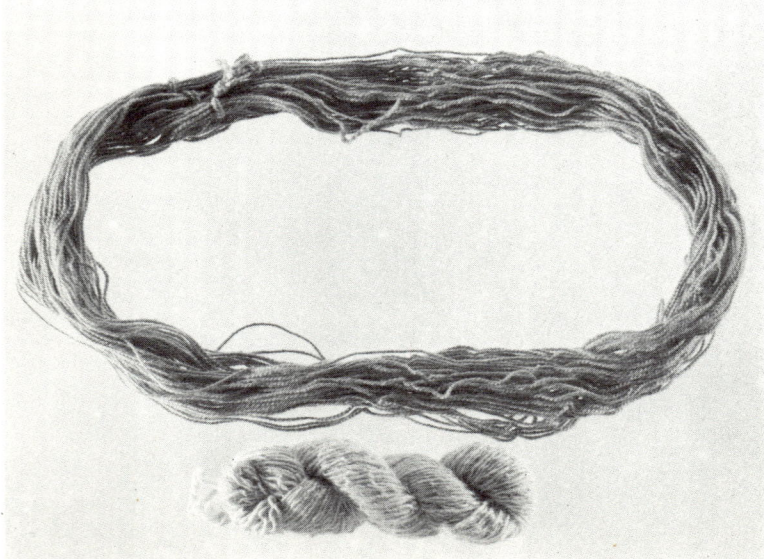

38

Kettgarne

Kettfäden nennt man die senkrechten, parallel laufenden Fäden auf dem Webstuhl. Der Schußfaden läuft über und unter den Kettfäden von einer Seite der Kette zur anderen und verbindet die Kettfäden miteinander zum Gewebe. Früher bezeichnete man das Schußgarn auch als Füllgarn.

Kettfäden werden fest angezogen, sie stehen beim Weben unter erheblicher Spannung. Deshalb muß das Garn, das man für die Kette verwendet, fest und nicht zu dehnbar sein. Fast alle Fasern eignen sich zur Kette, nur die Art, wie sie versponnen sind, ist für ihre Festigkeit entscheidend. Im allgemeinen ist einfädiges Garn für die Kette nicht ratsam,

wenigstens nicht für Erstlingsarbeiten. Leinen bildet eine ausgezeichnete Kette, aber es sollte nur bei konstanten Temperaturen benutzt werden. Bei Wechsel von heißem, trockenem zu feuchtem Wetter neigt Leinen dazu, sich zu dehnen, und führt so zu unterschiedlicher Kettspannung, die sich nicht ohne weiteres ausgleichen läßt.

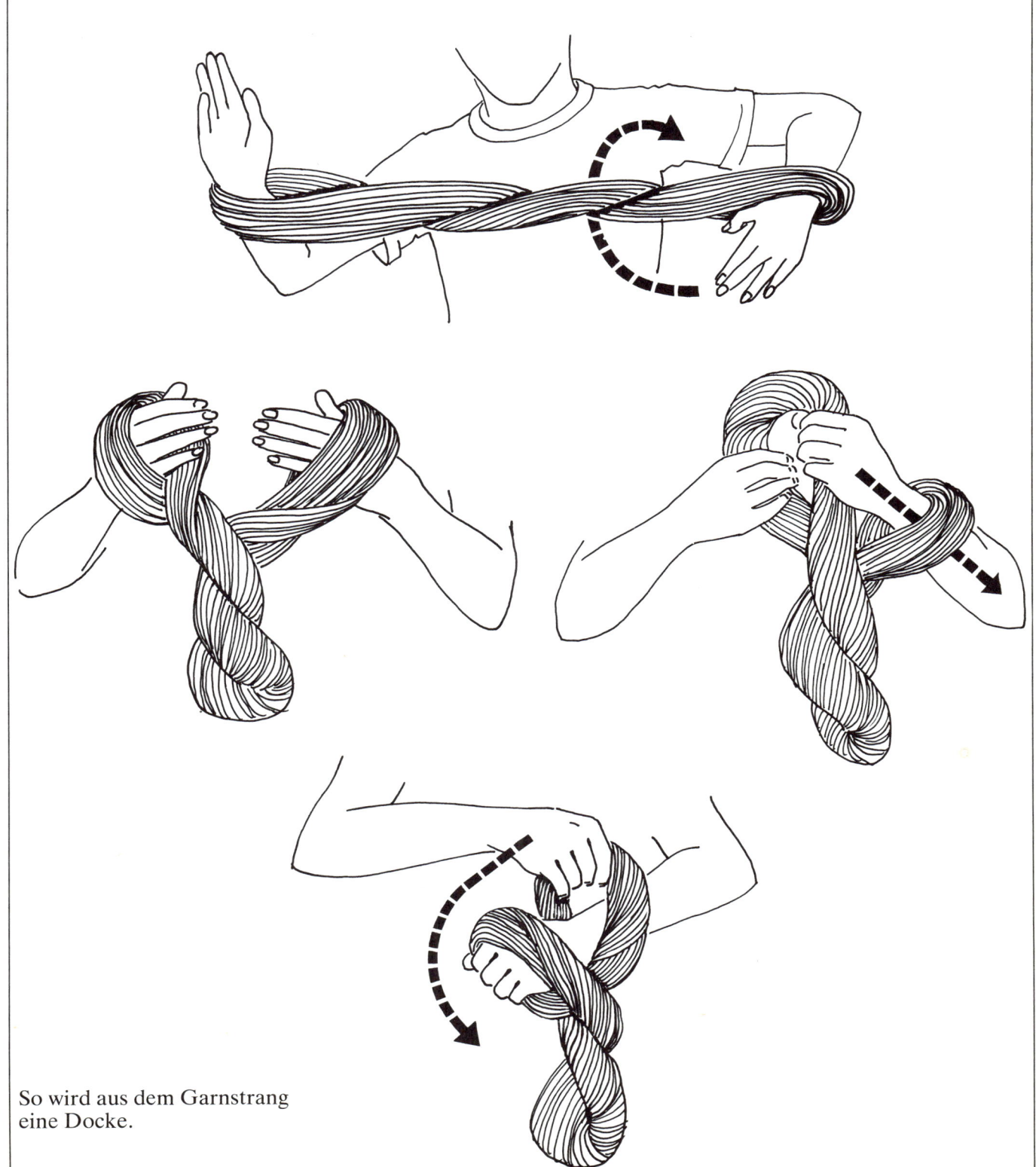

So wird aus dem Garnstrang eine Docke.

Man kann Garn auf seine Eignung zum Kettgarn gut dadurch prüfen, daß man es zwischen den Händen zieht; wenn es bald reißt oder bricht, sollte man es nicht als Kettgarn verwenden. Manches Garn scheint fest, scheuert sich aber bei Reibung schnell durch und eignet sich deshalb auch nicht gut als Kettgarn.

Für den Anfang nimmt man am besten Garn, das vom Hersteller ausdrücklich als brauchbar für die Kette bezeichnet ist. Mit etwas Erfahrung kann man auch experimentieren, aber das Weben macht keinen Spaß, wenn die Kettfäden ungeeignet sind.

Für den Schuß kann man jedes Garn benutzen. Das einzige, was man hier berücksichtigen sollte, sind die spezifischen Eigenschaften des Schußgarns. Verlangen Sie von einem Garn keine Qualitäten, die es nicht besitzt – setzen Sie dagegen seine besonderen Eigenheiten bewußt ein.

Abb. unten:
Vergessen Sie nicht, daß Sie auch andere Materialien als Garn in Ihr Werkstück einarbeiten können wie Gräser, Schilf, Zellophan, Perlen, Draht, Leder, Nylonschnur, Federn, Kordel und vieles mehr.

Schon der Umgang mit den vielen verschiedenen Garnen und Materialien, die dem Weber zur Verfügung stehen, und ihre Kombination ist ein Bestandteil des Webens, der viel Vergnügen bereitet. Wenn Sie noch nie gewebt haben, könnten Sie an Hersteller von Garnen schreiben und um Garnmuster bitten, so daß sie sich mit dem, was es auf dem Markt gibt, vertraut machen können. Wenn Sie mit der Verarbeitung vieler verschiedener Garne etwas Erfahrung gewonnen haben, werden Sie zweifellos Ihr Lieblingsgarn finden.

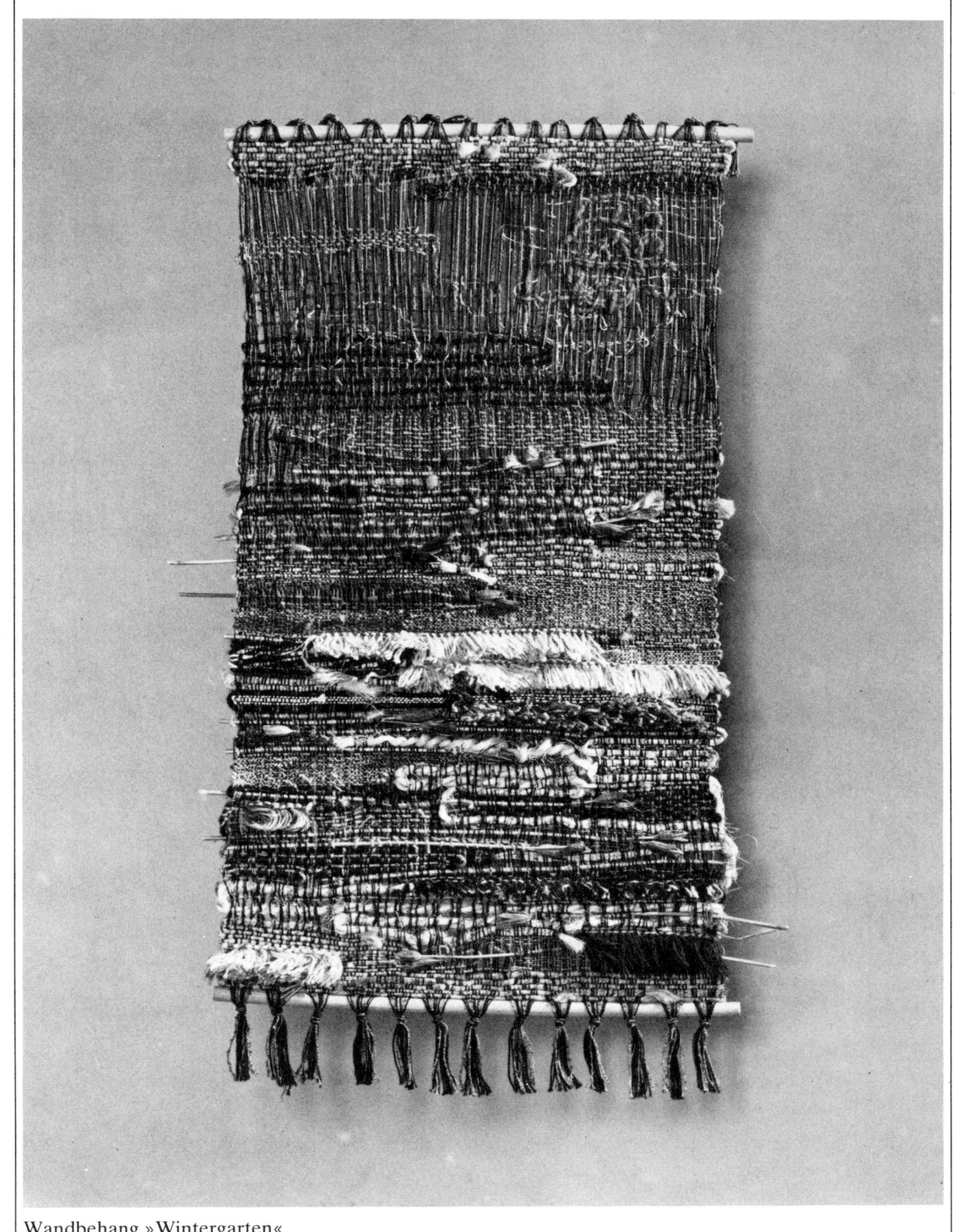

41 | Wandbehang »Wintergarten«
mit getrockneten Iris-Knospen
und verschiedenen Garnsorten.

Hier einige Anregungen
für Gegenstände,
die man als Webrahmen
verwenden kann:
runde und rechteckige Formen,
Zweige, alles, was Sie in Ihrer
Umgebung finden.

③ Aufbringen der Kette

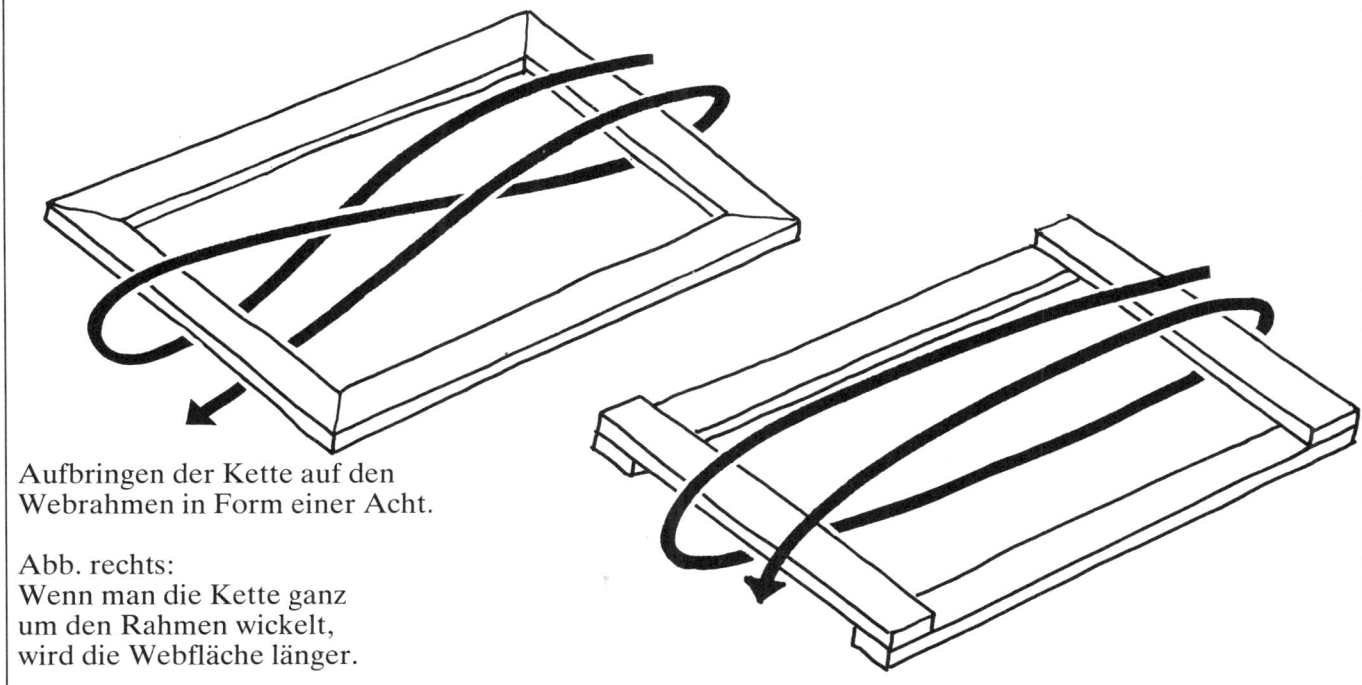

Aufbringen der Kette auf den Webrahmen in Form einer Acht.

Abb. rechts:
Wenn man die Kette ganz um den Rahmen wickelt, wird die Webfläche länger.

Der folgende Arbeitsvorgang umfaßt die Vorbereitung und das Aufspannen der Kette auf den Webstuhl. Die Kette besteht aus vielen einzelnen Kettfäden. Die Länge dieser Kettfäden bestimmt die Länge des Gewebes.
Bei Webrahmen und einigen Webstühlen ist dieser Vorgang ziemlich einfach. Bei diesen einfacheren Modellen besteht die Kette meistens aus einem einzigen, fortlaufenden Faden. Es handelt sich eigentlich nur um das gleichmäßige Umwickeln des Webrahmens mit einem straffen Faden. Aufspannverfahren für Webrahmen oder einfache Webstühle gibt es so viele, wie es verschiedene Vorrichtungen dafür an den einzelnen Geräten gibt.

Abb. unten:
So werden bei einem Webrahmen oder einem Gobelinwebstuhl die Schnurlitzen am Litzenstab befestigt. Man beginnt links, knüpft einen Schifferknoten um den Stab, führt den Faden unter die Kette, knüpft mehrere Halbknoten und dann wieder einen Schifferknoten, geht unter den dritten Kettfaden und macht wieder eine Reihe Halbknoten usw.

Man kann den Kettfaden in Form einer Acht um den Webrahmen wickeln (siehe Seite 43). Diese Methode verhindert, daß die Kette sich verschiebt oder verwickelt. Die mögliche Gewebelänge entspricht hier den Innenmaßen des Rahmens. Diese Methode wendet man häufig bei kleinen Teppichen mit Bildmotiven an.
Wenn man die Kettfäden ganz um den Rahmen herumlegt (wie wir das bei der Tür als Webrahmen gemacht haben) ist die Webfläche länger. In diesem Fall darf die Kette nicht zu fest aufgespannt werden. Man steckt einige Stäbe durch die Kette, abwechselnd über und unter einen Kettfaden dicht am oberen Ende des Webrahmens. Diese fungieren als Spannleisten und werden beim Fortschreiten der Arbeit, wenn durch das schon Gewebte die Spannung zunimmt, herausgenommen. Sie verhindern, daß die Kette zu sehr auf dem Rahmen gespannt wird. Die Kette schiebt man immer weiter um den Rahmen herum, so daß eine fortlaufende, lange Webfläche entsteht. Den Schußfaden kann man, wenn man ein zylindrisches Gewebe will, um die eine Seite der Kette herum (innerhalb des Rahmens) in die rückseitige Kette, dann auf der anderen Seite der Kette wieder in die vorderseitige Kette und so fort führen. Man kann auf diese Weise schöne Taschen oder Kissen weben.

Bei anderen Webrahmen sind an den Endleisten (den Kettstäben) Vorrichtungen zum Befestigen der Kette angebracht. In diesem Fall wird die Kette nur auf der Vorderseite zwischen diesen beiden Kettstäben aufgespannt. Das kann z. B. ein Holzrahmen mit Nägeln oder Kerben in regelmäßigen Abständen sein oder feste Pappe mit Stecknadeln oder Einschnitten in den Papprändern. Die Kette wird ganz fest auf die Pappe gewickelt, so daß diese sich leicht wölbt. So können Sie in der Wölbung mit der Hand unter die Kette langen und leichter weben. Sie können bis ganz ans Ende der Kette weben und dann das Gewebe von der Pappe abnehmen, ohne die Kette aufschneiden zu müssen. Das kann bei den Abschlußarbeiten ein Vorteil sein.

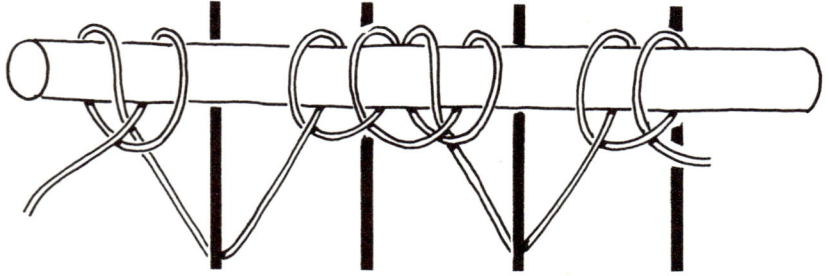

Eine Vorrichtung, mit der man beim Webrahmen ein Fach bilden kann, erleichtert die Arbeit wesentlich. Man erhält sie dadurch, daß man Schnurlitzen an einem Stab festbindet. Für die Schnurlitzen nimmt man Baumwoll- oder Leinengarn. Dieses legt man um jeden zweiten Kettfaden und macht zwischen jedem dieser Litzen einen Halbknoten auf dem Litzenstab. Schieben Sie die Knoten auf dem Litzenstab eng zusammen, und machen Sie so viele, wie für eine gleichmäßig gespreizte Kette nötig sind.

Das Aufspannen der Kette ist wesentlich komplizierter bei einem Webstuhl mit Kettbaum zum Aufwickeln und Halten der Kettfäden, mit Schäften und Litzen für die Fachbildung, mit einem Webblatt, das die gleichmäßige Spreizung der Kette und eine gleichmäßige Schußdichte garantiert, und mit einem Warenbaum zum Aufrollen des entstehenden Gewebes. Bei diesen Webstühlen kann die Kette von 1 oder 2 Metern bis zu 40 oder 50 Metern lang sein, je nach Größe des Webstuhls.

Webrahmen mit Schnurlitzen für die Fachbildung.

Bei den Vorarbeiten für die Kette müssen Sie folgendes berücksichtigen:
1. Die Länge des Gewebes, das Sie weben wollen,
2. die Gesamtzahl der Kettfäden,
3. die Anzahl von Kettfäden pro 10 cm Webbreite,
4. die Dicke des Kettgarns.

1. Die nötige Kettenlänge setzt sich zusammen aus der gewünschten Gewebelänge, dem Längenschwund beim Weben, dem Endabfall und dem Warenbaumabfall, der durch das Anknoten der Kette und der Länge, die oben und unten nicht verwebt werden kann, entsteht.

Da der Kettfaden beim Weben unter Spannung steht und abwechselnd über und unter dem Schußfaden liegt, wirkt das Gewebe aufgespannt länger, als es eigentlich ist; diese »Schrumpfung« nennt man den Längenschwund. Der Längenschwund beträgt, je nach Dehnbarkeit des Garns, 10 bis 15 cm pro Meter.

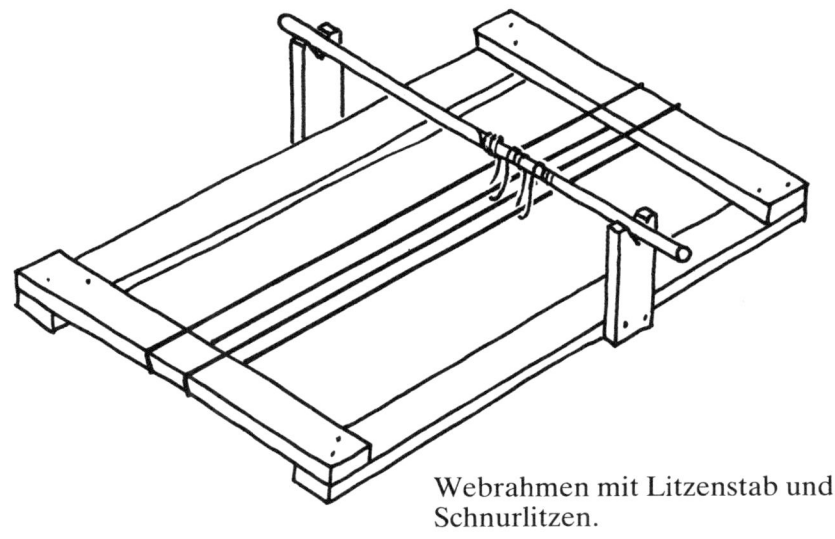

Webrahmen mit Litzenstab und Schnurlitzen.

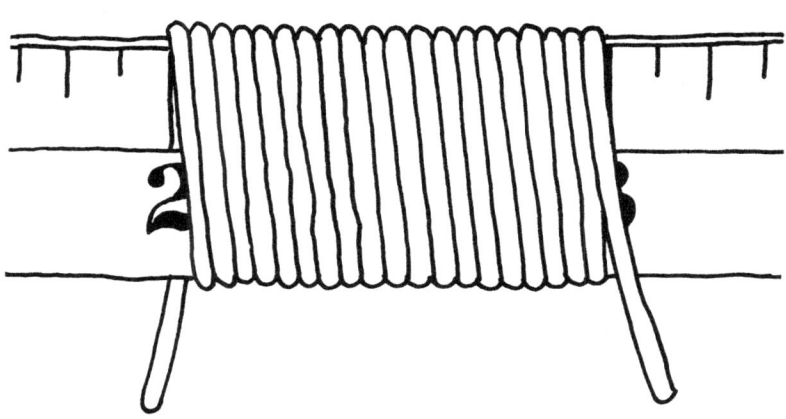

Zur Bestimmung der Kettfadendichte wird ein Lineal auf 1 cm Breite mit dem Kettgarn umwickelt.

Die Längenzugabe, die durch Befestigung, Warenbaum- und Endabfall einschließlich Längenschwund erforderlich wird, beträgt bei einem Standwebstuhl zwischen 1 und 2 Meter, und wenigstens 50 cm bei einem Tischwebstuhl. Nehmen Sie lieber zu viel als zu wenig, denn es ist besser, wenn etwas übrigbleibt, als wenn die Kette für die geplante Arbeit nicht reicht. Das, was von der Kette übrigbleibt, läßt sich noch auf vielerlei Weise zu kleineren Stücken verarbeiten.

2. Die Zahl der benötigten Kettfäden hängt von der Breite des geplanten Gewebes ab, wobei man pro 30 cm Webbreite zusätzlich 2,5 cm rechnen muß. Um so viel zieht sich die Kette durch die sogenannte »Einarbeitung« zusammen.

3. Die Ketteinteilung, d. h. die Zahl der Kettfäden auf 10 cm Breite, hängt von vielen verschiedenen Faktoren ab, und hier fühlt sich der Anfänger manchmal recht verloren und sucht vergeblich nach einer Skala oder einer Tabelle von hilfreichen Regeln. Allgemein gültige Regeln gibt es nicht. Nur die Erfahrung, die der einzelne im Experimentieren mit verschiedenen Garnen gewinnt, verleiht ihm relative Sicherheit darüber, welche Fadeneinteilung und Gewebedichte für sein geplantes Webstück richtig ist. Natürlich sind Garnstärke und gewünschte Gewebebreite die ausschlaggebenden Faktoren und müssen berücksichtigt werden.

Die Fadendichte ist zu gering, wenn die Fäden sich im Gewebe verschieben; sie ist zu hoch, wenn die Kettfäden bei der Fachbildung aneinander haften. Ungefähr kann man die Kettdichte dadurch bestimmen, daß man ein Lineal auf 1 cm Breite so dicht mit dem vorgesehenen Kettmaterial umwickelt, daß die Umschläge direkt nebeneinander liegen. Dann zählt man die Zahl der Umschläge pro Zentimeter. Die Hälfte dieser Zahl entspricht annähernd der Zahl von Kettfäden, die Sie für ein ausgewogenes Gewebe brauchen. Diese Grundregel können Sie je nach Art des geplanten Gewebes abwandeln. Eine geringere Kettfadenzahl für Gewebe, in welchen der Schuß besonders hervortreten soll, und die Höchstzahl bei Geweben, in denen die Kette dominieren soll.

A. Ausgewogene Fadendichte. Eine gegebene Fläche weist die gleiche Anzahl von Kett- und Schußfäden auf.

B. Schußrips-Gewebe. Der Schußfaden verdeckt die Kettfäden.

C. Kettrips-Gewebe. Das Kettgarn verdeckt das Schußgarn.

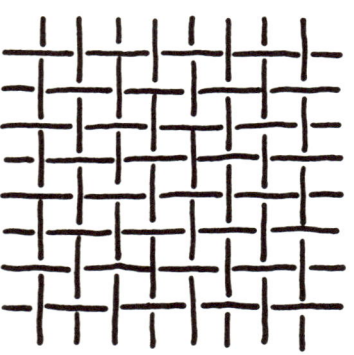

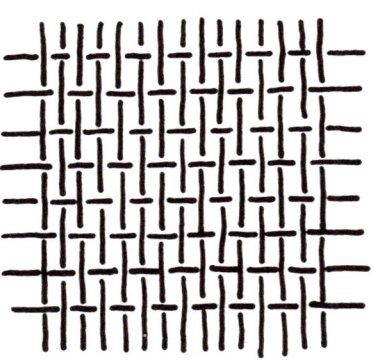

A

B

C

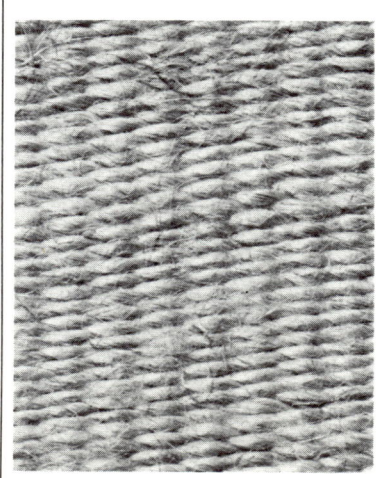

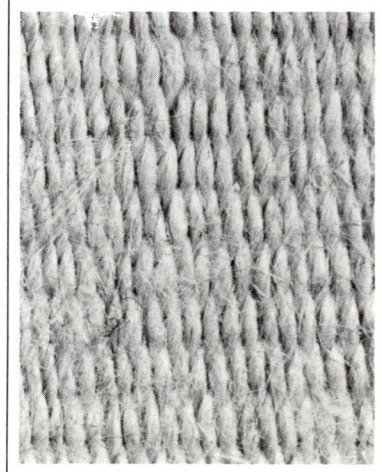

46

Scheren der Kette

Es gibt viele Methoden für das Aufziehen der Kette auf den Webstuhl. Das Ergebnis ist im Endeffekt immer das gleiche. Wichtig ist nur, daß jeder die für ihn selbst und für seinen Webstuhl am besten geeignete Methode wählt.

Um das Kettgarn unter gleichmäßiger Spannung auf die gleiche Länge zu bringen, wird es zuerst geschoren, oder, wie man auch sagt, gezettelt. Dazu wickelt man es auf einen Scherrahmen oder einen Scherbaum.

Der Scherrahmen ist ein stabiler, rechteckiger Rahmen aus Holz. An den Schmalseiten hat er in regelmäßigen Abständen Holzstifte. Die zwei Stifte auf den langen Seiten dienen der Fadenkreuzbildung, wodurch die einzelnen Garnlagen sauber voneinander getrennt werden.

Der Scherbaum (auch Scherhaspel genannt) besteht aus zwei rechteckigen Rahmen, die senkrecht im rechten Winkel zueinander stehen und sich um eine gemeinsame Achse drehen. Die Kettfäden werden um die sich drehenden Rahmen gewickelt. Der Scherrahmen nimmt wenig Platz weg; bei Gebrauch liegt er auf dem Tisch oder hängt an der Wand. Er läßt sich auch leicht selbst basteln. Mit dem Scherbaum kann man eine längere Kette scheren, und die Arbeit geht schneller.

Beim Aufwickeln des Garns können Sie ein, zwei oder drei Fäden auf einmal nehmen. Wichtig ist aber, daß alle Fäden gleichmäßig und flüssig von ihren Spulen, Knäueln etc. laufen. Wenn Sie kein Schergatter haben, legen Sie die Spulen oder Knäuel am besten unterhalb Ihres Arbeitsplatzes in eine Schüssel oder Dose. Die Spulen sollen nicht überall auf dem Boden herumrollen: sie verwickeln sich garantiert ineinander, was eine ungleichmäßige Spannung der Fäden zur Folge hat.

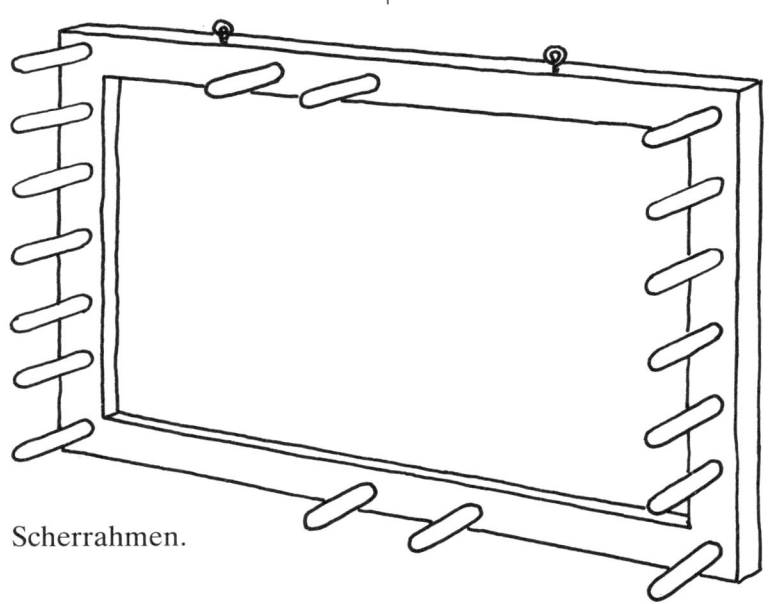

Scherrahmen.

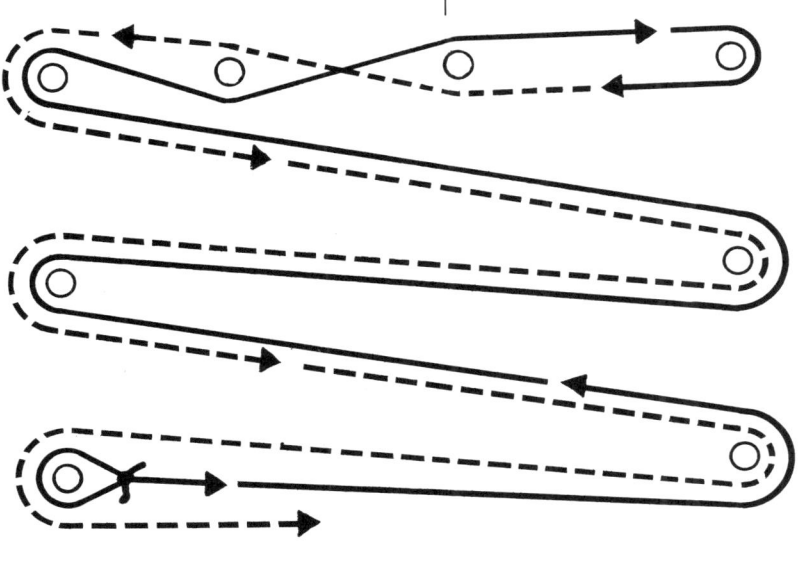

Scheren der Kette auf einem Scherrahmen. Man beginnt am Stift links unten. Die gestrichelte Linie stellt den zweiten Kettfaden dar.

Der Scherrahmen

Scherrahmen sind gewöhnlich 1 Meter lang, aber sie können auch größer sein. Vor Beginn der Arbeit sollten Sie den Rahmen abmessen. Die Länge eines Kettfadens bekommt man, wenn man einen Faden im Zickzack zwischen den Stiften der beiden Schmalseiten auf den Rahmen wickelt. Je enger das Zickzack, desto länger die Kette. Wenn Sie z. B. einen 2 m langen Schal weben wollen und 2 m für den Längenschwund dazu rechnen, müssen Sie das Garn für die Länge eines Kettfadens viermal hin und her führen. Das Kettgarn bindet man locker an einem der unteren Stifte fest und führt es immer von einer Schmalseite zur anderen über die Stifte. Dabei beziehen Sie so viele der Stifte mit ein, wie Sie für die gewünschte Länge brauchen (die meisten Scherrahmen haben herausnehmbare Stifte). Wenn Sie auf der anderen Seite des Rahmens angelangt sind, d. h., wenn Sie die Länge eines Kettfadens aufgespannt haben, führen Sie das Garn zuerst unter und dann über den beiden Stiften vorbei zum Eckstift, um diesen herum und dann in genau umgekehrter Reihenfolge wie vorher wieder über und unter diesen beiden Stiften vorbei. Auf diese Art und Weise kreuzen sich die Fäden, und die einzelnen Fadenlagen kommen nicht durcheinander. Danach führen Sie den Faden wieder im Zickzack bis zum Ausgangsstift zurück. Das machen Sie nun so lange, bis Sie die erforderliche Anzahl von Kettfäden haben (siehe Abb. Seite 47). Die Fäden zählen Sie am besten so, daß Sie jeweils eine bestimmte Anzahl am Fadenkreuz abbinden, oder Sie zählen laut mit – das geht aber nur, wenn niemand Sie stört. Wenn Sie nur eine Garnspule haben, erhalten Sie bei einem Arbeitsgang von Ausgangsstift zu Ausgangsstift zwei Kettfäden. Wenn Sie dagegen das Garn von zwei Spulen gleichzeitig abwickeln, gibt es beim gleichen Arbeitsablauf vier Kettfäden.

Bei Kettfäden bis zu 6 Meter Länge genügt gewöhnlich ein Fadenkreuz oben am Scherrahmen. Bei längeren Ketten ist es sinnvoll, unten am Scherrahmen ein weiteres Fadenkreuz zu bilden.

Das Garn sollte immer gleichmäßig straff auf den Scherrahmen gewickelt sein, aber auch wieder nicht so straff, daß sich die Holzstifte dem Druck beugen.

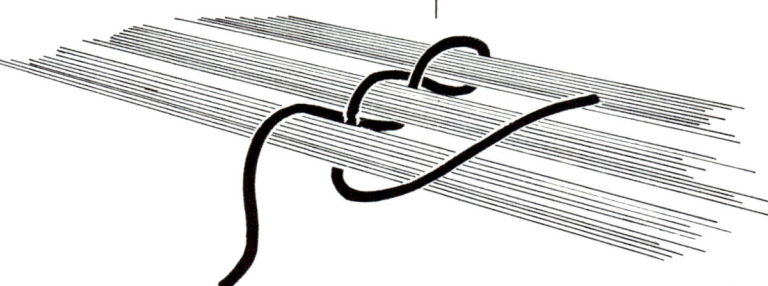

Abb. oben:
Diese Schnur dient dem Abzählen der Kettfäden
auf dem Scherrahmen.

Wenn das Garn, so wie es von der Spule kommt, irgendwo verknotet sein sollte, müssen Sie darauf achten, daß dieser Knoten nicht irgendwo in der Mitte der Kette ist. In diesem Fall wickeln Sie das Garn bis zum oberen oder unteren Endstift (je nachdem, welcher näher liegt) ab, schneiden es am Knoten und am Stift ab und verknoten es direkt am Stift neu. Wenn der Knoten nämlich an einem der beiden Enden der Kette zu liegen kommt, taucht er nicht im Gewebe auf.

Abb. unten:
Wenn man mehr als vier Fäden auf einmal schert, braucht man ein Scherbrett.
A. Einfaches Scherbrett (kann man leicht selbst machen).
B. Scherbrett zur gleichzeitigen Fadenkreuzbildung.

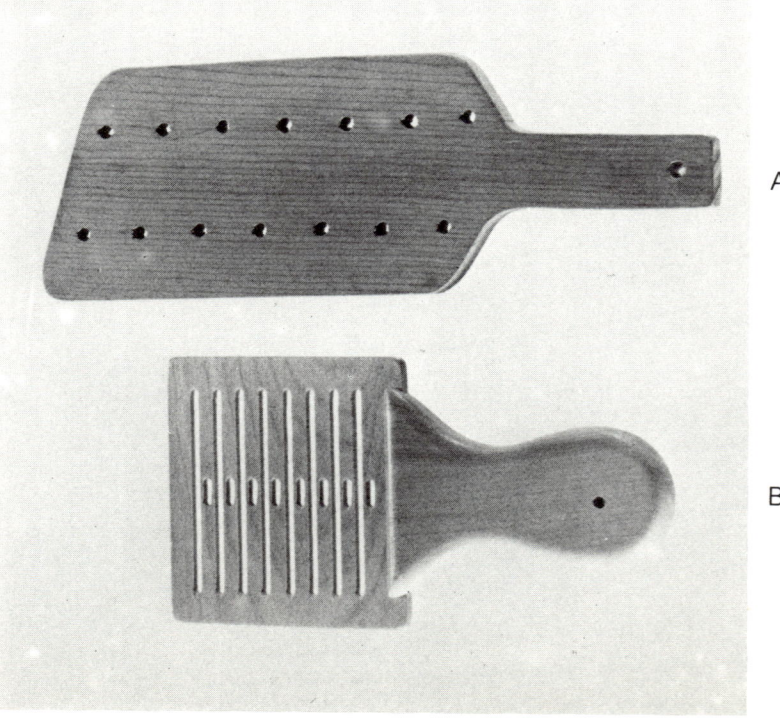

A

B

Wenn Sie das Garn für die Kette von vier oder mehr Spulen auf einmal abwickeln (z. B. Garn verschiedener Qualität und/oder Farbe), sollten Sie ein Scherbrett benutzen, damit die Fäden nicht durcheinander kommen. Die einzelnen Kettgarne werden zum Scheren durch die Löcher im Scherbrett gefädelt und das Scherbrett wird mit der linken Hand hochgehalten.

Das auf dem Foto darunter abgebildete Scherbrett (Seite 48 unten) wird genauso verwendet, nur daß es bei der Fadenkreuzbildung wie ein fester Schaft funktioniert: Die Fäden in den Schlitzen werden hochgezogen, um über einen Stift zu gehen, und heruntergedrückt, um unter den Stift zu gehen. Die Fäden in den Ösen tun jeweils genau das Gegenteil. Man braucht schon etwas Übung, um dieses Scherbrett effektiv verwenden zu können.

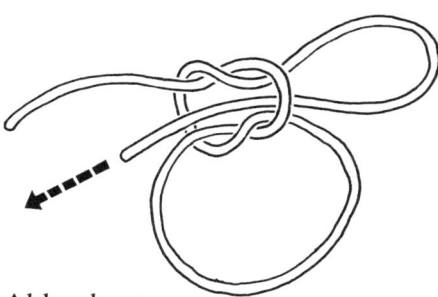

Abb. oben:
Mit einem Pahlstek-Knoten wird die Kette vor dem Abnehmen vom Scherrahmen oder -baum abgebunden. Der Knoten löst sich, wenn man am kurzen Ende zieht.

Nun müssen die Kettfäden zusammengebunden werden, damit sie sich beim Abnehmen vom Scherrahmen nicht verheddern. Anfangs sollten Sie nach jedem Meter einen Abbindknoten machen; mit mehr Übung genügen später auch weniger. Zum Abbinden machen Sie einen Pahlstek (siehe Abbildung), dieser Knoten löst sich sofort, wenn man an dem kurzen Ende zieht. Für die Knoten nimmt man festes Garn oder Schnur, etwa 25 cm lang und in einer mit den Kettfäden kontrastierenden Farbe, damit sie gut von diesen abstechen. Am besten machen Sie sich einen Vorrat von diesen Schnüren und heben sie in einer Schachtel gleich beim Scherrahmen auf.

Am Fadenkreuz müssen die Kettfäden besonders sorgfältig abgebunden werden. Binden Sie sie jeweils über und unter jedem Stift am Fadenkreuz und einmal am Endstift oben am Scherrahmen zusammen. Prüfen Sie noch einmal genau nach, ob alles stimmt, besonders am Fadenkreuz, und nehmen Sie dann die Kette von dem Stift, an dem Sie angefangen haben, ab. An dieser Stelle wird sie auseinandergeschnitten. Wenn die Kette besonders lang ist oder Sie sie nicht gleich auf den Webstuhl spannen wollen, flechten Sie sie nach der Anleitung auf den folgenden Seiten zu einem Zopf und legen sie bis zum Aufziehen beiseite. Andernfalls bringen Sie die geschorene Kette gleich auf den Webstuhl auf.

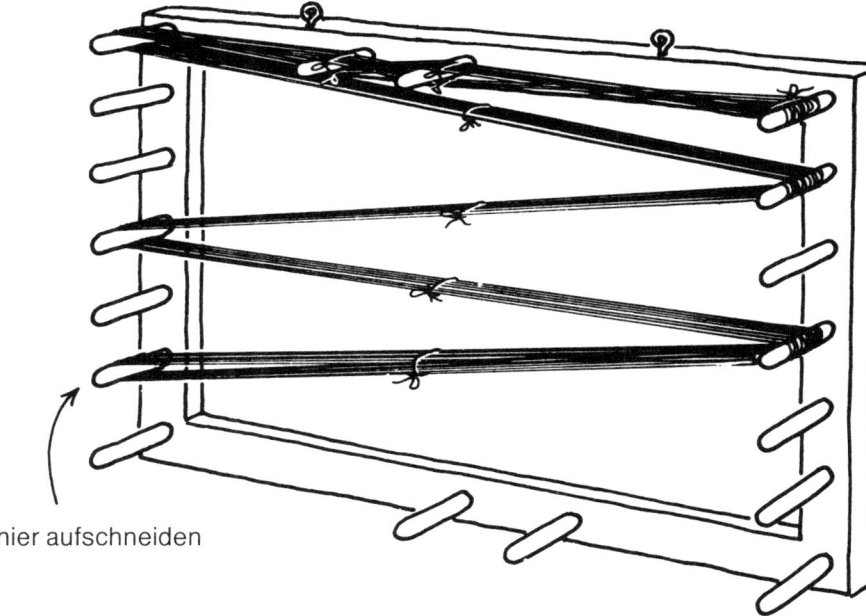

hier aufschneiden

Kette auf dem Scherrahmen, abgebunden und fertig zum Abnehmen.

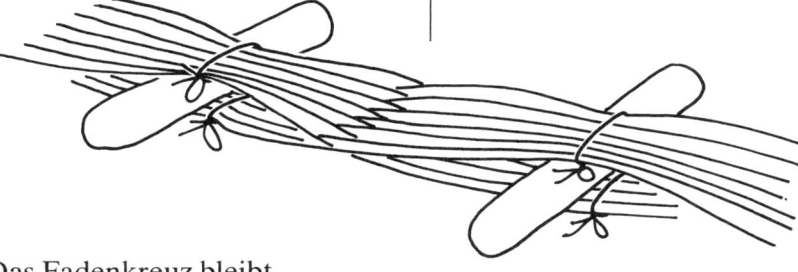

Das Fadenkreuz bleibt durch die Knoten auch nach dem Abnehmen erhalten.

49

Der Scherbaum

Das Grundprinzip für das Scheren der Kette ist bei Scherrahmen und Scherbaum das gleiche. Beim Scherbaum wird die Kette um den Baum herumgewickelt, anstatt hin und her wie beim Rahmen. Fadenkreuze und Abbindknoten macht man wie beim Scherrahmen.

Beim Scheren der Kette auf dem Scherbaum ist es hilfreich, einen Maßfaden zu haben. Von einer andersfarbigen Schnur mißt man die Kettenlänge plus ca. 30 cm ab. Ein Ende dieser Schnur befestigt man an dem Stift unten am Baum, wickelt sie um den Scherbaum und knüpft das andere Ende am letzten Stift oben an. Die waagerechten Leisten, auf denen die Stifte für die Fadenkreuze sitzen, sind verstellbar, so daß man sie auf jede Kettenlänge einstellen kann. An diese »Maßschnur« können Sie sich beim Scheren halten.

Wenn die Kette lang und das Garn dick ist, wollen Sie die Kette vielleicht auf mehrere Male scheren. Mit dieser Maßschnur haben Sie dann jedes Mal die gleiche Kettenlänge.

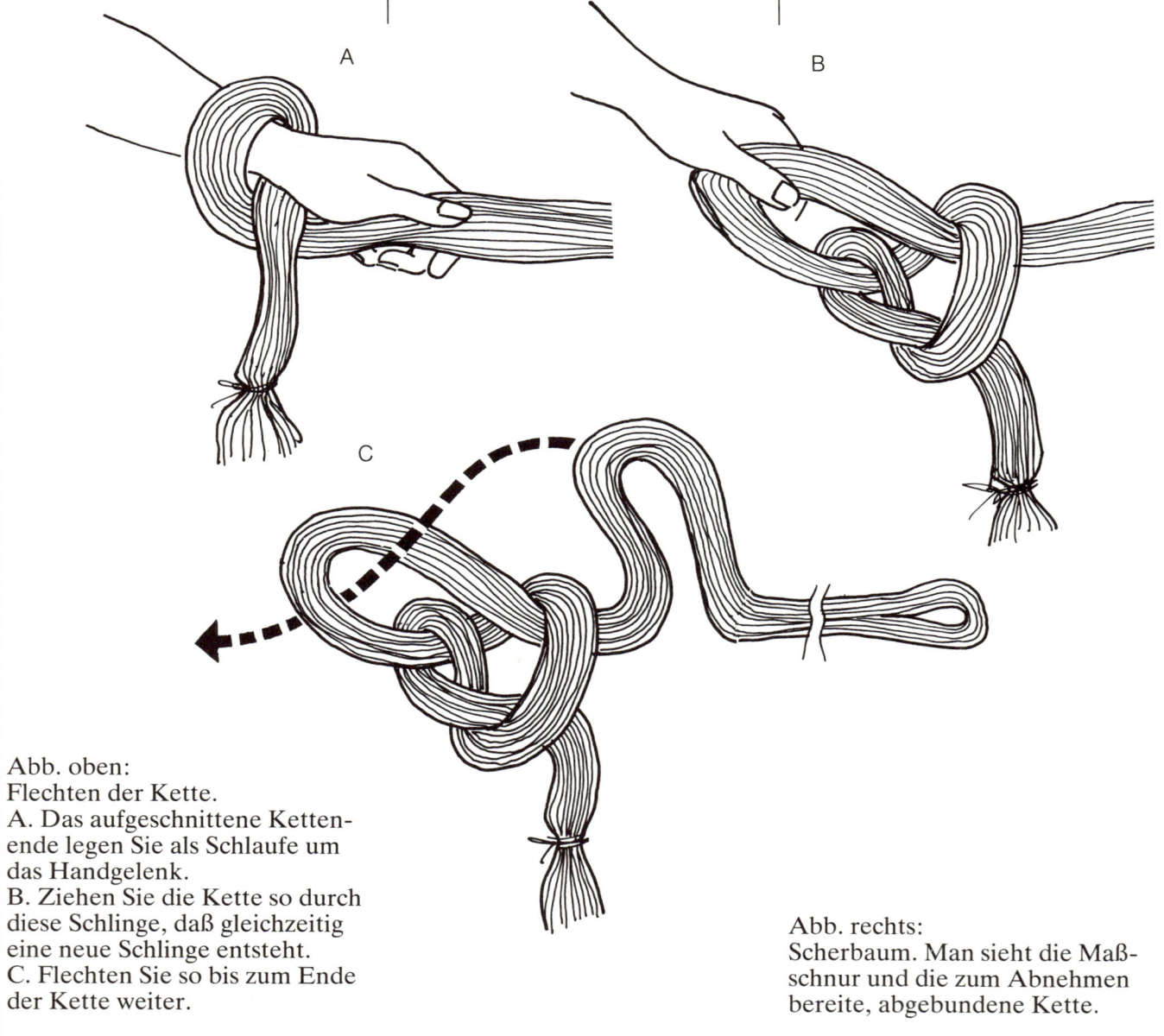

Abb. oben:
Flechten der Kette.
A. Das aufgeschnittene Kettenende legen Sie als Schlaufe um das Handgelenk.
B. Ziehen Sie die Kette so durch diese Schlinge, daß gleichzeitig eine neue Schlinge entsteht.
C. Flechten Sie so bis zum Ende der Kette weiter.

Abb. rechts:
Scherbaum. Man sieht die Maßschnur und die zum Abnehmen bereite, abgebundene Kette.

50

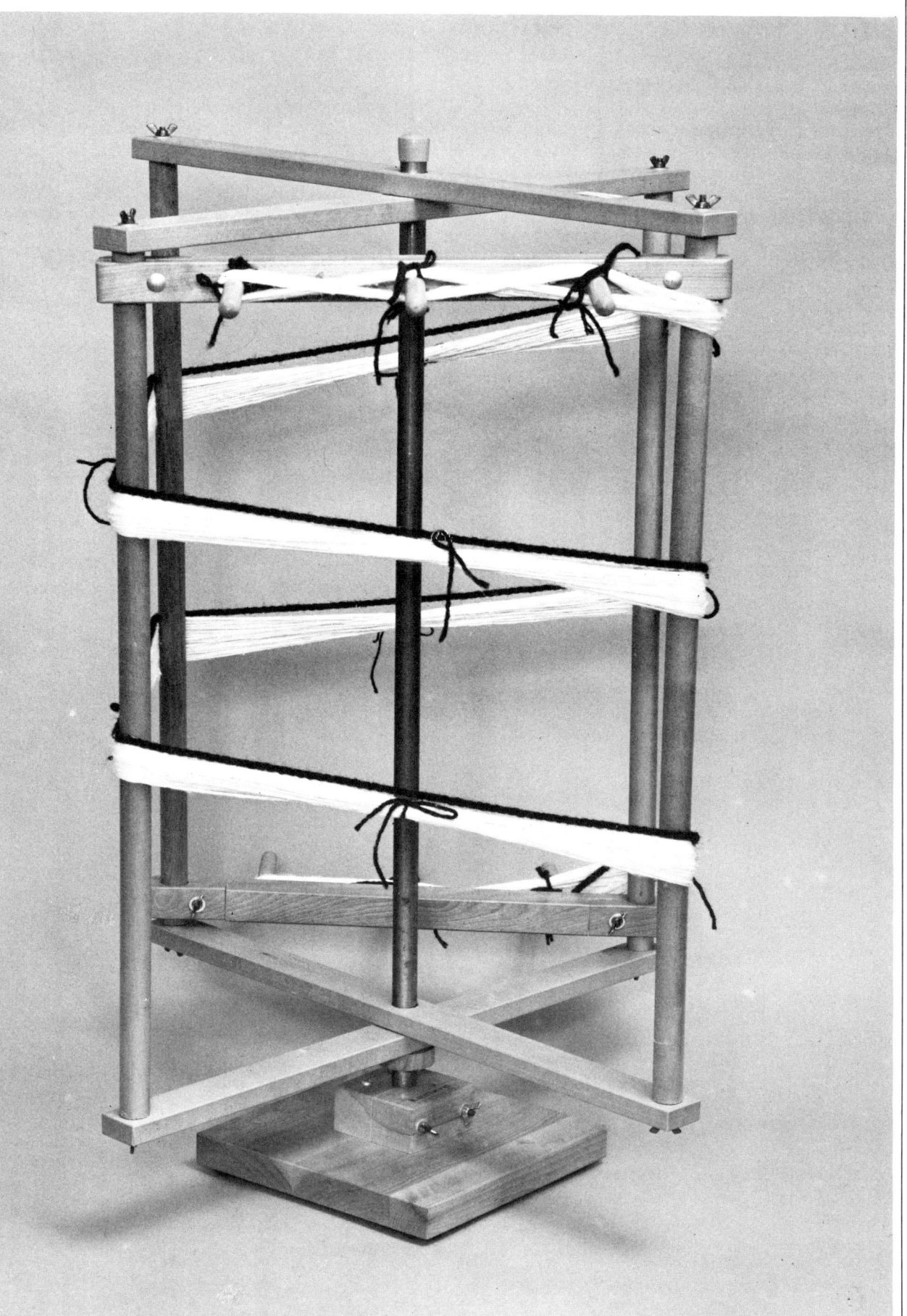

Direkt-Scheren

Dies ist noch eine weitere Scher-methode, wozu man weder Scher-baum noch Scherrahmen braucht. Die Kettfäden werden von den Garnspulen in Abständen von 2,5 oder 5 cm direkt auf einen speziellen Kettbaum gewickelt. Dieses Verfahren empfiehlt sich besonders bei langen Ketten und wenn die Garne alle gleich dick oder stark sind. Jede Farbkombination ist möglich. Aber man braucht hierzu zusätzliche Geräte – Schergatter, Spulen, Spannungsregler, Zählwerk und einen speziellen Kettbaum.

Aufspannen der geschorenen Kette

Nehmen Sie, falls das nicht weiter schwierig ist, die Schäfte aus dem Webstuhl heraus, andernfalls schieben Sie die Litzen einfach aus der Mitte weg zur Seite. Legen Sie die Kette mit dem geschlungenen Ende nach hinten auf den Webstuhl. Der Kettbaum ist mit einer Schürze (oder Anknottuch) versehen. Diese Schürze kann aus einem Stück Leinwand oder aus mehreren Schnüren bestehen, die am Kettbaum befestigt sind und über den Streichbaum hinausragen, so daß sie hinter die Schäfte passen. An einem Ende dieser Schürze befindet sich ein Stock. Eine nützliche Hilfe ist es, wenn Sie mit einer fortlaufenden Schnur einen zweiten Stock an dem ersten befestigen, wodurch die Kette gleichmäßiger eingeteilt und die Spannung besser reguliert werden kann.

1. Fahren Sie mit der Hand durch das geschlungene Ende der Kette und lösen Sie an dieser Stelle den Knoten. Den zusätzlichen Stock binden Sie los und stecken ihn durch das geschlungene Ende der Kette, wobei Sie diese zur gewünschten Breite spreizen. Nun binden Sie den Stock wieder am Schürzenstock fest, wobei die Schnur die Kettfäden gleichmäßig auf dem Stock verteilen soll (siehe Zeichnung S. 53). Wenn Sie nicht auf der ganzen Breite des Webstuhls weben, müssen Sie darauf achten, die Kette genau in der Mitte des Webstuhls aufzubringen. Wenn Sie die Kette direkt am Schürzenstock befestigen wollen, ziehen Sie den Schürzenstock aus der Schürze, teilen die Kette in gleich große Fadenbündel ein und stecken jedes dieser Bündel in einen Schlitz in der Schürze, wo sie von dem gleichzeitig wieder eingeführten Stock gehalten werden.

Die Kette wird direkt auf den Webstuhl geschoren.

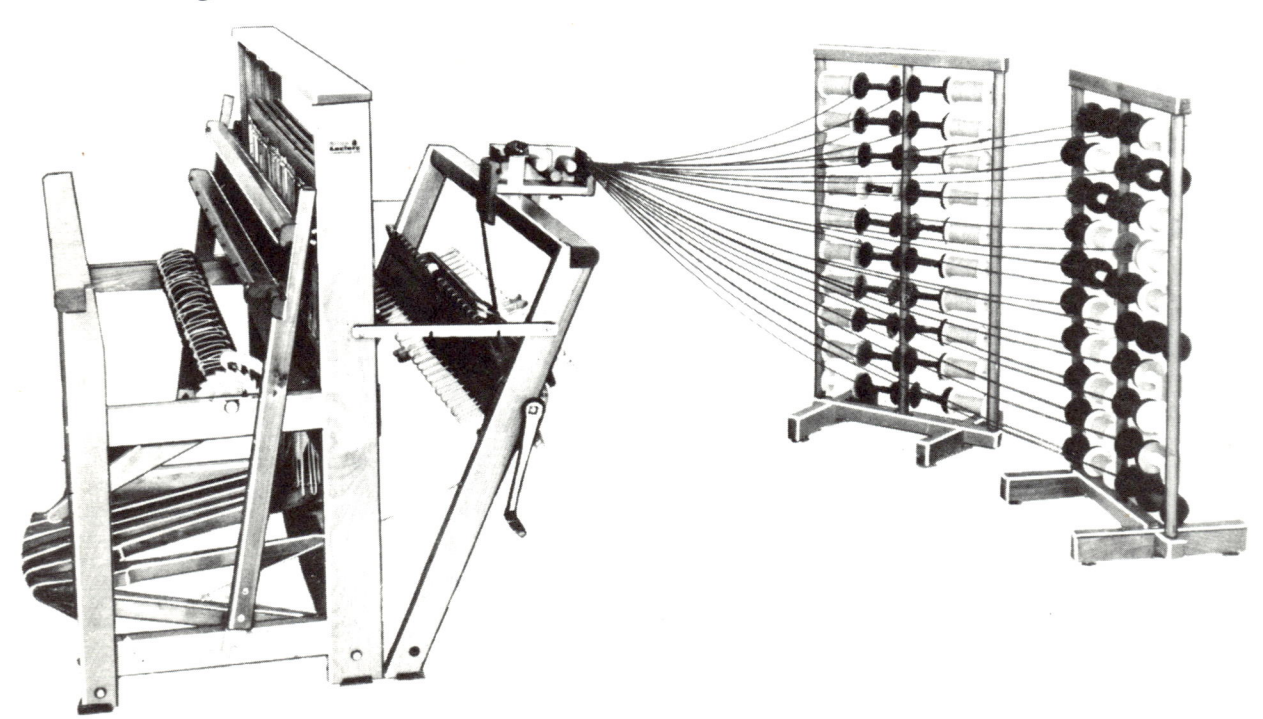

52

2. Jeder Webstuhl sollte zwei flache, glatte Stäbe, sogenannte Geleseleisten, haben, die etwas länger als die Webbreite des Webstuhls sind und am Ende ein Loch haben. Schieben Sie diese Leisten an der Stelle, wo das Fadenkreuz ist, zwischen die Kette. Dann binden Sie diese beiden Geleseleisten an den Enden so zusammen, daß sie in 1 cm Abstand voneinander liegen. Jetzt können Sie die Knoten, die das Fadenkreuz hielten, aufziehen. Die Geleseleisten werden an der Seite des Webstuhls festgebunden und bleiben dort so lange, bis die Kette ganz aufgespannt ist. Die übrigen Knoten, die die Kette zusammenhalten, brauchen wir vorerst noch.

Bei allen Webstühlen dieser Art gibt es eine Vorrichtung, mit der man die Spannung der Kettfäden kontrolliert. Der Kettbaum ist mit einer Bremsvorrichtung ausgestattet, die verhindert, daß sich der Kettbaum weiterdreht. Der Warenbaum ist mit einem Sperrad versehen, wodurch sich bei angezogener Bremse die Kettfäden langsam spannen, so daß man die richtige Spannung erreicht.

Unaufgeschnittenes Kettenende an der hinteren Schürze des Webstuhls.

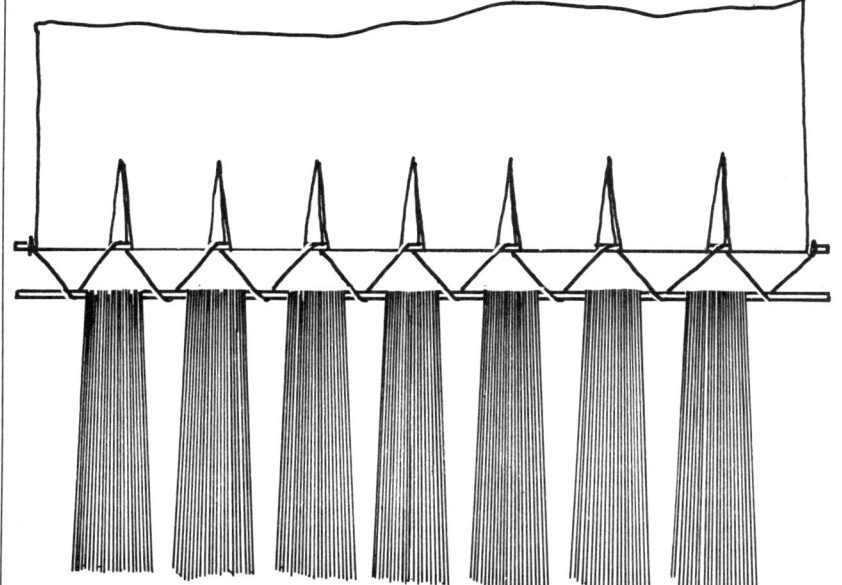

3. Nehmen Sie die Blattlade mit dem Webblatt aus dem Webstuhl heraus und setzen Sie statt dessen einen Reihkamm ein. In die 1 cm breiten Zwischenräume dieses Kamms wird die Kette, während sie auf den Baum gewickelt wird, eingelegt und bleibt so in der gewünschten Breite gespreizt. Nehmen Sie das Garn in der Reihenfolge auf, wie es am Fadenkreuz auf den Geleseleisten liegt, und legen Sie es, je nach Anzahl der Kettfäden, die Sie pro cm haben, in die Fächer des Reihkamms. Die gewünschte Webbreite muß dabei eingehalten werden. Lösen Sie nur die Knoten von der Kette, die beim Einlegen in den Kamm stören. Dann wird die Blattlade wieder in den Webstuhl eingesetzt, damit die Fäden nicht aus dem offenen Kamm rutschen. Nun nehmen Sie die Kettfäden vorn am Webstuhl in die Hand und schütteln und ziehen sie sanft an, um sicherzugehen, daß alle Fäden straff liegen und nicht aneinander haften. Während des Aufbäumens der Kette sollten Sie immer wieder einmal diese Probe machen. Es schadet der Garnfaser, die Kette mit den Fingern oder irgend etwas anderem durchzukämmen.

4. Nun gehen Sie hinten rechts an den Webstuhl und beginnen damit, die Kette auf den Kettbaum zu wickeln, indem Sie die Kurbel drehen (das nennt man Aufbäumen). Das andere Ende der Kette liegt auf dem Brustbaum. Bei den ersten Umdrehungen des Kettbaums müssen Schürze und Kette noch geführt werden. Achten Sie darauf, daß alle Fäden gleichmäßig gestrafft sind. Wenn manche zu straff sind, haben sie sich wahrscheinlich verheddert. Wenn sie zu locker sind, ziehen Sie sie vorn am Webstuhl an.

Wenn man dickes Papier, Wellpappe oder flache, glatte Stäbe zusammen mit der Kette auf den Kettbaum wickelt, entsteht eine glatte Unterlage für die Kette, die zu gleicher Spannung aller Kettfäden auf der ganzen Webbreite beiträgt.

Bäumen Sie die Kette langsam und mit viel Geduld auf, bis vor dem Reihkamm nur noch 30 cm Kettenlänge sind. Zu zweit geht diese Arbeit leichter von der Hand. Einer arbeitet hinten am Webstuhl, d. h. er wickelt die Kette auf den Baum, und der andere kümmert sich vorne, beim Brustbaum, um die gleichmäßige Spannung der Fäden.

5. Jetzt können Sie den Reihkamm herausnehmen: er hat seinen Dienst getan.

6. Setzen Sie die Schäfte wieder ein, wenn Sie sie vorher herausgenommen hatten.

7. Binden Sie die Geleseleisten vom Webstuhl los und am Brustbaum an. Kettfäden und Geleseleisten hängen dann am Brustbaum. (Siehe auch Abbildungen Seite 54.)

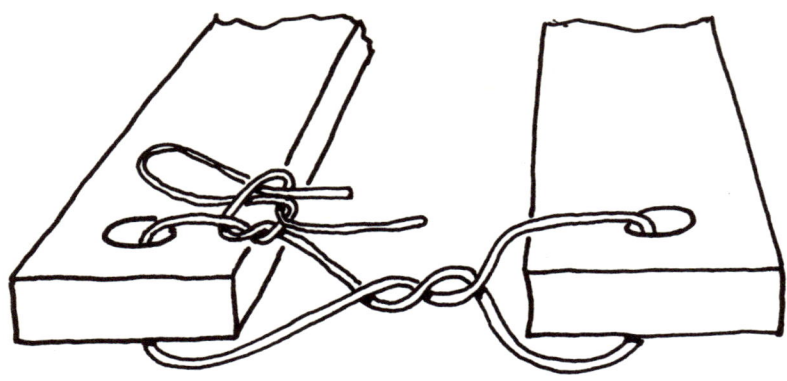

Geleseleisten, mit Abstand
von 1 cm zusammengebunden.

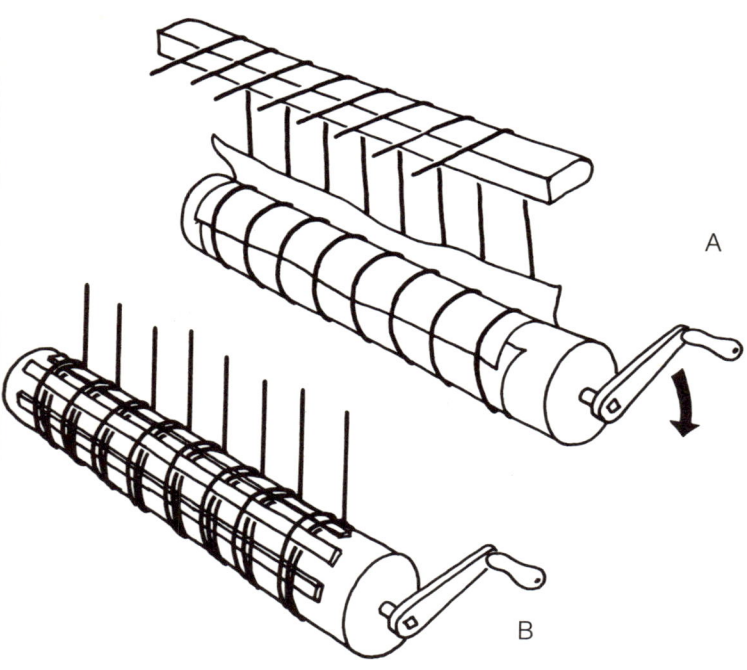

A

B

Aufbäumen der Kette zusammen
mit Papier oder Pappstreifen
oder schmalen Holzleisten.

Reihkamm.

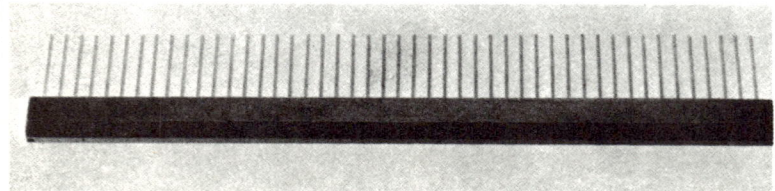

Einziehen
in die Litzen

8. Sie müssen wissen, wie viele
Litzen Ihre Schäfte haben. Wenn
Sie nicht alle Litzen brauchen,
nehmen Sie die überzähligen zu
gleichen Teilen auf beiden Seiten
des Schafts heraus. Man beginnt
auf der rechten oder linken Seite
und nimmt die Kettfäden einzeln
nacheinander von den Geleseleisten. Einer liegt jeweils auf und
einer unter der Geleseleiste. Man
nimmt den 1. Kettfaden, fädelt
ihn durch die Öse der 1. Litze des
1. Schafts – das ist der, der dem
Kettbaum am nächsten ist. Dann
zieht man den 2. Kettfaden in die
erste Litze im 2. Schaft und weiter
in die 1. Litze im 3. und 4. Schaft
ein und beginnt dann wieder
von vorn mit dem ersten Schaft
und der zweiten Litze. Fahren Sie
so fort, bis alle Kettfäden eingezogen sind. Achten Sie darauf,
daß jeder Faden sauber eingezogen ist und nicht auf einem anderen Faden liegt oder in die falsche
Litze eingezogen ist. Das ist nun
ein direkter Einzug. Für besondere Gewebe gibt es andere
Einzugspläne. (Siehe Grundbindungen und Patronenentwurf.)
Wenn man 20 oder 30 Fäden
eingezogen hat, sichert man diese
hinter den Schäften mit einem
gemeinsamen Laufknoten, damit
sie nicht wieder aus den Litzen
rutschen.
Für das Einziehen kann man auch
einen Einziehhaken zu Hilfe nehmen. Normalerweise geht es dann
schneller, außer wenn die Ösen
sehr eng sind und der Einziehhaken sich mit der Litze verhakt.

Litzen gibt es aus Schnur, Draht und Metall. Sehr alte Webstühle haben Schnurlitzen (A), heute werden nur noch sehr wenig Webstühle mit Schnurlitzen hergestellt. Es läßt sich gut mit ihnen arbeiten, nur dehnen sie sich gern, wenn sie nicht korrekt angebracht sind. Man kann sie leicht selbst in jeder Länge herstellen. Drahtlitzen (B) sind gewöhnlich die billigsten, sie verbiegen sich aber leicht und verrutschen auch gern im Schaft. Drahtlitzen haben eine größere Öse, so daß man auch dickes Kettgarn verwenden kann. Metallitzen (C) sind fester und weniger biegsam. Man kann an jeder Stelle im Schaft eine Ersatzlitze (D) aus Metall oder Schnur befestigen, so daß sich Einzugsfehler leicht korrigieren lassen. Litzen gibt es in einer Länge von 18 bis 35 cm.

Einziehen der Kettfäden in die Litzen.

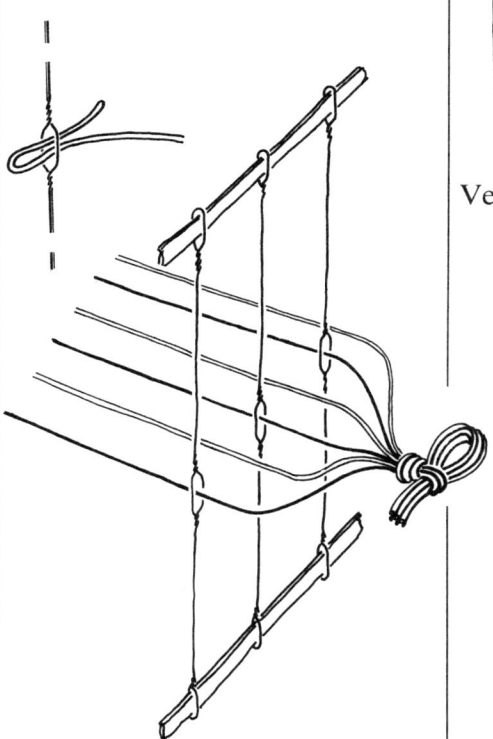

Mit mehreren eingezogenen Kettfäden macht man einen Laufknoten.

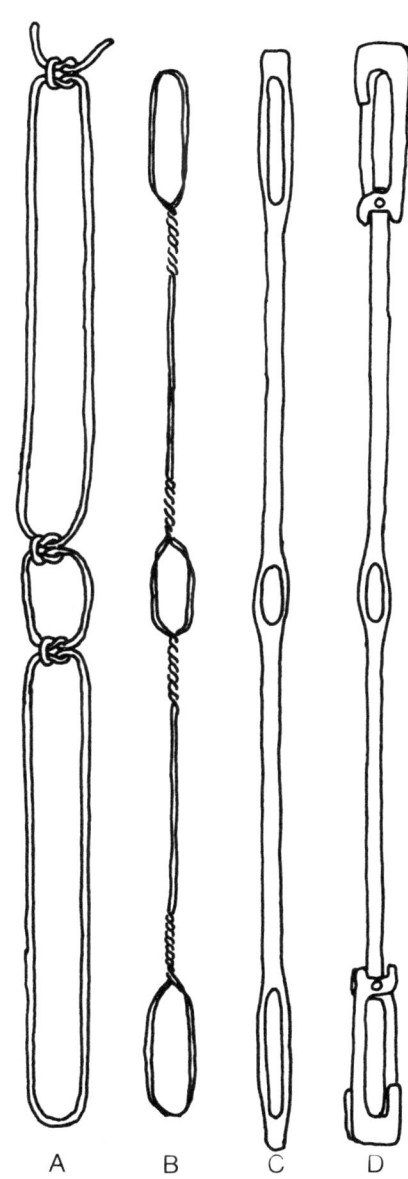

A   B   C   D

Verschiedene Arten von Litzen.

Wenn Sie Schnurlitzen anfertigen, müssen Sie zuerst die für Ihren Webstuhl richtige Litzenlänge herausfinden. Damit alle Litzen gleich lang werden, macht man sich ein Gestell, auf dem die Litzen geknotet werden. Es ist ein Brett mit vier Stiften, die Mitte ist bei Stift C. Aus gezwirntem Baumwollgarn oder aus Leinenzwirn schneidet man Fäden zu, die zweieinhalb mal so lang wie die Litzen sein sollen. Die zugeschnittenen Fäden werden in der Mitte zusammengelegt und um Stift A geschlungen. An Stift B und C machen Sie jeweils einen Knoten. Die beiden Fadenenden werden an Stift D miteinander verknotet. Die Litze ist fertig. Man kann eine ganze Menge Litzen auf das Brettchen knoten, bevor man sie abnimmt.

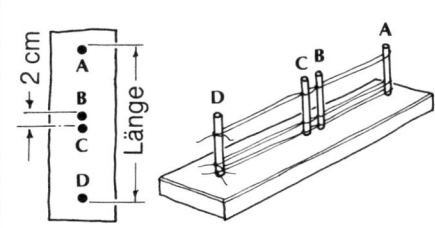

Gestell zum Knüpfen der Schnurlitzen. Man schlingt den Zwirn um Stift A und verknotet ihn jeweils an Stift B und C. Zum Schluß die beiden Enden an Stift D miteinander verknoten. Stift C markiert die Mitte.

Blattstechen

9. Wenn Sie nun das Webblatt wieder in die Blattlade einsetzen, können Sie damit beginnen, die Kettfäden in das Webblatt einzufädeln. Das nennt man Blattstechen.

Lösen Sie die Laufknoten, die die Kettfäden hinter den Schäften zusammenhalten. Mit dem Einziehhaken werden die Kettfäden in die Zwischenräume im Webblatt eingezogen, die man Riete nennt. Nehmen Sie die Fäden in genau derselben Reihenfolge, wie sie in die Litzen eingezogen sind, und achten Sie darauf, sie nicht zu überkreuzen. Auch hier müssen Sie so vorgehen, daß die Kette in der Mitte des Webblatts sitzt. Binden Sie eine kurze Schnur an dem Riet fest, das die Mitte anzeigt.

Bei Webblättern aus Stahl variiert die Zahl der Riete auf 2 cm zwischen 3 und 25. Es lohnt sich wahrscheinlich für Sie, mehrere Webblätter mit verschiedenen Rietdichten zu haben. Man darf keinesfalls vergessen, die Kettfäden gleichmäßig auf die gewünschte Webbreite zu verteilen. Sie können ein, zwei oder mehr Kettfäden in jedes Riet einziehen, oder auch z. B. jedes zweite Riet überspringen. Richten Sie sich dabei vor allem nach der Art des Garns, mit dem Sie arbeiten. Bei sehr faserigem Garn, das gern aneinander haftet, sollten Sie nicht mehrere Kettfäden auf einmal in ein Riet einziehen. Und dickes Garn sollte man nicht in ein enges Riet quetschen; in einem solchen Fall ist ein Webblatt mit einer anderen Rietgröße günstiger, denn während des Webens würde sich die Faser im Webblatt durchscheuern.

Nach einer bestimmten Anzahl eingezogener Kettfäden machen Sie hinter dem Webblatt gleich wieder einen Laufknoten. Dadurch können die Fäden nicht aus dem Webblatt rutschen und Sie haben gleichzeitig die Möglichkeit, immer wieder alles auf seine Richtigkeit hin zu überprüfen.

10. Legen Sie die am Warenbaum befestigte Schürze auf den Brustbaum. Zuerst nimmt man ein Bündel von Kettfäden aus der Mitte des Webblatts und bindet es an den Schürzenstock, danach ein Garnbündel von jeweils einer Seite der Kette, das ebenso befestigt wird. Dann füllen Sie die Zwischenräume auf, bis alle Kettfäden am Schürzenstock festgebunden sind. Streichen Sie nun mit der Hand leicht über die Kette und prüfen Sie nach, ob die Spannung überall gleich ist. Alle Kettfäden, die zu locker scheinen, müssen vorn am Knoten nachgezogen werden. Dann binden Sie alle Fäden mit einem einzigen Pahlstek-Knoten zusammen. Wenn man bei diesem Knoten am kurzen Ende zieht, löst er sich sofort, falls Sie noch etwas ändern müssen. Machen Sie keinesfalls einen Knoten, der sich nur mühsam wieder auflösen läßt.

Webblatt.

Verschiedene Einziehhaken.

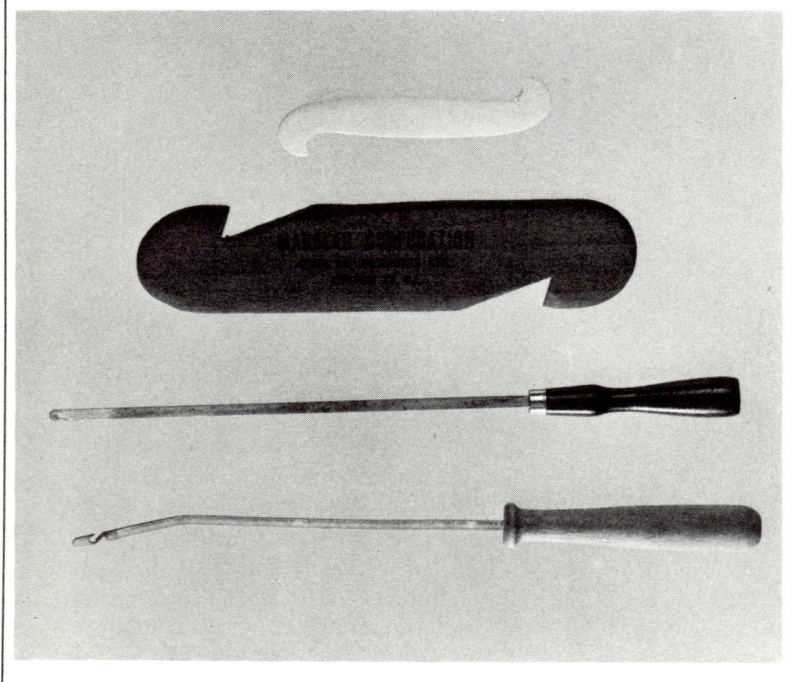

Abb. rechts:
Anknoten der Kettfäden an der vorderen Schürze.
A. Ein Bündel Kettfäden über den Schürzenstock legen, unter dem Schürzenstock teilen und die Enden nach oben bringen.
B. Die Enden durch Überhandknoten befestigen.
Für größere Spannung werden die Enden nach vorn gezogen.
C. Einen Pahlstek knüpfen.
D. Knoten anziehen.

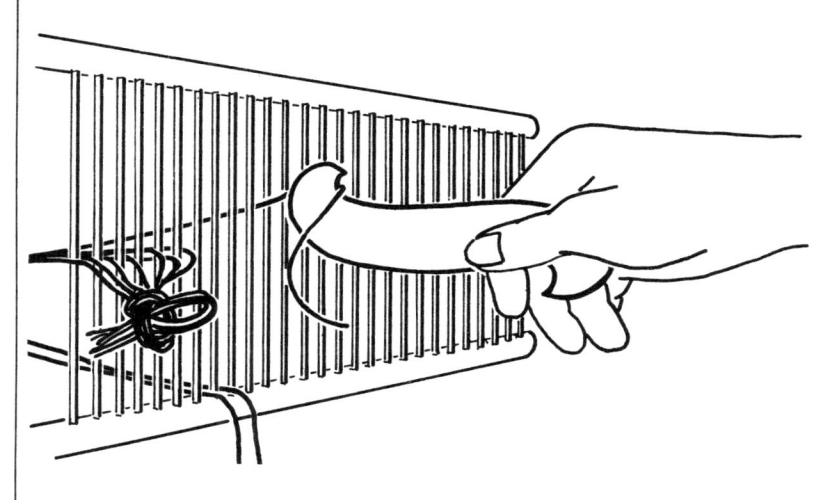

Abb. rechts:
Einziehen der Kettfäden ins Webblatt mit einem Einziehhaken (Blattstechen) und mehrere eingezogene und mit einem Laufknoten gesicherte Kettfäden.

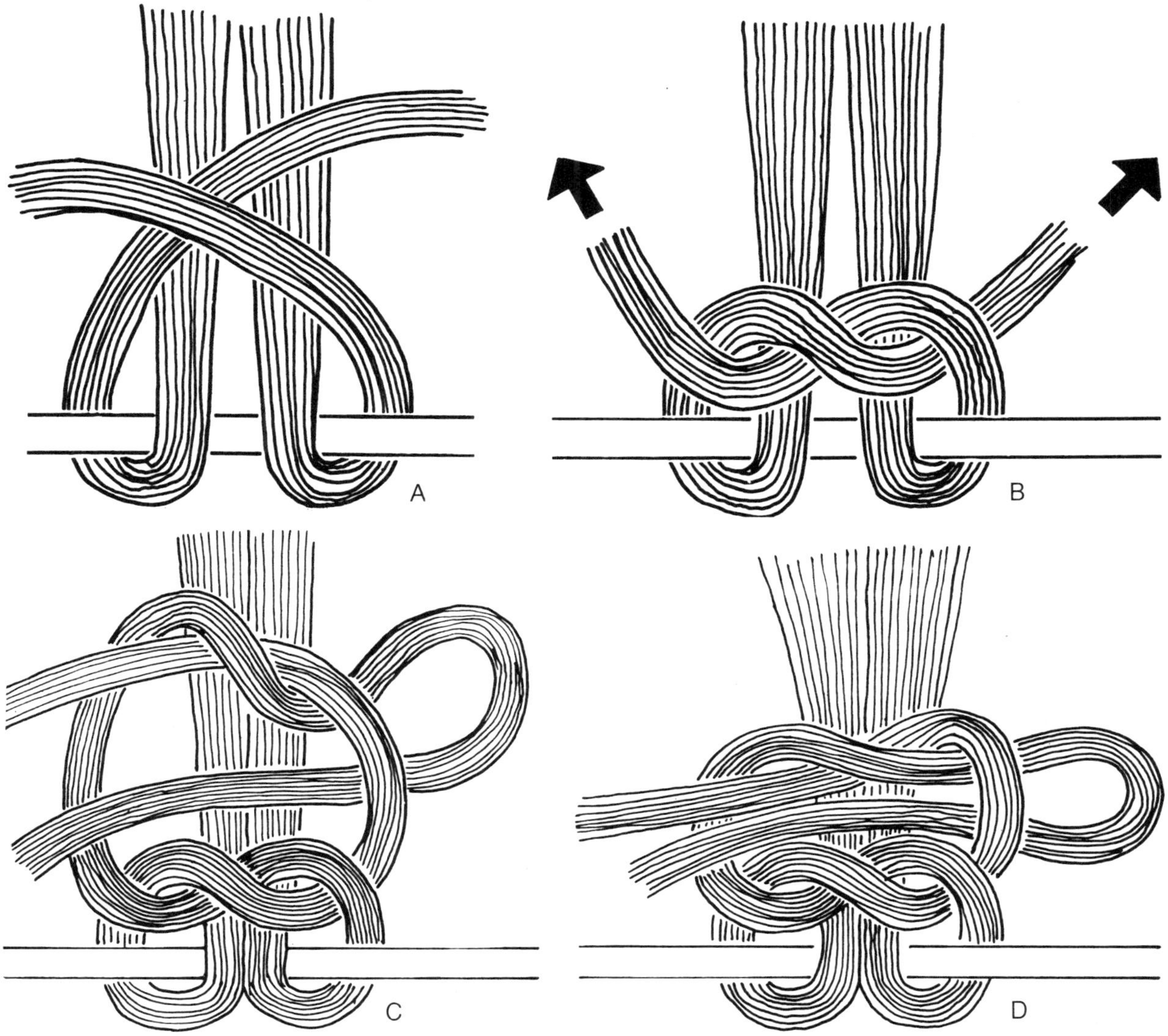

A

B

C

D

Aufspannen der Kette von vorn

Eine andere Art, die Kette auf den Webstuhl aufzubringen ist, vorne beim Warenbaum zu beginnen. Bei dieser Technik wird die Kette vom Scherbrett oder -rahmen vorne auf den Webstuhl gelegt. Die Geleseleisten werden in das Fadenkreuz gesteckt und am Brustbaum festgebunden. Die Kettfäden werden dann durch das Webblatt und die Litzen in umgekehrter Reihenfolge wie oben eingezogen. Erst dann werden sie an den hinteren Schürzenstock gebunden und auf den Kettbaum gewickelt. Dann wird das andere Ende an der vorderen Schürze angebunden. Den Reihkamm braucht man bei diesem Verfahren nicht. Man muß nur aufpassen, daß die Reibung beim Ziehen im Webblatt und in den Litzen nicht zu groß ist. Bei diesem Aufbäumverfahren geht man sicher, daß alle Fäden nebeneinander auf den Webstuhl aufgebracht sind und sich nicht überkreuzen.

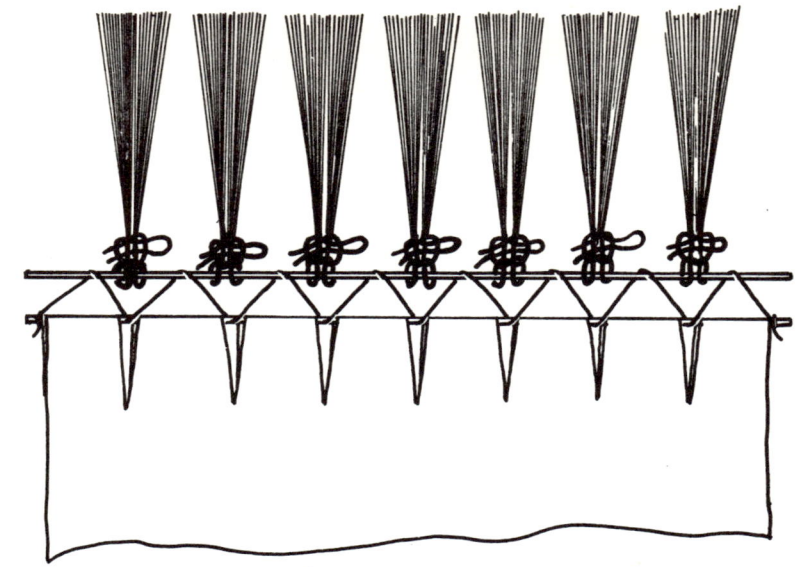

An der vorderen Schürze befestigte Kette.

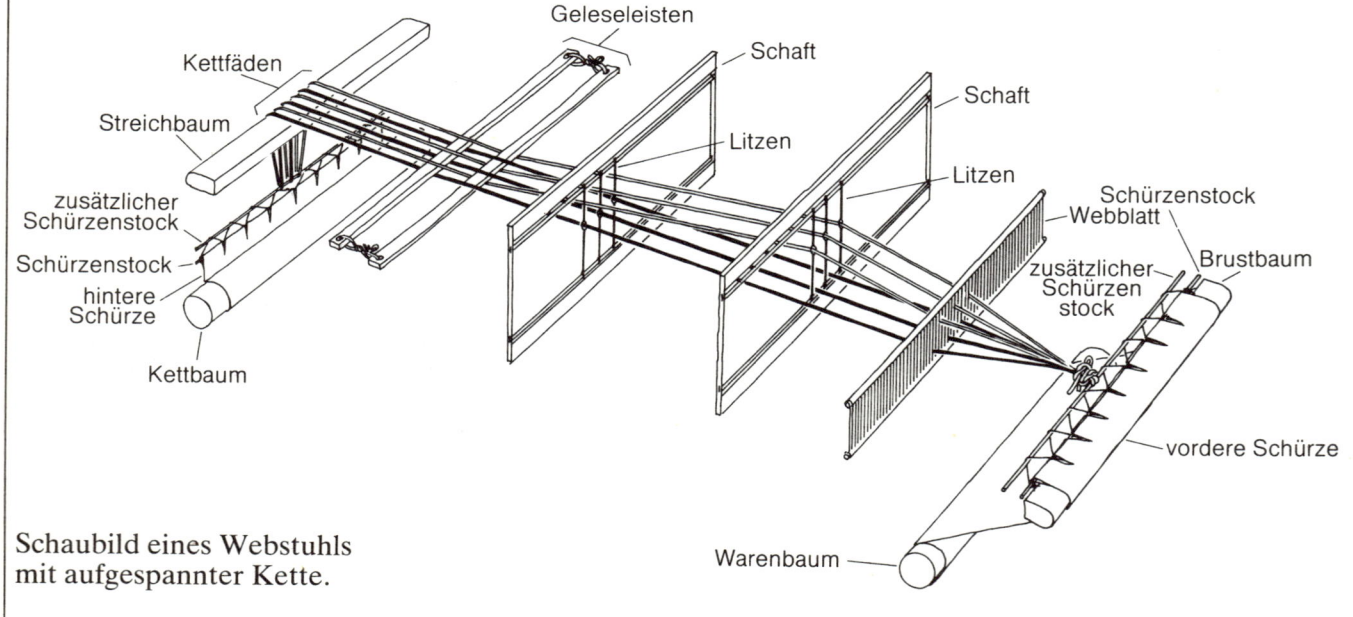

Schaubild eines Webstuhls mit aufgespannter Kette.

Verschnürung

Der letzte Arbeitsgang, bevor wir mit dem eigentlichen Weben beginnen können, ist das Verschnüren der Schäfte mit den Tritten. Die Art der Verschnürung ist entscheidend dafür, wie die Fächer in der Kette gebildet werden, in die der Schußfaden eingetragen wird.

Bei den meisten Tischwebstühlen und einigen Standwebstühlen ist jeder Schaft mit einem Handhebel oder Tritt verschnürt. Das nennt man eine direkte Verschnürung. Für die Bildung eines Fachs kann man dann einen oder mehrere Hebel (bei Tischwebstühlen) oder Tritte (bei Standwebstühlen) gleichzeitig betätigen.

Die Art der Verschnürung variiert von einem Modell zum anderen. Das Grundprinzip ist, daß jeder Schaft mit einer Seitenschwinge und jeder Tritt mit ein, zwei oder drei Seitenschwingen verschnürt ist.

Früher hatten die Webstühle Verschnürungen aus Baumwolle, die sich leicht dehnten und die man nachziehen konnte. Jetzt nimmt man meist Nylonschnur für die Verschnürung, die sich nicht dehnt, aber auch nicht nachstellbar ist. Man sollte die Verschnürung leicht ändern können. Einige Webstühle haben statt der Schnüre Metallketten. Diese dehnen sich nicht, aber der Lärm, den sie bei der Arbeit erzeugen, ist sehr lästig.

Die meisten vierschäftigen Webstühle haben sechs Tritte. Wenn jeweils zwei Schäfte an einem Tritt befestigt sind, gibt es sechs mögliche Kombinationen. Das nennt man eine Standardverschnürung. Andere Verschnürungen für bestimmte Gewebearten stellen wir Ihnen später vor.

Webstuhl und Kette bilden beim Weben eine Einheit. Nach dem Aufspannen der Kette müssen möglicherweise einzelne Teile des Webstuhls nachgestellt werden. Die Litzen müssen in regelmäßigen Abständen voneinander und senkrecht im Schaft stehen. Das Webblatt muß genau in der Mitte der Kette sitzen. Weder das Webblatt noch die Blattlade dürfen oben oder unten an der Kette scheuern. Die Verschnürung stimmt dann, wenn der untere Teil des Fachs, das durch Betätigung eines Tritts entsteht, eine ebene Fläche bildet. Bei einem neuen Webstuhl sind diese Korrekturen nicht nötig.

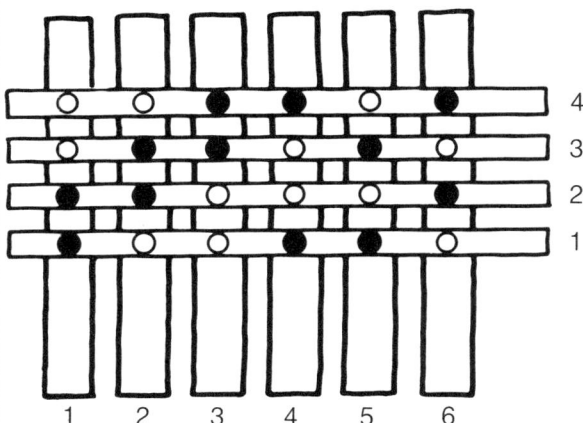

Standard-Verschnürung.
Die waagerechten Linien bezeichnen die Seitenschwingen, die senkrechten die Tritte und die schwarzen Punkte eine Verschnürung.

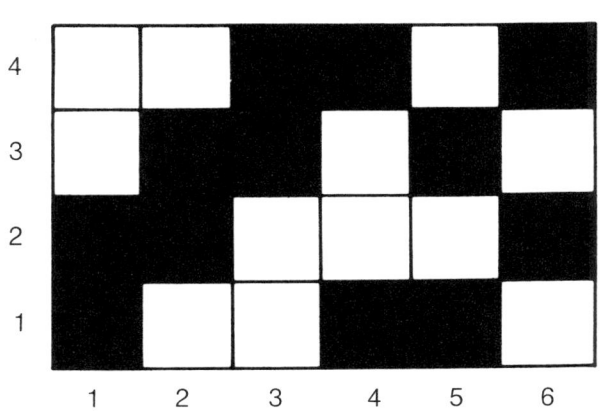

Standard-Verschnürung, wie sie der Weber in der Patrone zeichnet.

Aufspannen der Kette beim Bandwebstuhl

Beim Bandwebstuhl ist das Aufziehen der Kette und das Einfädeln in die Litzen ein Arbeitsgang. Die Litzen bestehen hier aus einer oder mehreren Schnurschlingen, die an einem Stift in der Mitte befestigt sind. Die Kettenspannung wird mit einem beweglichen Stift reguliert. In jeder zweiten Runde des Kettfadens um die Stifte des Webstuhls herum wird der Kettfaden durch eine Litze gefädelt. Sie können die Kette mehrfarbig machen, indem Sie die jeweils neue Farbe an dem Stift, an dem Sie mit dem Aufziehen begonnen haben, anknüpfen. An den Stiften selbst dürfen Sie die Kettfäden nicht festbinden, da die Kette unbehindert um die Stifte gleiten können muß. Die Kettenlänge wird von der Größe des Webstuhls, d. h. der Runde, die durch die Stifte abgesteckt ist, begrenzt – wobei Sie noch 5 bis 10 cm für Anfang und Ende abziehen müssen.

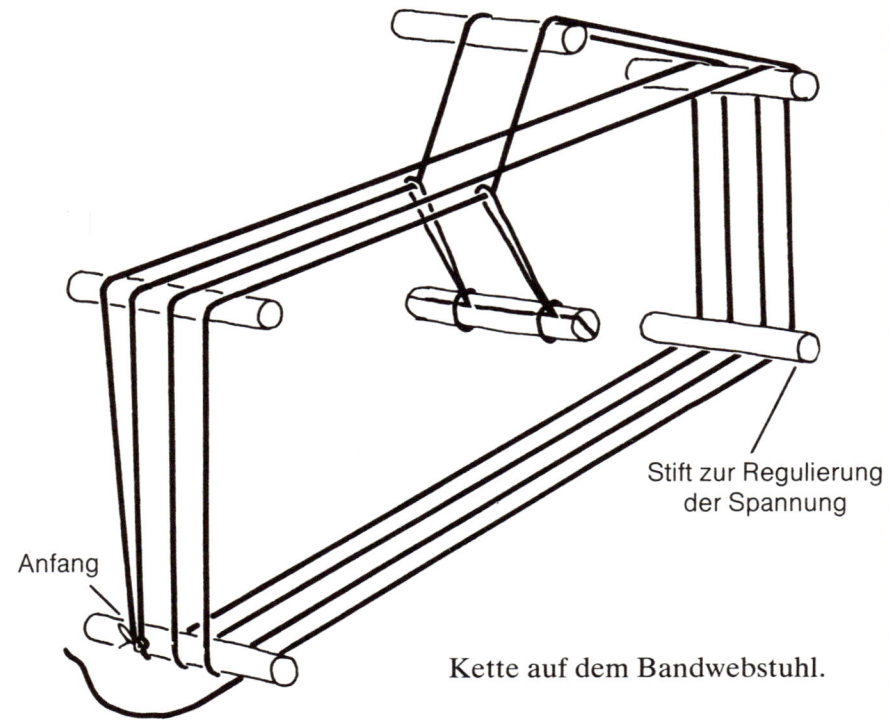

Stift zur Regulierung der Spannung

Anfang

Kette auf dem Bandwebstuhl.

Schaubild für das Aufspannen der Kette beim Bandwebstuhl. Begonnen wird am Stift links unten. Die gestrichelte Linie bezeichnet den zweiten Kettfaden.

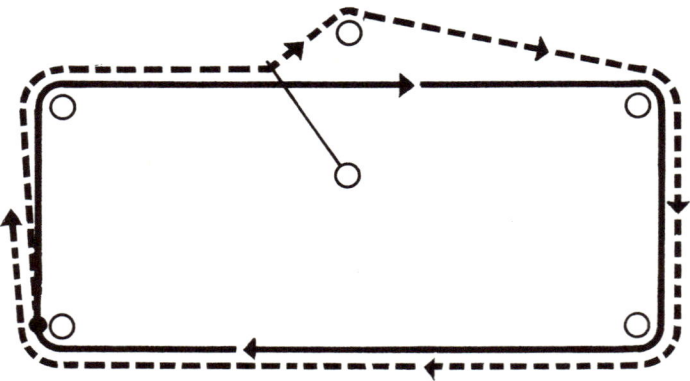

Aufspannen der Kette beim Gurtwebstuhl

An einem geeigneten Platz wird der Kettstab an einer Schnur waagerecht aufgehängt. An die Enden des Kettstabs knüpft man zwei feste Schnüre und verbindet diese so mit dem Warenbaum, daß zwischen den beiden Stäben ein Abstand von der ungefähren Länge der Kette ist. Die Kette scheren wir auf einem Scherrahmen, denn wir brauchen das Fadenkreuz. Nun binden Sie auf einer Seite die Schnur, die den Kettstab hält, los, und legen das geschlungene Ende der Kette auf den Kettstab. Im Fadenkreuz werden die Geleseleisten angebunden. Von den Geleseleisten aus wird dann die Kette in die Litzen des festen Schafts eingezogen. Wenn Sie den Schaft für diese Arbeit mit einer Schnur an den Kettstab knüpfen, brauchen Sie ihn kaum zu halten. Schließlich müssen noch die Kettfäden an den Warenbaum geknüpft werden. Danach können Sie die festen Aufhängschnüre und die Geleseleisten entfernen. Die Kette kann bei diesem Webstuhltyp so lang sein, wie Sie noch bequem damit arbeiten können. Ich habe versucht, die einzelnen für das Aufbringen der Kette auf den Webstuhl nötigen Schritte vollständig, aber unkompliziert zu beschreiben. Viele Anfänger halten es für notwendig, erst einmal persönlichen Unterricht zu nehmen. Nützen Sie jede Gelegenheit aus, mit anderen Webern zusammenzuarbeiten oder zu lernen. Wir profitieren alle von der Erfahrung anderer.

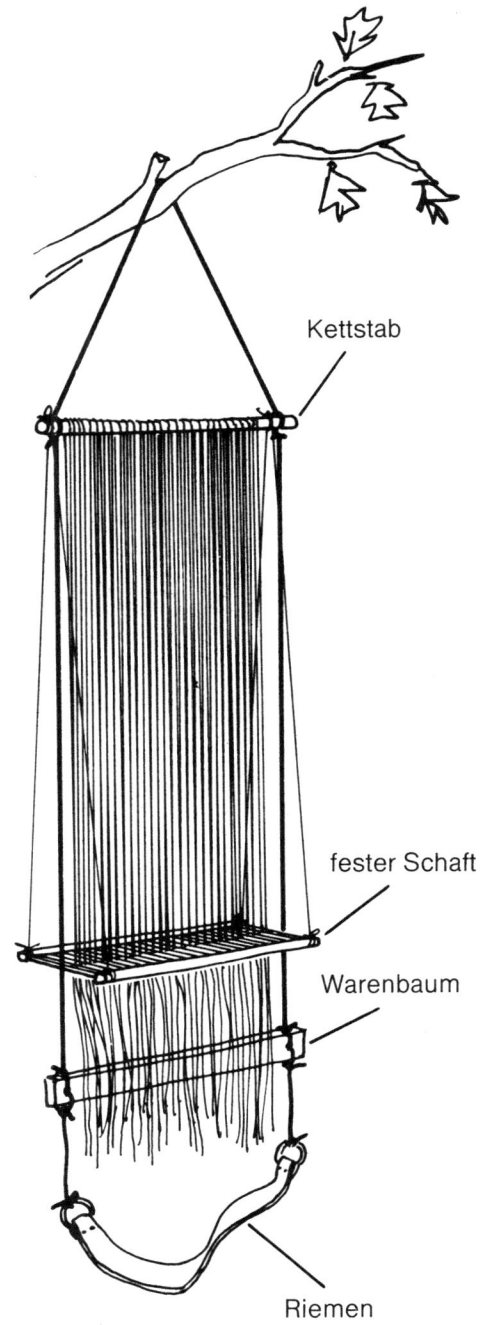

Kettstab

fester Schaft

Warenbaum

Riemen

Gurtwebstuhl mit festem Schaft. Die Kette ist bereits eingezogen und muß nur noch am Warenbaum befestigt werden.

4 **Webtechniken**

Verschiedene Teppichnadeln.

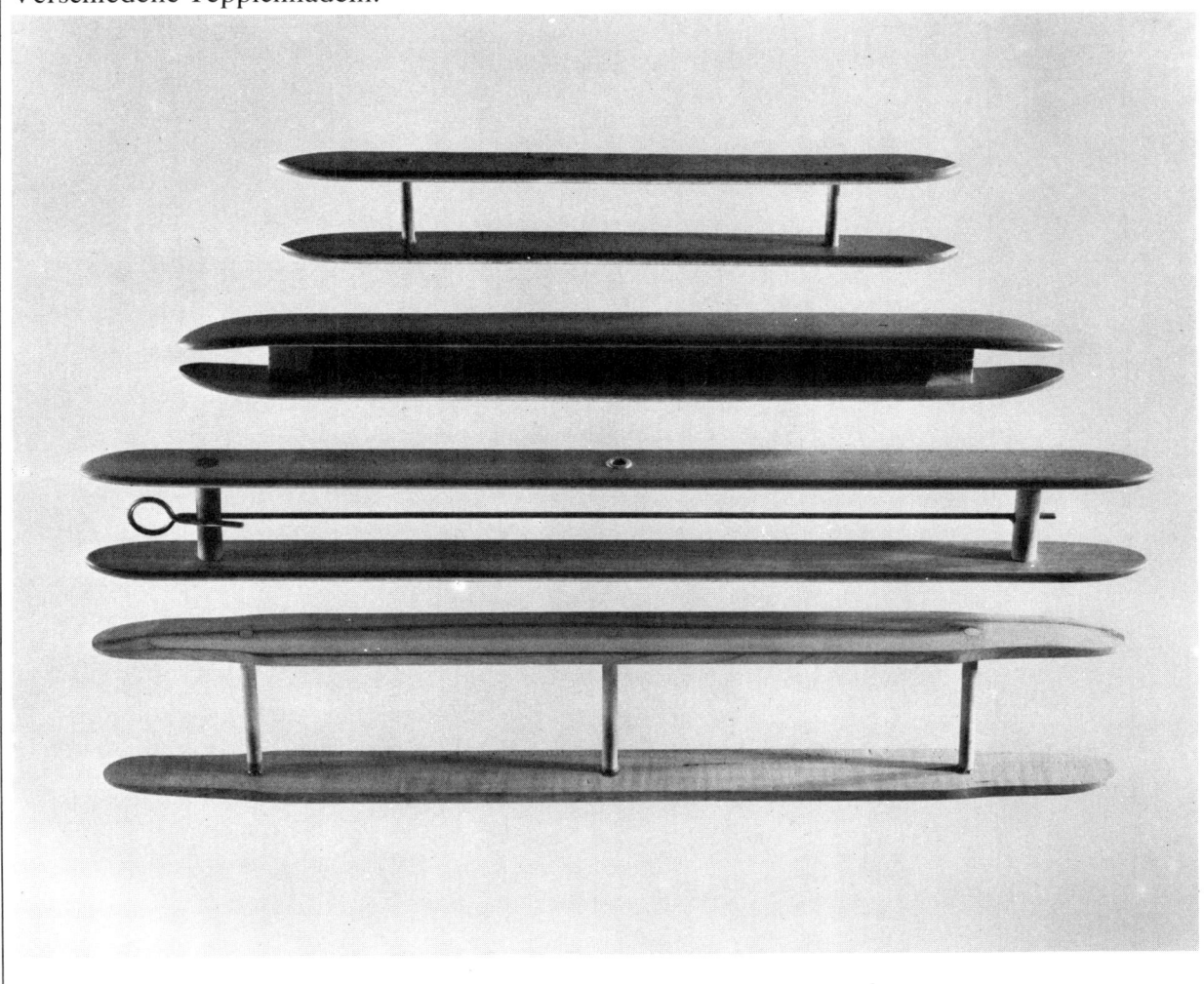

Da jetzt endlich das Kettgarn auf dem Webstuhl ist, können wir mit dem eigentlichen Weben beginnen, d. h. den Schußfaden durch die Kette führen. Das Weben auf einem Webstuhl mit Tritten ist eine rhythmische Bewegung, bei der Hände und Füße zusammenarbeiten. Mit den Füßen werden die Tritte bedient; mit der Hand wird das Schiffchen, auf das das Schußgarn gewickelt ist, durch das geöffnete Fach geführt oder, wie man auch sagt, geschossen. Jeden Durchgang des Schußfadens durch das Fach in der Kette nennt man einen Einschuß oder Schußeintrag.

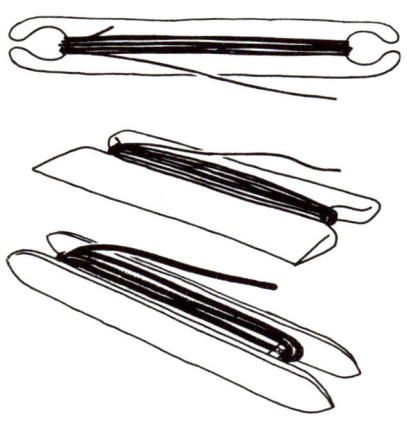

Verschiedene Wickeltechniken (oben) und Webnadeln (unten).

Abb. unten:
So wird das Garn auf die Webnadel gewickelt, um die maximale Garnmenge aufwickeln zu können. Allerdings dürfen Sie die Webnadel nicht so bewickeln, wenn Sie sie auch zum Anschlagen der Schußfäden benutzen. Beim Aufwickeln wechselt man immer von einer Seite zur anderen.

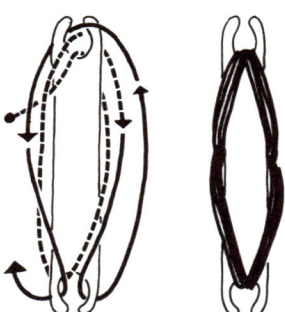

Handschützen und Weberschiffchen

Handschützen und Weberschiffchen sind synonym. Es gibt viele Arten von Handschützen. Welchen Typ Sie wählen, hängt von der Art des Schußgarns, von der Breite des Gewebes und vom Muster ab.
Das einfachste Gerät dieser Art ist die Webnadel, ein flacher Stab mit einer Einkerbung an jedem Ende, in die das Garn gewickelt wird. Die Webnadel wird mit der Hand durch das geöffnete Fach geführt und meist für dickeres Garn benutzt. Sie sollte etwas länger sein als das Gewebe breit ist, so daß durch eine Wendung oder Drehung genügend Garn für den nächsten Schußeintrag abgewickelt wird. Webnadeln können 15 bis 90 cm lang sein. Manche haben abgeflachte Kanten, mit welchen das Schußgarn bei Webstühlen, die keine Blattlade haben, wie etwa dem Bandwebstuhl, angeschlagen wird.

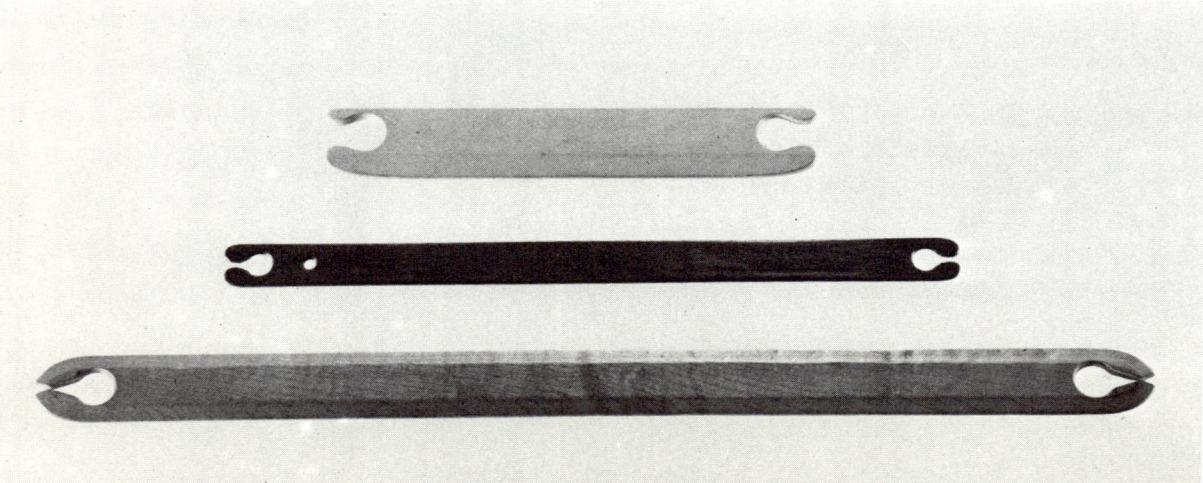

Ein anderer Typ ist die Teppichnadel, die für dicke, schwere Garne bestimmt ist (siehe Abb. S. 63). Sie besteht aus zwei flachen Leisten, die durch Holzstifte miteinander verbunden sind. Um diese Holzstifte wird das Garn gewickelt. Auf diese Art und Weise kann man mehr Garn aufwickeln, als das bei den anderen Typen der Fall ist. Wie bei den einfachen Webnadeln muß auch hier das Schußgarn mit der Hand abgewickelt werden. Die Teppichnadeln gibt es in vielen verschiedenen Größen.

Der Ski-Schütze hat eine hübsche, graziöse Form. Man benutzt ihn bei schwerem, dickem Garn. Der Schußfaden wird um die Haken oben gewickelt, und die flache, glatte Unterseite gleitet ganz leicht durch das Fach, und das bedeutet, daß er mit der Hand nur angeschubst werden muß.

Ski-Schütze

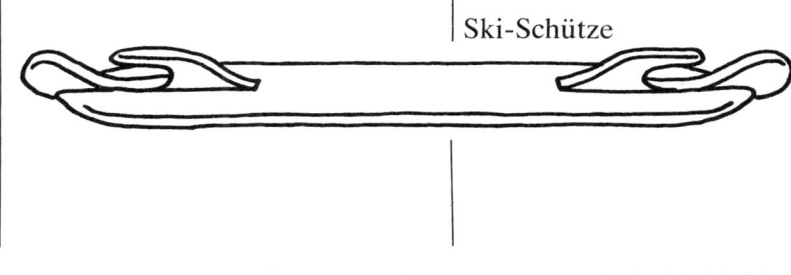

Verschiedene Weberschiffchen.
A. Mit Rollspule und offener Unterseite.
B. Mit Rollspule und Laufrollen auf der Unterseite.
C. Übliches Schiffchen mit Rollspule, geschlossenem Boden und abgerundeten Enden.
D. Mit doppelter Rollspule.
E. Spindelschiffchen.

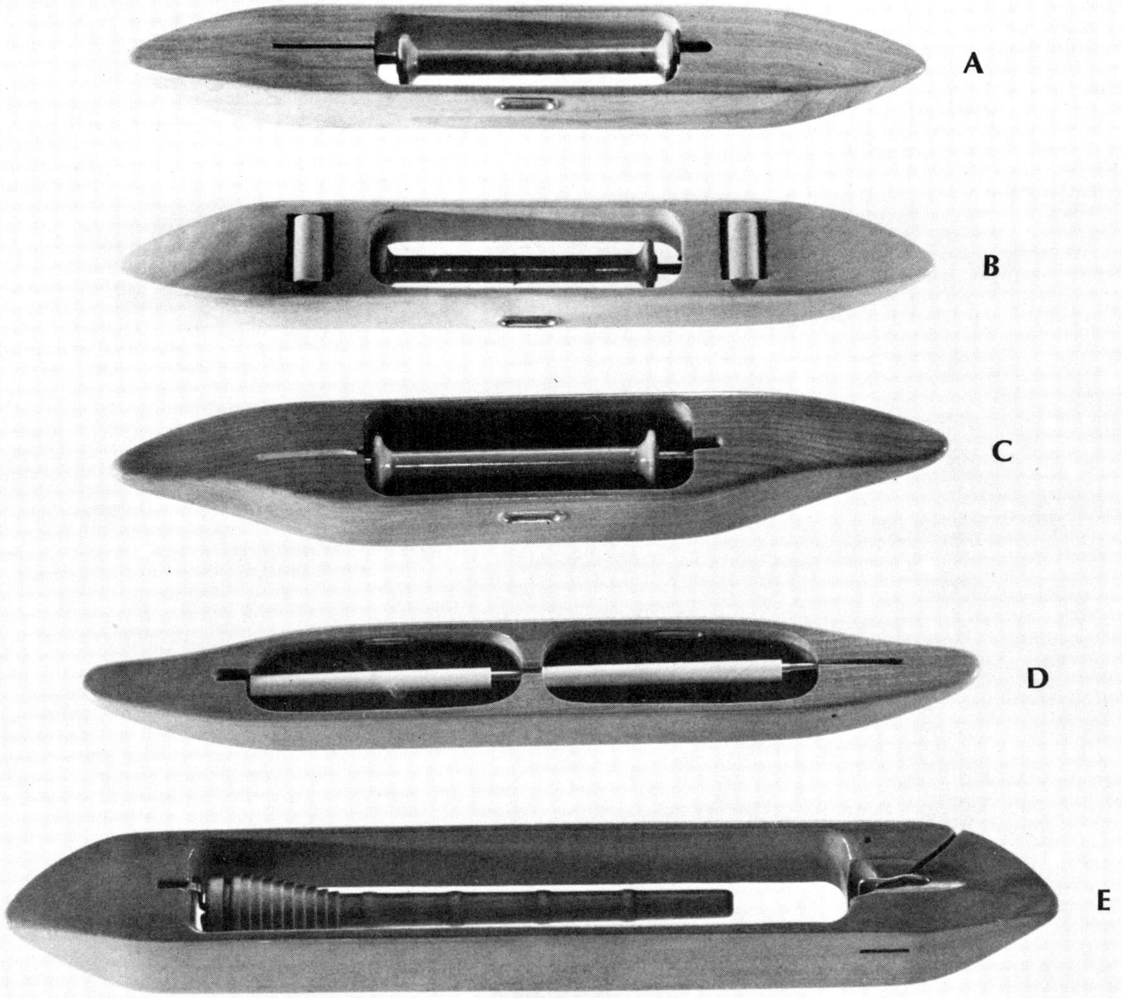

A

B

C

D

E

Die Schützen, bei denen der Schußfaden automatisch abgewickelt wird, haben in der Mitte eine Achse, auf der sich die Spule mit dem Schußgarn frei drehen kann. Von diesen Schützen gibt es viele Größen und Arten, aber alle haben eine Spule in der Mitte, von der sich der Faden abwickelt. Manche dieser Schützen haben auf der Unterseite Laufrollen, mit deren Hilfe sie besonders schnell auf der Ladenbahn gleiten. Sie können unten offen oder geschlossen sein. Auf die mit offener Unterseite kann man mehr Garn wickeln, aber sie gleiten nicht schön über die Kette, wenn die Spule zu voll gewickelt ist. Bei einem anderen Typ wickelt sich der Faden vom Ende der Spule ab – diese Spule dreht sich allerdings nicht.

Alle diese Schiffchen sind sehr schön geformt und glatt poliert, so daß es ein Vergnügen ist, sie in der Hand zu halten. Dies sind die eigentlichen Weberschiffchen – den Namen verdanken sie ihrer Form.
Für das Füllen der Spulen gibt es eine besondere Technik, damit sich das Schußgarn frei abwickeln kann. Es gibt drei grundlegende Spulentypen: Der erste ist ein Röhrchen ohne Kopf (aus festem Papier oder Karton), der zweite ein Röhrchen mit zwei Köpfen (aus Kunststoff, Holz oder Papier), und der dritte ein Röhrchen mit einem Kopf, das nur auf einer Seite hohl ist und auf eine Spindel gesteckt wird.

Schiffchenspulen: Holzspule, Plastikspule und Kartonröhrchen. Schnappschere.

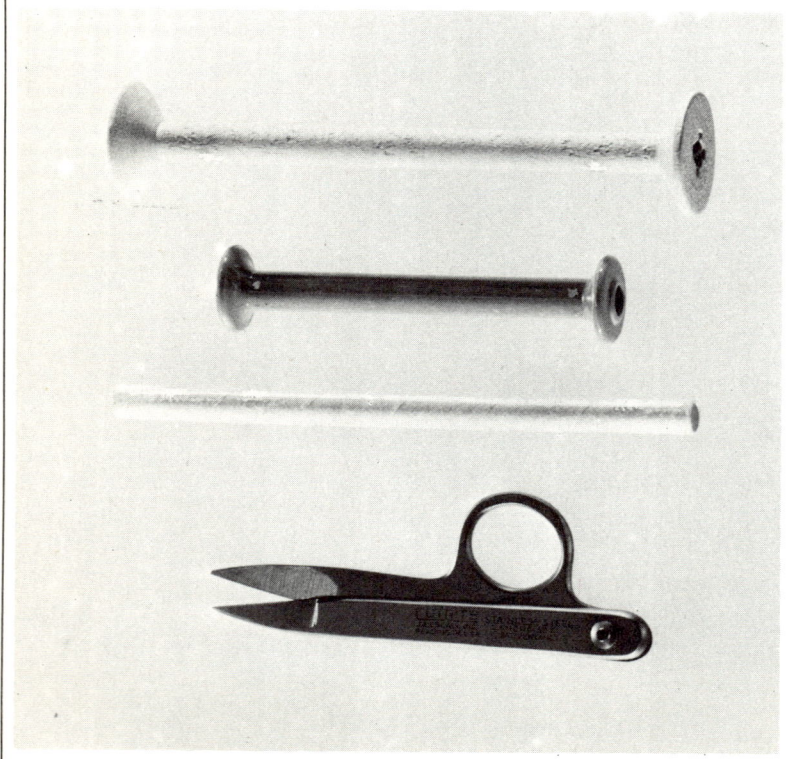

Bunter Flickenteppich,
auf einem zweischäftigen
Webstuhl gewebt.

Abb. links:
Ausschnitt aus einem Wand-
behang aus naturfarbenem
Leinengarn und Ästen.

Das Schußgarn wird mit Hilfe
eines Spulrads auf die Spule gewickelt, elektrisch oder von Hand.
Die Spule setzt man auf eine
Spulenachse, befestigt das Schußgarn an der Spule und strafft es.
Wenn sich die Achse dreht, wird
der Schußfaden auf die Spule
gewickelt und mit der Hand auf
der Spule hin- und hergeführt.
Das Weben fällt viel leichter,
wenn die Spule gut gewickelt ist.

Spulvorrichtungen.
A. Handbetrieben.
B. Elektrische Spulmaschine
mit Fußanlasser.

Damit das Garn an den Spulen-
enden nicht abrutscht, wird das
Röhrchen zuerst an den beiden
Enden bewickelt und erst zum
Schluß die Mitte gefüllt, wobei
der Faden dann nicht mehr auf
die Seite geführt werden sollte.
Bei den Spulen mit zwei Köpfen
wird der Faden so hin- und hergeführt, daß er sich anfangs auf
den Seiten häuft und erst dann
die Mitte füllt. Wickeln Sie nicht
zu viel Garn auf, damit sich die
Spule immer frei auf der Achse
im Schiffchen drehen kann.

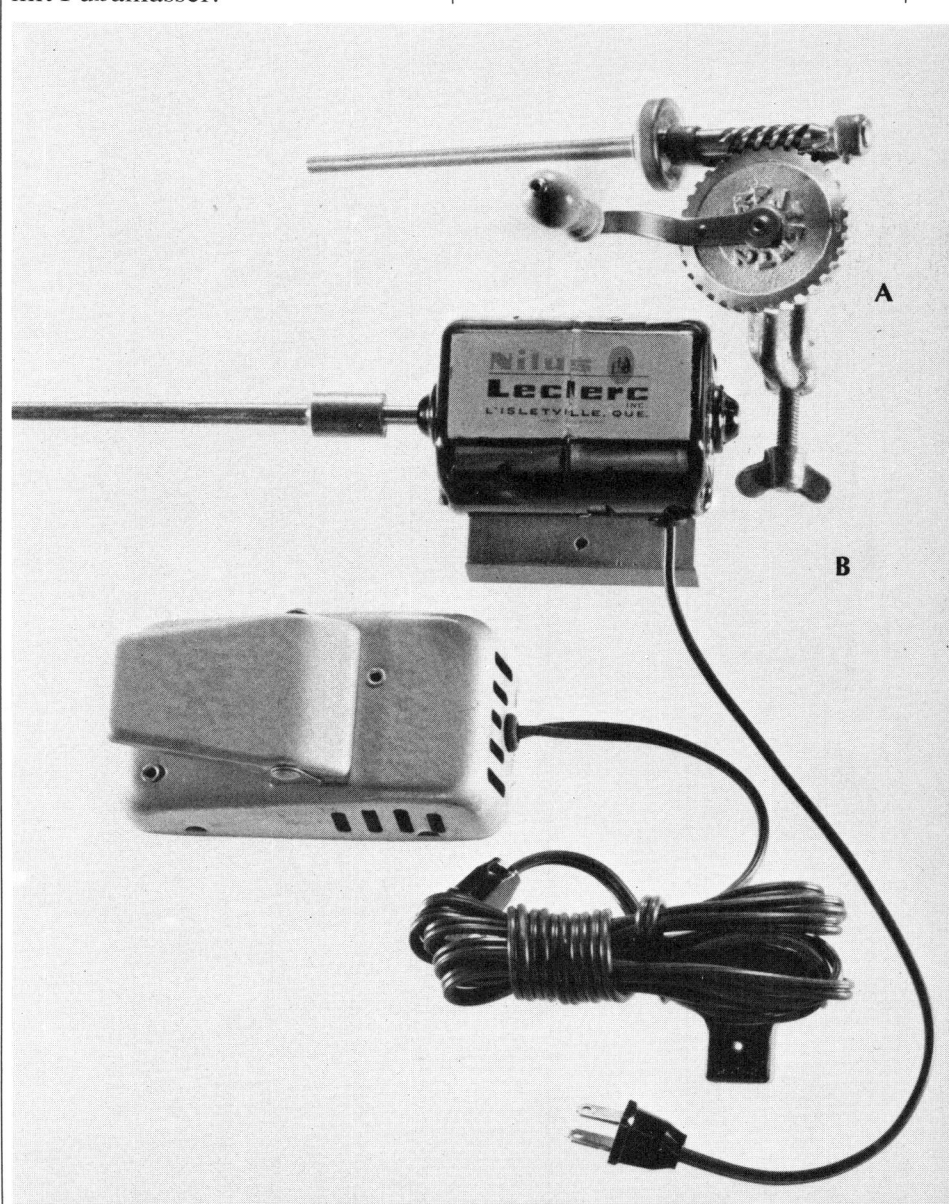

Die Spule mit einem Kopf gehört zu einem Schiffchen, bei dem das Garn von einem Ende her abgewickelt wird. Das Garn wird zuerst am Kopfende gehäuft aufgewickelt und dann nach und nach zum schmalen Ende hin gewickelt.

Bei einer korrekt gefüllten Spule wickelt sich das Garn gleichmäßig ab, wenn das Schiffchen durch das Fach schießt.

Wenn Sie zwei- oder mehrfädigen Schuß verwenden wollen (in verschiedenen Farben oder Qualitäten oder beidem), können Sie die beiden Fäden zusammen auf eine Spule wickeln.

Wenn die beiden Fäden sich ein klein bißchen miteinander verdrehen, sind beide beim Abspulen gleich stark gestrafft. Mit einer Vorrichtung zum Fachen (d. i. Verdrehen der Fäden) gelingt dies mühelos. Die Fäden von ein oder zwei konischen oder zylindrischen Spulen werden durch das Röhrchen der obersten Spule gefädelt, und wenn man an den Fäden zieht, wickelt sich einer um den anderen.

Ein Schiffchen, in das zwei Spulen gesetzt werden können, brauchen Sie dann, wenn Sie sich noch nicht entschieden haben, wie Sie weben wollen, oder wenn Sie mit zwei verschiedenen Schußfäden experimentieren wollen.

Während des Webens sollten Sie eine Schnappschere (siehe Abb. S. 66) bei der Hand haben.

Wenn man sie nicht braucht, hängt sie am kleinen Finger. Bei Gebrauch wird sie vom kleinen Finger aus in die Hand genommen, und zum Schneiden drückt man mit dem Daumen auf die Schneide.

Aufspulverfahren.
A. Bei Pappröhrchen.
B. Bei Spulen mit zwei Köpfen.
C. Bei Spulen mit einem Kopf.

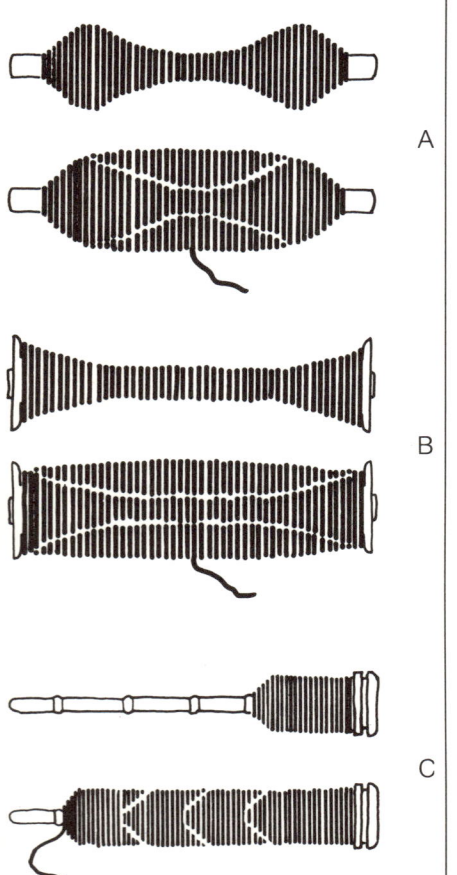

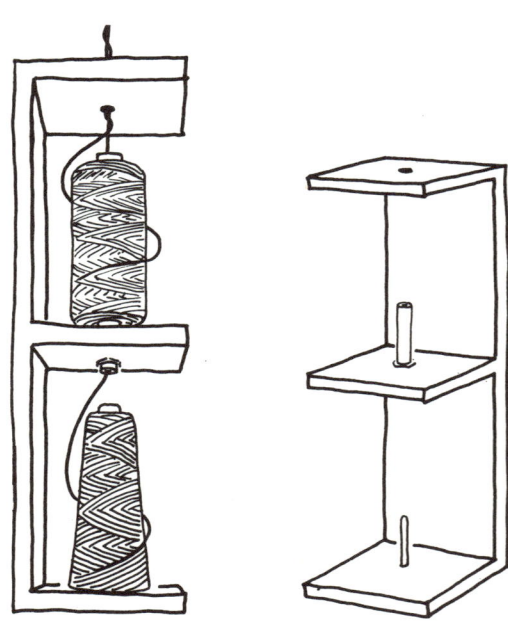

Vorrichtung zum Fachen
für mehrfädiges Schußgarn.

Wenn Sie am Webstuhl oder Webrahmen weben und der Schußfaden nicht über die ganze Kettenbreite laufen soll, nehmen Sie eine Gobelinspule. Bei dieser Spule wird der Schußfaden nur einseitig oben aufgewickelt. Das Fadenende wird durch einen Halbknoten gehalten, so daß sich der Faden nicht selbst abwickelt. Sie hängt jeweils an den Stellen am Gewebe, wo Sie gerade arbeiten.

Anstelle eines Handschützen kann man aber auch eine Puschel nehmen. Eine Puschel macht man so: Man legt das Fadenende um den Daumen und wickelt den Faden in Form einer 8 um die Finger, bis man die gewünschte Garnmenge hat. Zum Abheben von der Hand faßt man das Garn in der Mitte. Ein 10 cm langes Fadenende brauchen Sie, um es fest um die Mitte der Puschel zu wickeln. Das letzte Ende stecken Sie in die Umwicklung. Der Faden wird an dem Ende, an dem Sie mit dem Aufwickeln begonnen haben, herausgezogen. Durch das Kreuz der 8 bleibt die Puschel auch beim Abwickeln in Ordnung.
Die Spule und/oder Puschel werden gebraucht, wenn verschiedene Farben gleichzeitig verwoben werden.

Gobelinspule. Das Schußgarn ist mit einem Halbschlag-Knoten gesichert.

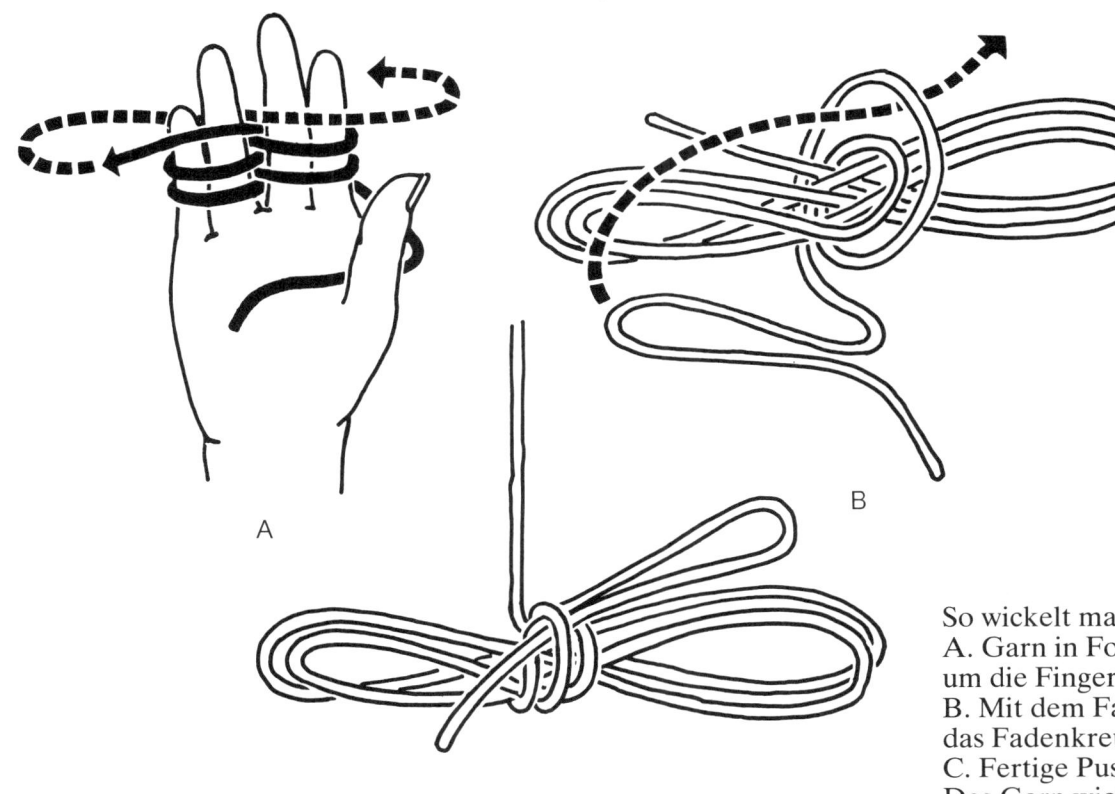

So wickelt man eine Puschel.
A. Garn in Form einer 8 um die Finger wickeln.
B. Mit dem Fadenende das Fadenkreuz abbinden.
C. Fertige Puschel.
Das Garn wickelt sich ab, wenn man an dem Faden oben zieht.

Weben auf dem Webrahmen

Wenn Sie an einem einfachen Webrahmen ohne einer Spreizvorrichtung wie dem Webblatt zu weben beginnen, müssen Sie als erstes eine Einteilungsschnur einweben, damit die Kettfäden gleichmäßig gespreizt werden. Für diese Einteilungsschnur nimmt man eine feste Schnur, die etwa fünfmal so lang ist wie der Webrahmen breit. Diese Schnur wird an die rechte Seite des Rahmens gebunden und locker zuerst auf und dann zurück unter denselben Kettfaden gelegt, so daß eine Schlinge auf dem Kettfaden liegt. Durch diese Schlinge stecken Sie Daumen und Zeigefinger und ziehen eine weitere Schlinge zwischen dem ersten und zweiten Kettfaden durch diese erste Schlinge hoch. Nun wird die erste Schlinge festgezogen. Fahren Sie in dieser Weise fort, bis jeder Kettfaden von einem Glied dieser Kette eingeschlossen ist.

Die Schnurlitzen, die bei einem stehenden Webrahmen an den Litzenstab geknotet sind, werden zum Öffnen des Fachs schräg nach unten gezogen. Zum Öffnen des zweiten Fachs schiebt man einen Stock, der in die Kette gefädelt ist und ebenfalls der Fachbildung dient, nach unten oder umgekehrt.

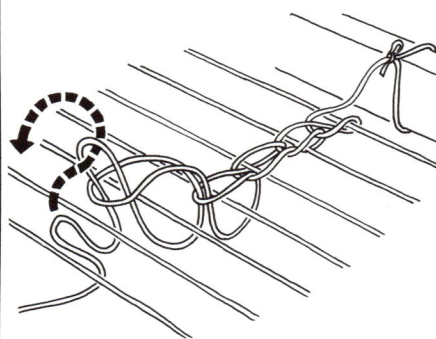

Einteilungsschnur für die Kette auf dem Webrahmen.

Diese Schnurlitzen sind gut für Webrahmen mit schmaler Kette, eignen sich aber wenig bei breiten Ketten.

Beim Bandwebstuhl erfolgt die Fachbildung dadurch, daß man mit der Hand die Kettfäden, die nicht in die Litzen gefädelt sind, hebt oder senkt. Der Schuß wird mit der Webnadel angeschlagen. Wenn Sie keine fächerbildende Vorrichtung haben, nehmen Sie die Kettfäden mit den Fingern hoch, so daß ein Fach entsteht. Dazu kann man auch einen flachen, spitz zulaufenden Stab, einen sogenannten Einlesestab nehmen. Mit dem spitzen Ende zuerst wird der Stab immer abwechselnd über und unter einem Kettfaden in die Kette »eingelassen«. Wenn man den Stab auf die Kante dreht, entsteht ein Fach. Nachdem der Schußfaden eingetragen ist, nimmt man den Stab wieder heraus und schlägt den Einschuß an.

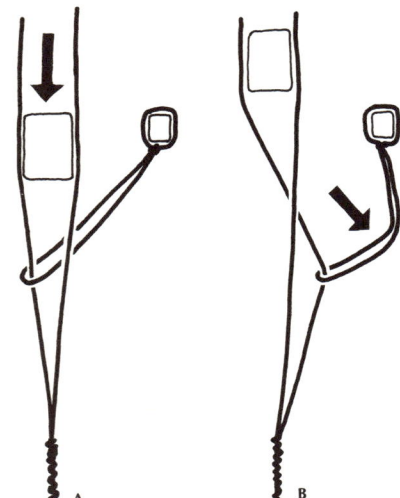

Fachbildung beim Hochwebstuhl mit Schnurlitzen.
A. Ein Fach öffnet sich durch das Einschieben eines Stockes.
B. Das zweite Fach wird mit den Schnurlitzen geöffnet.

Fachbildung beim Bandwebstuhl. Am Pfeil wird die Kette von Hand gehoben oder gesenkt.

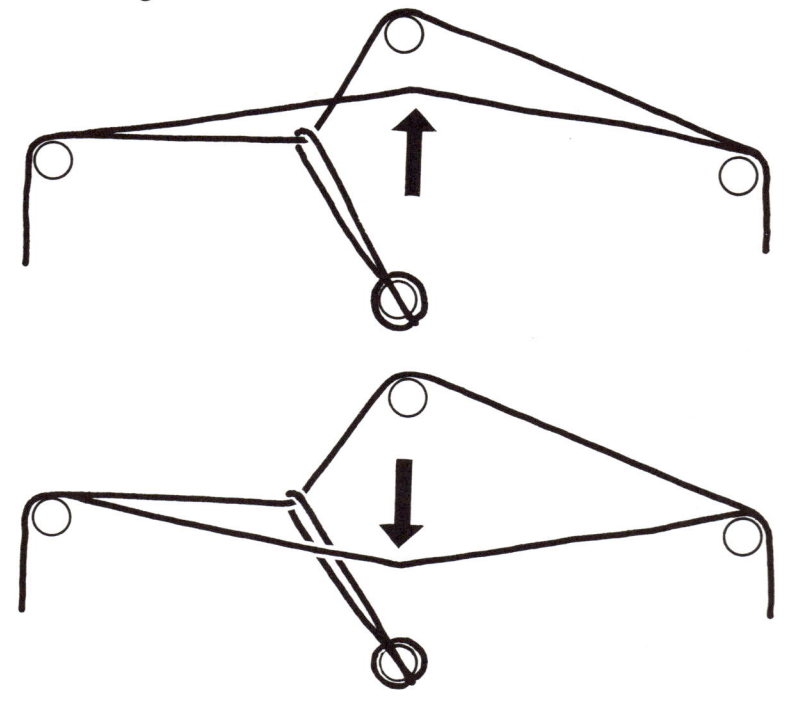

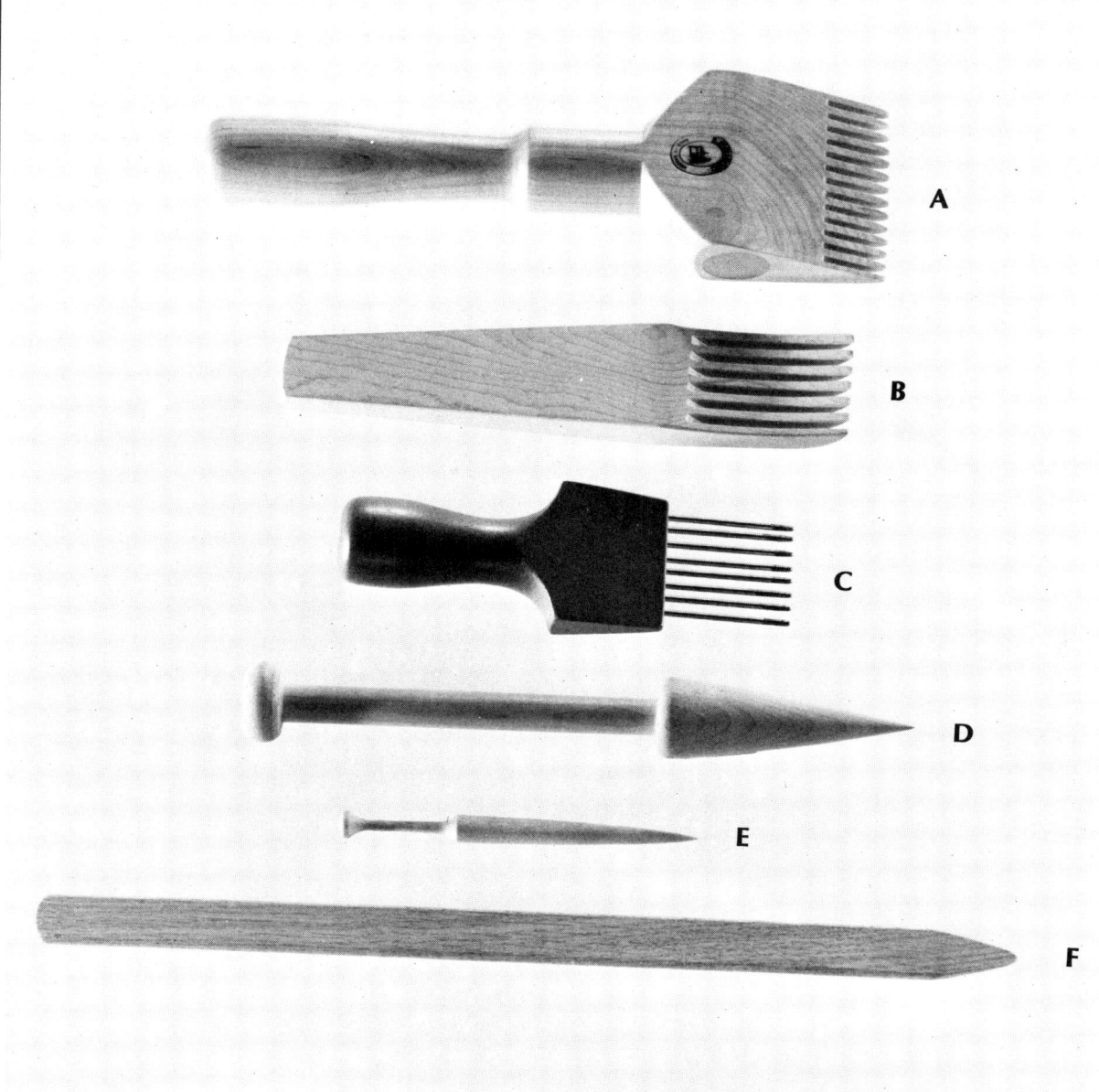

Geräte zum Weben von Teppichen.
A. Schwerer, fester Teppichkamm aus Holz
zum Anschlagen der Schußfäden.
B. Verlaufender Teppichkamm aus Holz.
C. Leichter Teppichkamm mit Metallzinken.
D. und E. Große und kleine Gobelinspule aus Holz.
F. Einlesestab.

Zum Anschlagen eignet sich ein Teppichkamm, ein großzinkiger Kamm oder auch eine Eßgabel. Für einen besonders schweren, festen Anschlag nimmt man einen eigens zu diesem Zweck angefertigten Teppichklopfer. Wenn man ihn aus dem Handgelenk heraus schwingt, tut er die Arbeit von selbst. Die leichteren Kämme nimmt man für dünnes Garn und dann, wenn das Gewebe locker werden soll. Spezielle Teppichwebtechniken finden Sie im Kapitel »Einfache Abwandlungen der Leinenbindung« (Seite 111). Beim Webrahmen ist es nicht leicht, eine gleichmäßige Webbreite einzuhalten. Man verschnürt das Gewebe aus diesem Grund in regelmäßigen Abständen mit dem Webrahmen. Dazu nimmt man eine Schnur doppelt, macht damit am äußeren Kettfaden einen Doppelschlag-Knoten und bindet die Schnur am Webrahmen fest.

A

B

Fachbildung mit dem Einlesestab.
A. Aufnehmen
jedes zweiten Kettfadens.
B. Aufstellen des Stabs
zum Öffnen des Fachs.

Weben auf dem Tisch- oder Standwebstuhl

Die Kettfäden wurden bündelweise an dem Schürzenstock angeschnürt und müssen nun zusammengezogen werden, damit die dreieckigen Zwischenräume, die durch das Anbinden entstanden, ausgefüllt werden. Dafür nimmt man irgendein dickes weiches Garn oder Streifen aus Tricotstoff. Sie können ein ausrangiertes T-Shirt nehmen und am Saum beginnen, einen fortlaufenden Streifen von etwa 4 cm Breite abzuschneiden. Wickeln Sie dieses Garn auf eine Webnadel bzw. eine Teppichnadel.
Für die Öffnung des ersten Fachs betätigen Sie die Tritte oder Hebel, die mit alternativen Schäften verschnürt sind, wie Schaft 1 und 3. Mit der rechten Hand geben Sie die Webnadel durch die Öffnung, das Fach, und lassen etwa 10 cm Schußfaden am Anfang heraushängen. Auf der anderen Seite nehmen Sie es mit der linken Hand heraus.

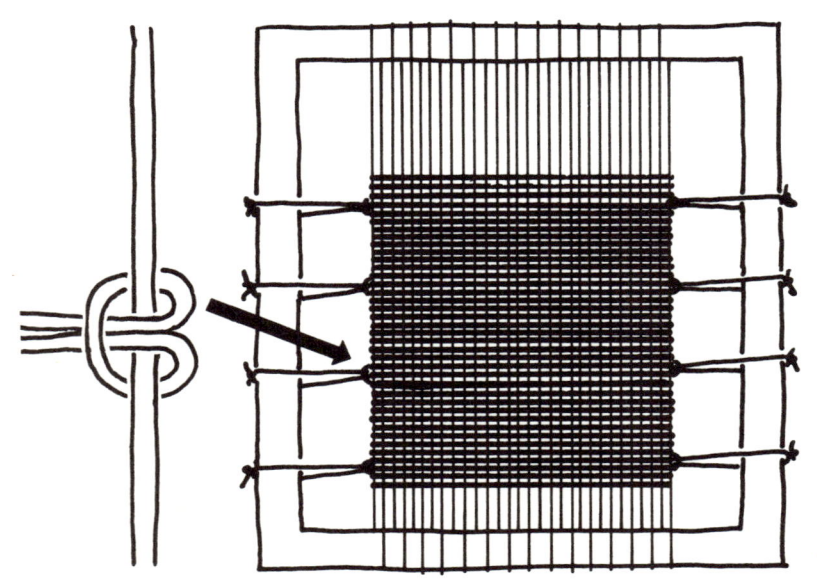

Für eine gerade, ebenmäßige Webkante wird das Gewebe an den Webrahmen angebunden.

Gleichzeitig fassen Sie mit der rechten Hand die Blattlade in der Mitte und ziehen Sie ruckartig nach vorn. Dadurch wird der Einschuß angeschlagen. Nun bedienen Sie die Tritte oder Hebel, die das andere Fach öffnen, also von Schaft 2 und 4. Gleichzeitig mit dem Anschlag öffnet sich so das nächste Fach. Jetzt geben Sie die Webnadel durch das neue Fach zurück zur rechten

Seite und fahren fort, sie immer hin und her durch die sich abwechselnd bildenden Fächer zu geben, bis die Zwischenräume in der Kette zusammengezogen und alle Kettfäden parallel sind. Dieses Gewebe nennt man das Kopfstück.

Während durch das Kopfstück alle Kettfäden zurechtgezogen wurden, können Sie auch mögliche Fehler, die Sie beim Einziehen der Kettfäden in Litzen oder Webblatt gemacht haben könnten, feststellen. Wenn Sie einen Einzugsfehler im Webblatt entdecken, lösen Sie den entsprechenden Faden aus der vorderen Schürze, ziehen ihn aus dem Webblatt und fädeln ihn wieder korrekt ein. Falls ein Faden falsch in die Litzen gezogen ist, müssen Sie das entsprechende Garnbündel aufbinden und den Kettfaden aus dem Webblatt und der Litze ziehen. An der richtigen Stelle fügen Sie dann eine Ersatzlitze aus Stahl oder eine selbstgemachte aus Schnur ein.

Für die Ersatz-Schnurlitze nehmen Sie eine scharf gedrehte Baumwoll- oder Leinenschnur, etwa dreimal so lang wie die Litzen. Nehmen Sie diese Schnur doppelt und befestigen Sie sie mit einem Doppelschlag an der unteren Leiste des Schaftrahmens. Auf der Höhe des unteren Endes der Ösen machen Sie einen, am oberen Ende einen zweiten Kreuzknoten. Dann legen Sie die Schnur um die obere Leiste des Schaftrahmens und verknoten die Enden. Schneiden Sie die Schnur nach ca. 2 cm ab. Wenn die Öse der Schnurlitze nicht auf der gleichen Höhe wie die anderen Litzenösen ist, bekommen Sie kein sauberes Fach.

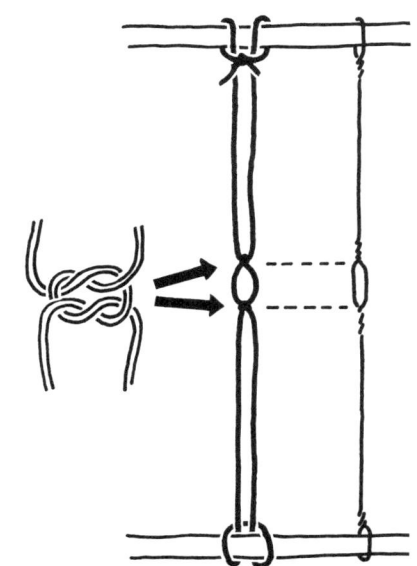

Ersatzlitze und Doppelschlag-Knoten, mit dem die Öse der Litze geknotet wird.

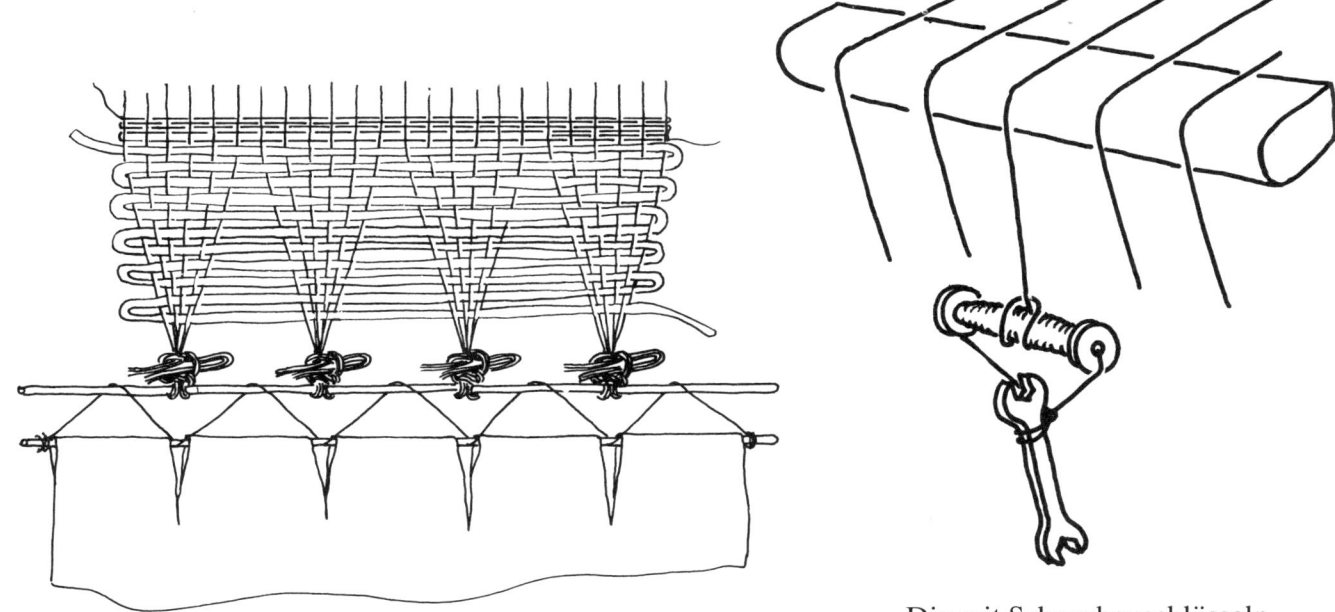

Kopfstück aus dickem Schußgarn, das die Kettfäden einteilen hilft.

Die mit Schraubenschlüsseln beschwerte Spule hält den eingefügten Kettfaden.

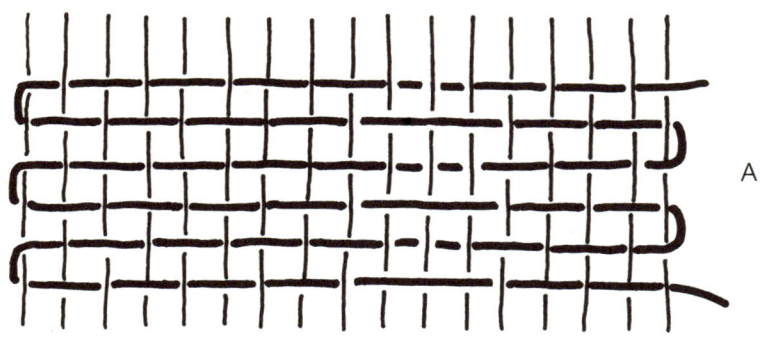

A

Ziehen Sie den Kettfaden neu in die Schnurlitze und das Webblatt ein. Die Kettfäden werden an der vorderen Schürze wieder gebündelt, wobei Sie darauf achten müssen, daß der neue Knoten ebenso fest angezogen ist wie die übrigen, damit alle Kettfäden gleich gespannt sind.

Wenn ein Kettfaden fehlt, können Sie ihn an der richtigen Stelle einfügen. Wickeln Sie einen Faden von der nötigen Länge auf eine Spule, befestigen Sie ihn daran mit einem Halbknoten und hängen Sie ein Gewicht an die Spule. Die Spule läßt man über den Brustbaum herunterhängen. Eventuell muß die ganze Kette neu in das Webblatt eingestochen werden. Einen überzähligen Kettfaden kann man hinten am Webstuhl hängen lassen und nicht einweben. Achten Sie aber darauf, daß er sich nicht in der Kette verheddert. Aber das sollte gar nicht erst möglich sein, denn am besten ist es natürlich, den Webstuhl von Anfang an korrekt bespannt zu haben.

Wenn die Kette nicht gleichmäßig gestrafft ist, sieht man im Kopfstück die lockeren und gespannten Stellen. Wenn sich der Schußfaden an einer Stelle nach unten wölbt, sind die Kettfäden an dieser Stelle stärker gespannt als anderswo. Lösen Sie die entsprechenden Knoten an den Kettfäden und berichtigen Sie die Spannung.

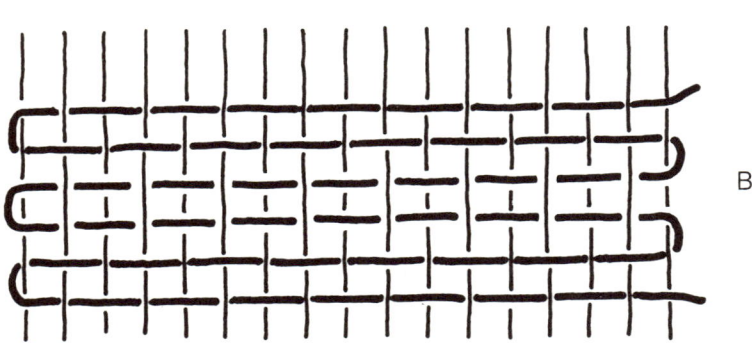

B

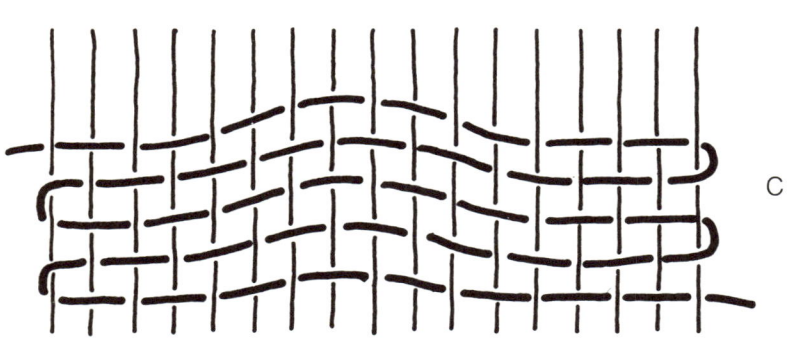

C

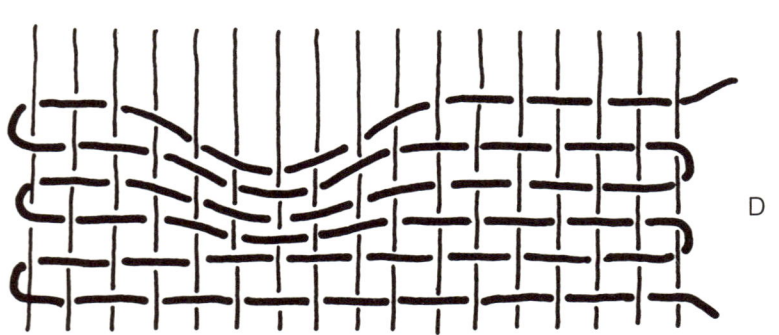

D

Fehler in der Kettenspannung und im Einzug.
A. Die Reihenfolge im Einzug der Kettfäden ist nicht eingehalten.
B. Zwei Schußeinträge erfolgten in das gleiche Fach.
C. An der Stelle, wo sich das Gewebe nach oben wölbt, ist die Kettenspannung zu gering.
D. Wo sich das Gewebe nach unten ausbeult, ist die Kettenspannung zu groß.

Nachdem das Kopfstück nun fertig ist, können Sie mit dem eigentlichen Gewebe beginnen. Nehmen Sie Ihr Schiffchen mit dem Schußgarn und legen Sie den Zeigefinger an das Ende des Schiffchens, damit Sie ihm einen Stoß geben können. Der Daumen liegt ein bißchen auf der Spule auf, so daß er als Bremse fungieren kann, wenn das Abwickeln des Garns von der Spule gegebenenfalls verhindert werden soll. Die anderen Finger liegen unter dem Schiffchen und sorgen für die richtige Lage. Ein Schiffchen sollte so durch das Fach geschossen werden, daß weder die Hände noch das Schiffchen am Webrand mit der Kette in Berührung kommen. Die andere Hand fängt jeweils das Schiffchen auf und zieht es außerhalb der Reichweite der Blattlade. Der Einschuß soll locker im Fach liegen. Der Fadenanfang hängt 7 bis 10 cm heraus.

Ein neues Fach wird geöffnet und mit der linken Hand das Schiffchen zurück durch das Fach geschossen, mit der rechten Hand aufgefangen, und mit der linken Hand wird angeschlagen. Der Fadenanfang wird nun ins Gewebe eingelegt und zusammen mit diesem zweiten Einschuß angeschlagen.
Die Reihenfolge von Anschlagen und Fachbildung ist Geschmackssache. Im allgemeinen ist die Reihenfolge: Öffnen des Fachs, Durchschießen, Anschlagen, Fachwechsel und wieder Anschlagen, so daß sich das Fach auch dann sauber öffnet, wenn das Garn aneinander haftet.

So hält man das Schiffchen zum Schußeintrag in der Hand.

Das Fadenende wird eingelegt und mit dem zweiten Schußeintrag angeschlagen.

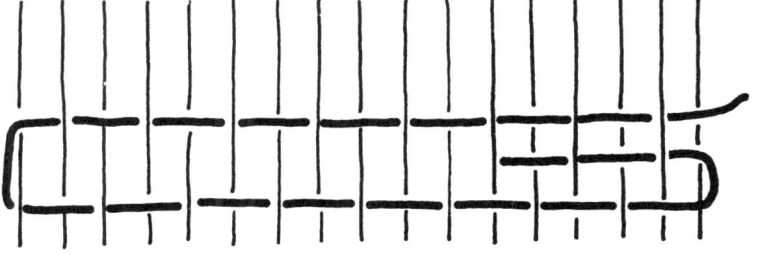

Anschlagen

Fassen Sie die Blattlade immer in der Mitte an, wenn Sie anschlagen. Wenn Sie von der Seite her ziehen, wird das Gewebe auf einer Seite schräg.

Es ist Ihre Sache, wie fest und wie oft Sie den Schuß anschlagen wollen. Das hängt immer davon ab, mit welchem Garn und in welcher Technik man webt. Wenn Sie ein kurzes Stück gewebt haben, lösen Sie am besten die Sperräder, damit die Spannung nachläßt, so daß Sie die tatsächliche Wirkung gleich sehen können. Eine gut gewebte Arbeit muß gleichmäßig angeschlagen sein, also mit gleicher Kraft bei jedem Anschlag. Wenn Sie zu verschiedenen Zeiten weben, kann sich Ihre jeweilige Stimmung auf die Härte des Anschlags auswirken. Halten Sie ein fertiges Gewebe gegen das Licht, und Sie sehen sofort, ob unregelmäßig angeschlagen wurde.

Um die Einarbeitung bei jedem Einschuß auszugleichen, darf der Schußfaden nicht straff durch die Kette gezogen werden. Der Schußfaden muß immer locker liegen. Ziehen Sie den Schußfaden mit dem Finger von der Mitte der Kette aus an das Webblatt heran. Oder Sie ziehen das Schiffchen beim Auffangen in Richtung Webblatt heraus, so daß der Einschuß schräg im Fach liegt. Bei Geweben, in denen fast nur der Schuß sichtbar sein soll, legt man den Schußfaden in einer Wellenlinie in die Kette.

Es ist wieder Ihre Sache, wie locker Sie den Einschuß legen. Bei Gewebe mit dominierendem Schuß muß am lockersten, bei Kett-dominanten Geweben am straffsten eingeschossen werden. Außerdem muß dehnbares Garn lockerer eingelegt werden als scharf gedrehtes Garn. Wenn Sie das Garn zu locker eintragen, gibt es an der Webkante eine Schlinge, und der Einschuß muß nachträglich angezogen werden. Den Rand eines Gewebes nennt man die Webkante. Eine gerade, ebenmäßige, feste Webkante ist das Ziel jedes Webers. Weder sollte der Schußfaden einziehen, noch sollte er in Schlingen an der Webkante überstehen. Der Anfänger sollte ständig auf die Webkante achten. Wenn der Webstuhl gut bespannt und der Schützen korrekt bewickelt und benutzt wird, werden die Kanten auch ebenmäßig. Das klingt leicht und ist es auch, aber nur Übung und nochmals Übung und ein bißchen Gefühl für die Arbeit führen zum gewünschten Resultat. Wellige Kanten entstehen durch ungleichmäßige Spannung des Schußfadens. Je größer die Spannung desto größer die Einarbeitung, d. h. die natürliche Verringerung der Webbreite beim Weben. Außerdem beeinflußt die Garnzusammenstellung und der Anschlagrhythmus das Aussehen der Webkanten.

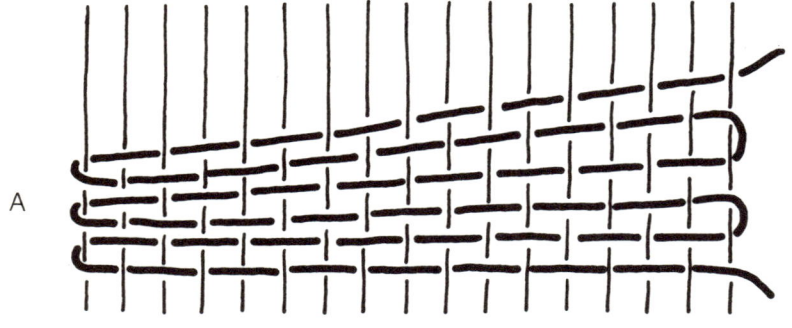

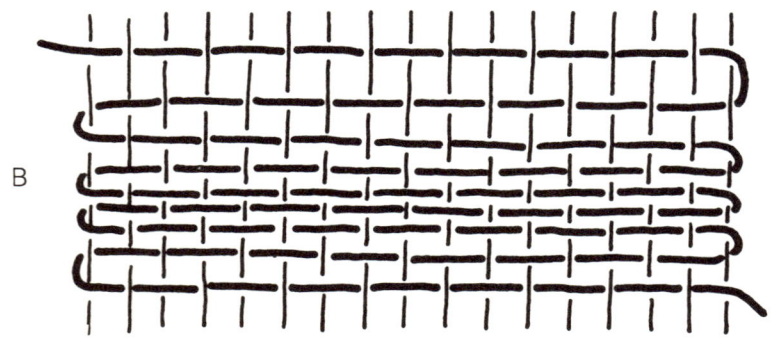

Fehler beim Anschlagen.
A. Hier wurde die Blattlade seitlich gefaßt:
das Gewebe wird schräg.
B. Der Anschlag ist ungleich fest.

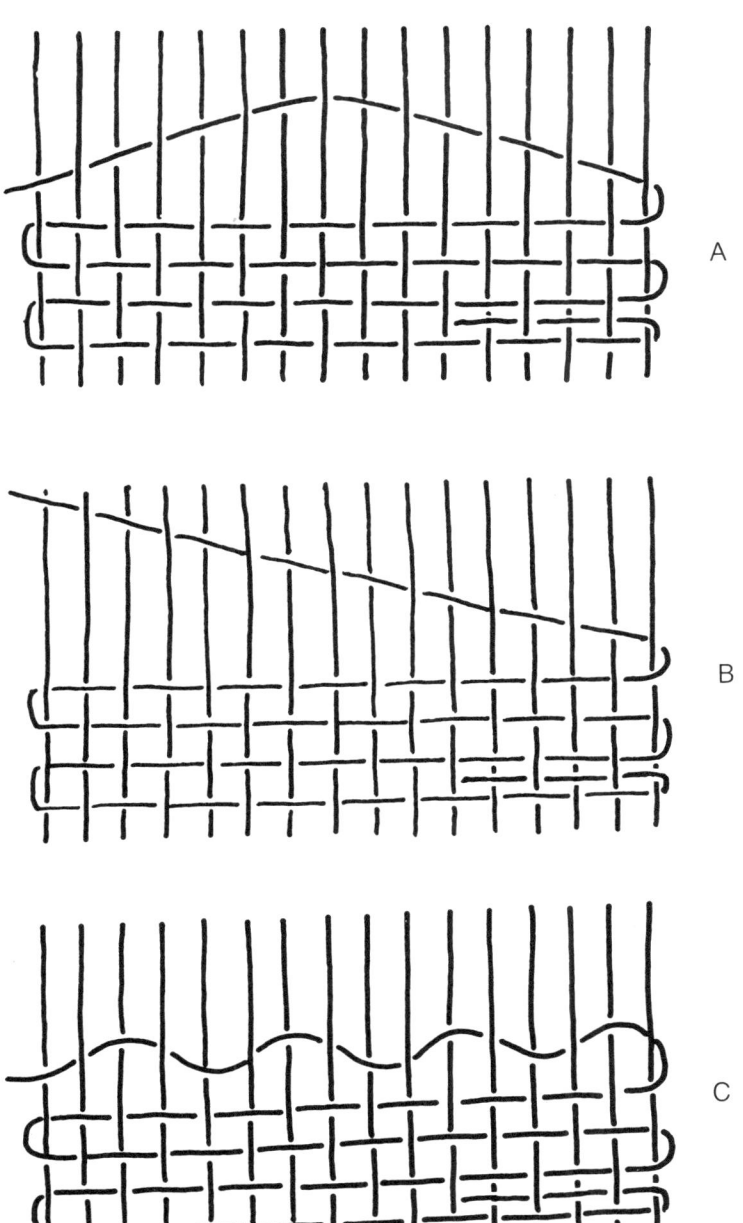

Bei einigen Gewebearten ist es ausgesprochen schwierig, das Einziehen der Kantenfäden zu verhindern. Hier kann man einen Breithalter oder Spannstab zu Hilfe nehmen. Das ist ein ausziehbarer Stab mit Stacheln an den beiden Enden, die man ins Gewebe steckt und die dieses gespannt halten. Besonders hilfreich sind sie beim Weben von Teppichen in Längsripsbindung.

Wenn das Gewebe größer wird, muß die Kette nachgeführt werden. Dazu löst man das Sperrad am Kettbaum und kurbelt die Kette dadurch weiter, daß man den Warenbaum dreht. Der Abstand zwischen Webblatt und Gewebtem, wo der Schützen durch das Fach gegeben wird, ist bei verschiedenen Modellen unterschiedlich groß. Weben Sie nicht so nah an das Webblatt heran, daß der Schützen nur mehr schwer durchgeht. Die Kette ist zu weit vorn, wenn die Blattlade statt am Einschuß am Webrahmen anschlägt. Man findet schnell die Stelle auf dem Webstuhl heraus, wo ein gleichmäßiger Anschlag beibehalten werden kann. Sicher wollen Sie wissen, wie lang das auf den Warenbaum gewickelte Gewebe schon ist. Wenn Sie ein Maßband an der Webkante feststecken und mit dem Gewebe zusammen aufwickeln, wissen Sie immer, wieviel Sie schon gewebt haben.

Verschiedene Möglichkeiten, wie man den Schußfaden locker einlegen kann.
A. In der Mitte hochziehen.
B. Das Schiffchen schräg am Webblatt herausziehen.
C. Den Schußfaden in Wellenlinien einlegen.

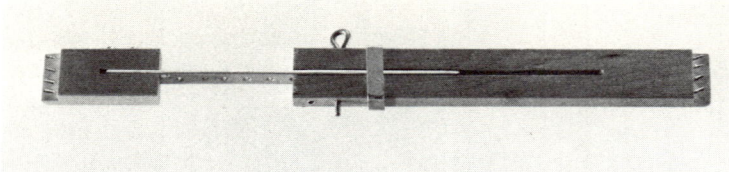

Der Breithalter oder Spannstab erleichtert die Einhaltung der Webbreite.

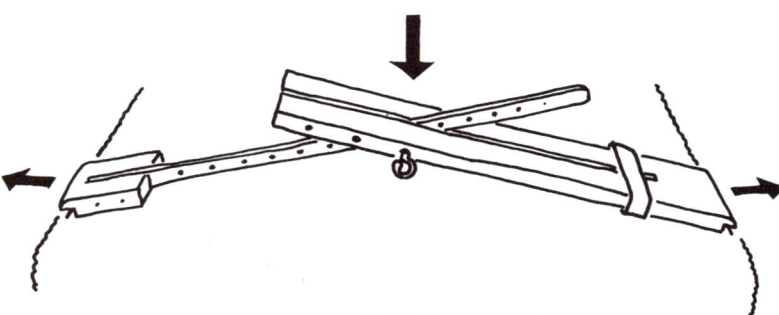

Der Spannstab funktioniert durch Druck von oben und schnappt in der entsprechenden Stellung ein.

Es kann vorkommen, daß ein Kettfaden reißt. In diesem Fall verknotet man einen entsprechend langen Faden von demselben Garn mit einem Weberknoten mit dem zerrissenen Faden. Der neue Faden wird in die Litzen und das Webblatt eingezogen und dadurch am Gewebe befestigt, daß man ihn um eine Stecknadel wickelt und am Gewebe feststeckt. Das abgerissene Ende lassen Sie einfach herunterhängen. Wenn das Stück fertig gewebt ist, näht man die Enden mit einer Stopfnadel ein.

Ist der Schußfaden auf dem Schützen zu Ende, legen Sie den neuen Faden so ein, daß der Einschuß des auslaufenden und des neuen Fadens sich am Rand oder in der Mitte des Gewebes überlappen. Das sollte natürlich so wenig wie möglich sichtbar sein. Auf keinen Fall werden die Fäden miteinander verknotet.

Beim Weben soll man bequem sitzen. Eine Bank ist am besten geeignet, weil man darauf hin- und herrutschen kann, wenn man an einer breiten Kette arbeitet. Manche Bänke haben unter der Sitzfläche ein Werkzeugfach, manche haben auch offene Fächer auf der Seite, wo man die Dinge aufbewahren kann, die man während des Webens öfter braucht. Die richtige Sitzhöhe ist das wichtigste. Man muß genügend hoch sitzen, um beide Webkanten leicht erreichen zu können, aber man darf auch nicht zu hoch sitzen, so daß man bequem die Füße unter den Brustbaum stellen und die Tritte bedienen kann.

Abb. links:
Das Maßband läuft mit dem Gewebe mit. Die Länge des Gewebten kann so ständig nachgeprüft werden, ohne daß man es vom Warenbaum abwickeln muß.

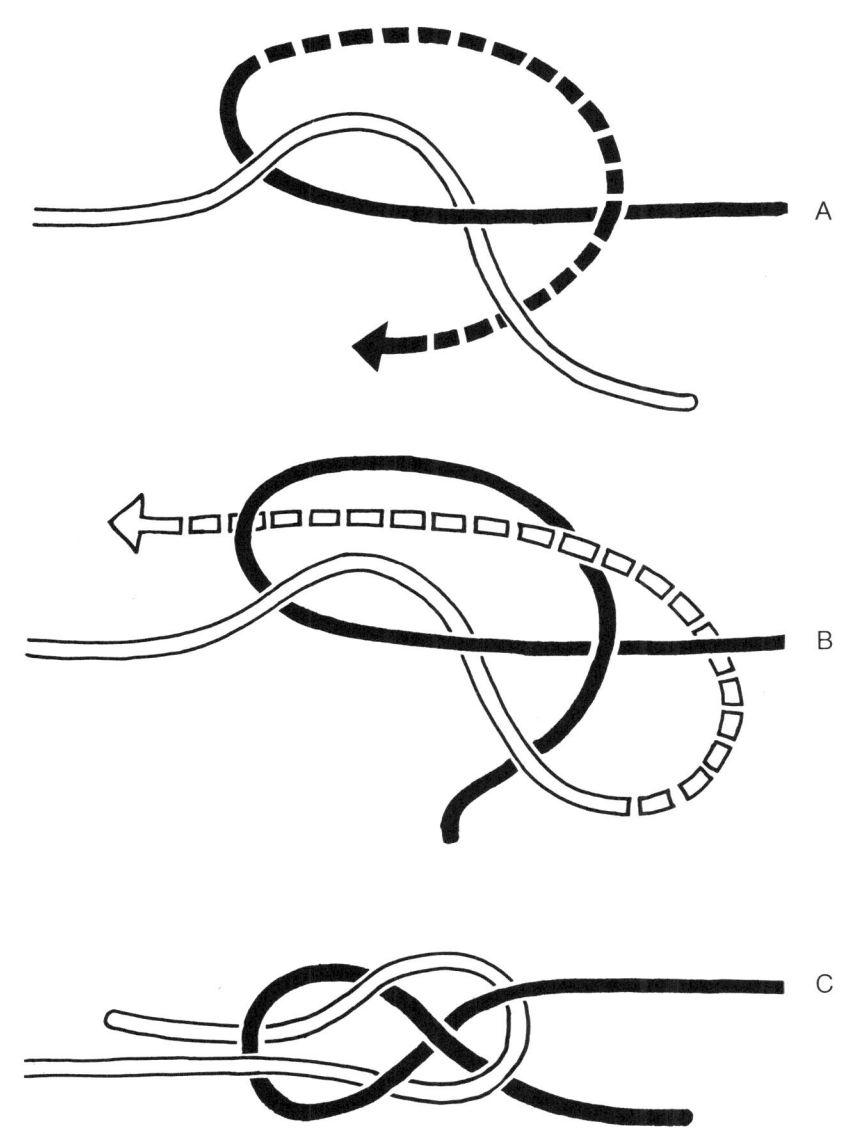

Abb. links:
Mit einem Weberknoten wird
der neue Kettfaden mit
dem zerrissenen verknüpft.
A. Den weiß gezeichneten
Faden über und unter den
schwarzen legen; dann den
schwarzen mit dem schwarzen
kreuzen und unter den weißen
legen.
B. Den weißen Faden unter
und über den schwarzen legen
und durch die Schlinge führen.
C. Enden zusammenziehen.

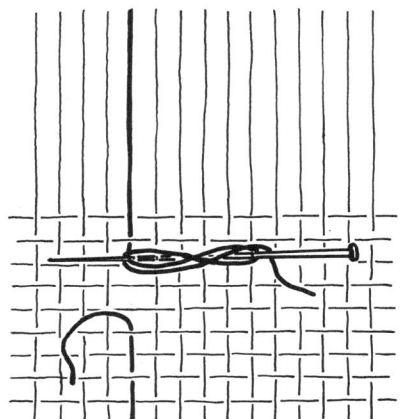

Der Ersatz für den zerrissenen
Kettfaden wird mit einer Stecknadel im Gewebe festgesteckt.

Ansetzen eines neuen Schußfadens.

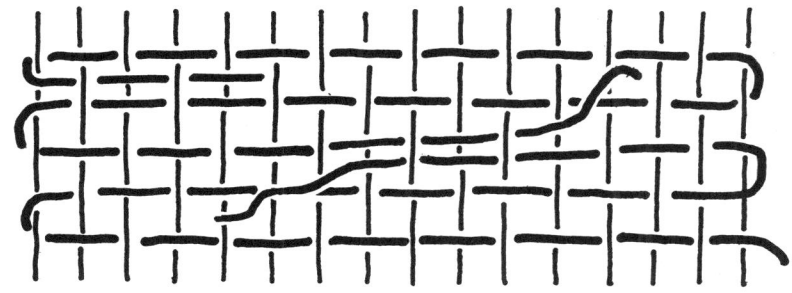

Die Tritte der Standwebstühle werden beidfüßig bedient. Mit dem rechten Fuß bedient man die rechte Hälfte, mit dem linken Fuß die linke Hälfte der Tritte. Wenn die Tritte vorn am Webstuhl aufgehängt sind, bleibt auch der untätige Fuß vorn auf den Tritten liegen. Der andere Fuß steht auf dem entsprechenden Tritt und tritt ihn fest nach unten.

Man kann so lange weben, bis das Ende der Kette über den Streichbaum hochkommt. Aufhören muß man, wenn der Schürzenstock in die Nähe der Litzen kommt und die Fachbildung unmöglich wird.

Zum Abnehmen der Webarbeit vom Webstuhl werden die Kettfäden an dem Schürzenstock abgeschnitten, der das geschlungene Ende der geschorenen Kette hielt. Wenn man zu dicht am Gewebe abschneidet, könnte das Gewebe ausfransen und sich aufziehen. Die Enden der Kettfäden können Sie als Fransen hängenlassen. Sie können sie auch erst später abschneiden, wenn die Fransen Ihnen doch nicht gefallen. Einmal abgeschnitten, kann man sie nicht wieder hinzaubern. Binden Sie die Kettfäden von der vorderen Schürze los, und dann können Sie das Kopfstück, den Webanfang mit dem fremden Garn, auftrennen.

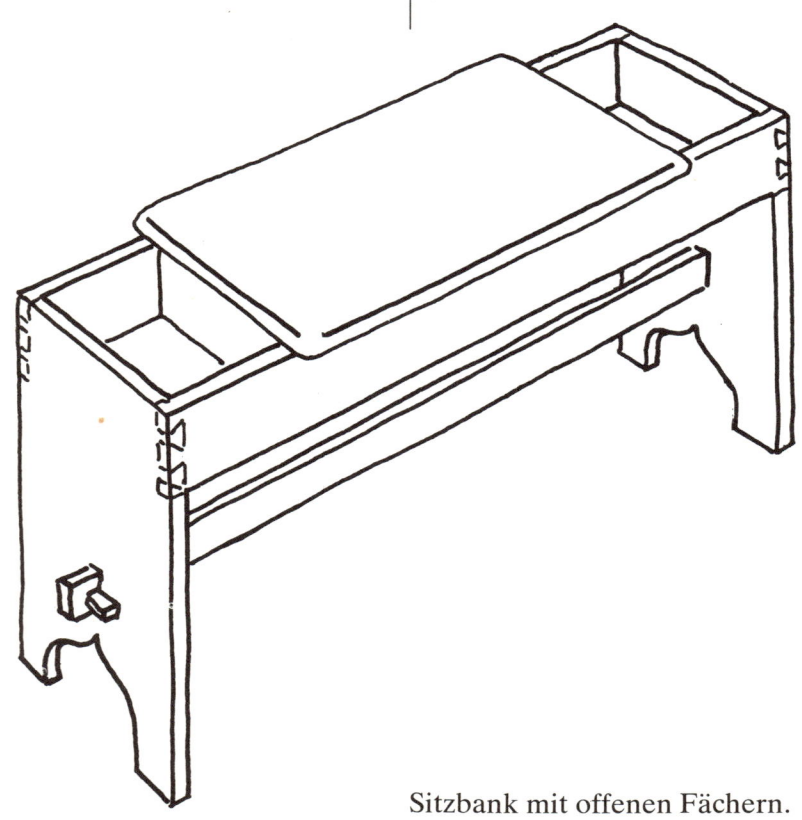

Sitzbank mit offenen Fächern.

Abschlußarbeiten

Wenn Sie Ihre Arbeit beendet und vom Webstuhl abgenommen haben, sind noch einige abschließende Arbeiten vorzunehmen. Bei allen Arten von Geweben müssen die Enden vernäht und eventuell vorhandene Knoten aufgebunden werden. Zum Vernähen nimmt man eine 5 bis 7 cm lange stumpfe Nadel mit großem Öhr. Schauen Sie nach, ob Fehler aufgetaucht sind, wo falsch plazierte Kett- oder Schußfäden, Knoten aufgemacht und die Fadenenden mit der Nadel überlappend eingewebt werden müssen.

Was Waschen oder Reinigen des Gewebes betrifft, müssen Sie nach eigenem Gutdünken handeln. Im allgemeinen genügt es, Wollstoffe zum Dekatieren und Glätten in eine gute Reinigung zu geben. Beim Dekatieren wird das Gewebe mit Wasserdampf oder heißem Wasser gekrimpt, d. h., man läßt es einlaufen, um ein späteres Zusammenschrumpfen zu verhindern. Andere Fasern kann man mit der Hand waschen und bügeln. Groß ist auch die Auswahl an Techniken, die Schnittkanten des Gewebes zu säumen. Sie können die Kettfäden z. B. mit hübschen Knoten befestigen. Wahrscheinlich am einfachsten und festesten sind Überhandknoten aus mehreren Kettfäden. Bei Sets, Schals oder Stolen, wo man zwar Fransen will, aber ein Knoten zu sehr auftragen würde, kann man das Gewebe mit Hohlsaum säumen.

Den Hohlsaum macht man, während das Gewebe noch auf dem Webstuhl aufgespannt ist. Dabei sollte der letzte Schußfaden von links nach rechts eingetragen sein. Der Schußfaden muß noch dreimal so lang sein wie das Gewebe breit; wenn er länger ist, schneiden Sie ihn nach der entsprechenden Länge ab und fädeln ihn in eine Stopfnadel. Begonnen wird an der rechten Webkante. Damit es verständlicher wird, beschreibe ich im folgenden den zweiten Stich. Der erste Stich geht genauso, nur wird er um die Kettfäden an der Webkante gemacht.

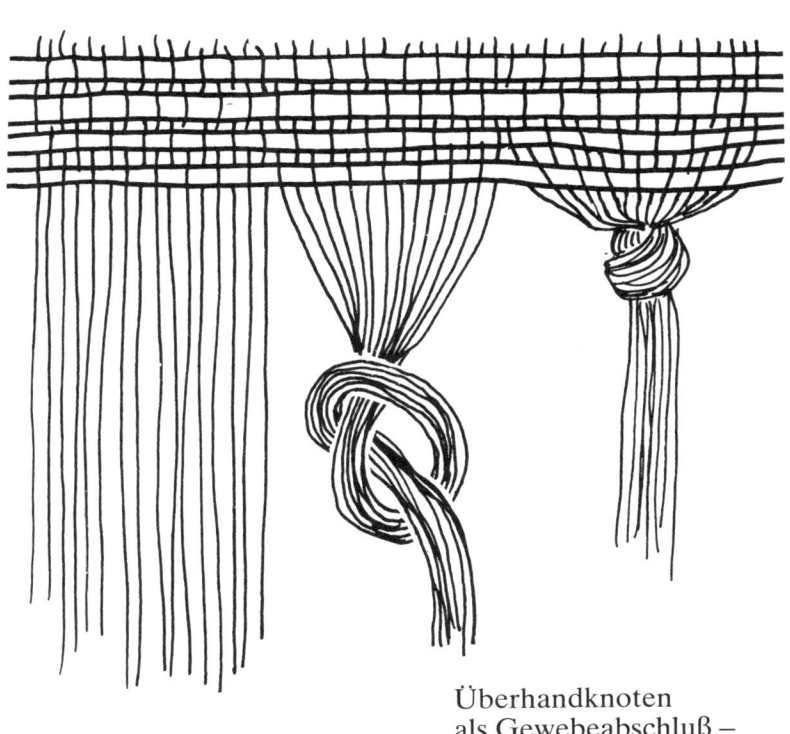

Überhandknoten
als Gewebeabschluß –
die Kettfäden bleiben
als Fransen hängen.

Nach diesem ersten Stich stechen Sie die Nadel zwischen den vierten und fünften Kettfaden (von rechts gezählt) ein und nach dem 8. Kettfaden wieder heraus. Stechen Sie an derselben Stelle wie vorher ein, führen Sie die Nadel schräg in Richtung Schnittkante und stechen Sie sie nach dem 8. Kettfaden oben an der Schnittkante wieder nach oben durch. Nun werden die Kettfäden zusammengezogen, indem Sie die Nadel wieder an der Schnittkante, aber vier Kettfäden weiter rechts, einstechen und an derselben Stelle wie eben wieder hochstechen. Diese drei Schritte wiederholen Sie so lange, bis Sie den linken Rand erreichen, wo das Ende vernäht wird.

Die Zahl der Kett- und Schußfäden, die beim Hohlsaum jedesmal aufgenommen werden, hängt von der Dicke des Webgarns ab. Sie können den Hohlsaum an beiden Schnittkanten anbringen, so lange das Gewebe noch auf dem Webstuhl aufgespannt ist. Diese Ränder mit der Maschine oder gar mit Klebebändern abzuschließen, wäre ein wirklicher Stilbruch.
Versuchen Sie, egal, auf welchem Webstuhl Sie weben, Ihren eigenen Rhythmus zu entwickeln und unnötige Bewegungen zu vermeiden. Das Weben sollte eine Erholung für Sie sein.

Festsetzen des Gewebes mit Hohlsaum – gesäumt wird vor dem Abnehmen des Gewebes vom Webstuhl.

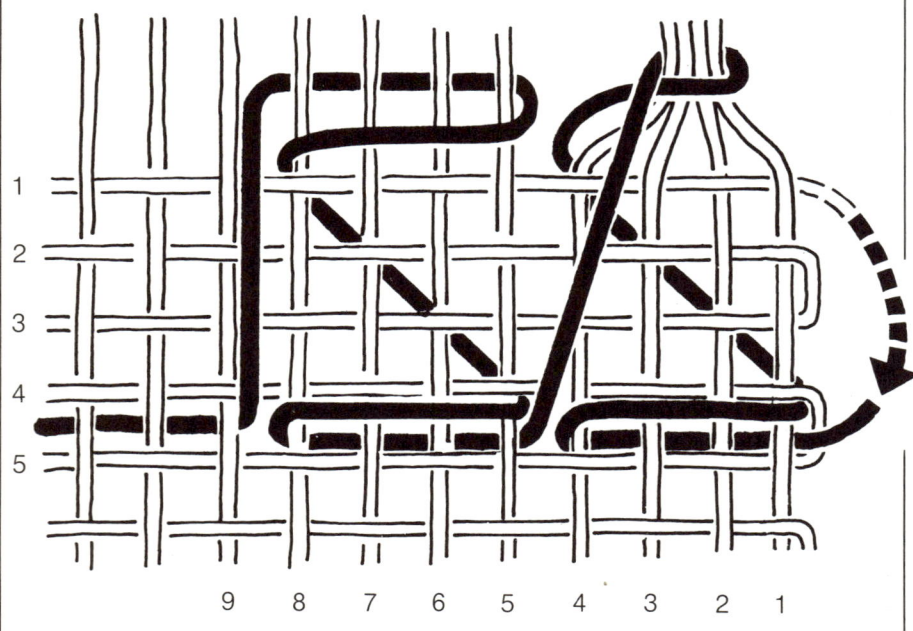

5 Grundbindungen und Patronenentwurf

Leinenbindiges Gewebe
aus verschiedenen Garnen
in unbestimmter Folge.

Die Bindung ist das Muster, in dem Schuß- und Kettfäden zu einem Gewebe verwoben werden. Es gibt Grundbindungen und von ihnen abgeleitete Bindungen. Die in diesem Buch vorgestellten Grundbindungen sind die Leinen- oder Tuchbindung und die Köperbindung. Mit diesen beiden Grundbindungen muß jeder vertraut sein, ganz gleich, welche Muster und Techniken er im Sinn hat.

Als Anfänger wollen Sie vermutlich viele verschiedene Bindungen mit vielen verschiedenen Garnen ausprobieren. Wenn Sie um die charakteristischen Merkmale der verschiedenen Bindungen wissen, können Sie diese für jede gewünschte Wirkung aufeinander abstimmen. Es gibt nur eine Regel, die Sie beachten müssen: daß Ihre Muster dem gewünschten Zweck angepaßt sind. Beginnen Sie mit den Grundbindungen und wenden Sie sich dann den von ihnen abgeleiteten Bindungen zu. Wenn Sie mit den Konstruktionsmerkmalen und den Namen der Bindungen vertraut sind, können Sie sich einfach und schnell mit allen Webern verständigen, und außerdem verleiht Ihnen diese Kenntnis besseres Verständnis und mehr Freude an anderen Webarbeiten.

Patronenentwurf

Die Zeichnung einer Bindung auf Papier nennt man eine Patrone. Die Patrone zeigt, in welcher Folge die Litzen eingefädelt werden (Einzugsplan), welche Schäfte mit welchen Tritten verschnürt werden (Verschnürungsplan), in welcher Reihenfolge die Tritte betätigt werden (Tretfolgeplan) und wie das Muster aussieht (Bindungsplan). Eine vollständige Patrone zeigt alle diese Pläne, aber manchmal genügt auch der Einzugsplan allein.

Das Patronieren ist sehr wichtig und nützlich beim Weben. Der Weber kann durch das Zeichnen einer Bindung ihre Wirkung erforschen, aber auch seine eigenen Muster auf Papier entwerfen. Mit Hilfe der Patrone kann man Einzugs- und Webfehler entdecken und korrigieren, noch bevor das Garn mit dem Webstuhl in Berührung kommt.

Wie die Patronen gezeichnet werden, kann unterschiedlich sein, und manchmal ändert sich das gar von einer Region zur anderen. Aber wenn Sie das Grundprinzip kennen, was eine Patrone aussagt, können Sie jede Patrone, gleich welcher Schreibart, lesen und verwenden.

Zum Patronieren gibt es spezielles Patronenpapier. Millimeterpapier oder kariertes Papier könnte man auch nehmen, aber bei beiden erscheint die Bindung leicht verzerrt. Beim Einzugsplan sind die waagerechten Zeilen die Schäfte und die senkrechten die Litzen. Manchmal werden auch die senkrechten Linien weggelassen und die Zeichen zwischen oder auf die waagerechten Zeilen gemalt. Die Litzen bezeichnet man entweder mit Zahlen oder mit irgendwelchen anderen Zeichen. Die Zahlen bezeichnen die aufeinander folgenden Kettfäden, nicht die Schäfte. Ein schwarzes Kästchen ist als Zeichen am weitesten verbreitet. Ein x ist dann praktisch, wenn die Patrone auf der Maschine getippt wird.

Einzugsplan

Dieser Plan zeigt, in welcher Reihenfolge die Kettfäden in die Litzen eingezogen werden. Der erste Kettfaden wird in die erste Litze von Schaft 1 eingezogen. Der zweite Kettfaden in die erste Litze von Schaft 2, usw.

Verschnürungsplan

Die Zeichen im Verschnürungsplan zeigen, welche Seitenschwingen mit welchen Tritten verschnürt werden. Tritt 1 wird mit Seitenschwinge und Schaft 1 und 2 verschnürt; Tritt 2 mit Seitenschwinge und Schaft 2 und 3 usw.

Tretfolgeplan

Dieser Plan gibt die Reihenfolge an, in der die Tritte betätigt werden, die die Kettfäden in einer bestimmten Weise teilen und so ein Fach in der Kette öffnen. Der erste Einschuß erfolgt, wenn Tritt 5 betätigt wird, der zweite wenn Tritt 6 betätigt wird. (Wenn Sie an einem Tischwebstuhl weben und das erste Zeichen im Tretfolgeplan Tritt 5 bezeichnet, vergleichen Sie den Tretfolgeplan mit dem darüberliegenden Verschnürungsplan und betätigen die Handhebel für die Schäfte 1 und 3; Tritt 6 wird dann durch die Hebel für die Schäfte 2 und 4 ersetzt.)

Bindungsplan

Diese Zeichnung gibt Ihnen eine Vorstellung der Gewebestruktur. In unserem Beispiel liegt das erste schwarze Kästchen auf einer Linie mit Tritt 5 im Tretfolgeplan bzw. dem Tritt, der mit den Schäften 1 und 3 verschnürt ist. Im Bindungsplan wird dann jedes Kästchen ausgefüllt, wo ein Kettfaden in eine Litze von Schaft 1 und 3 eingezogen ist. Folgen Sie beim Zeichnen dem Tretfolgeplan von unten nach oben.

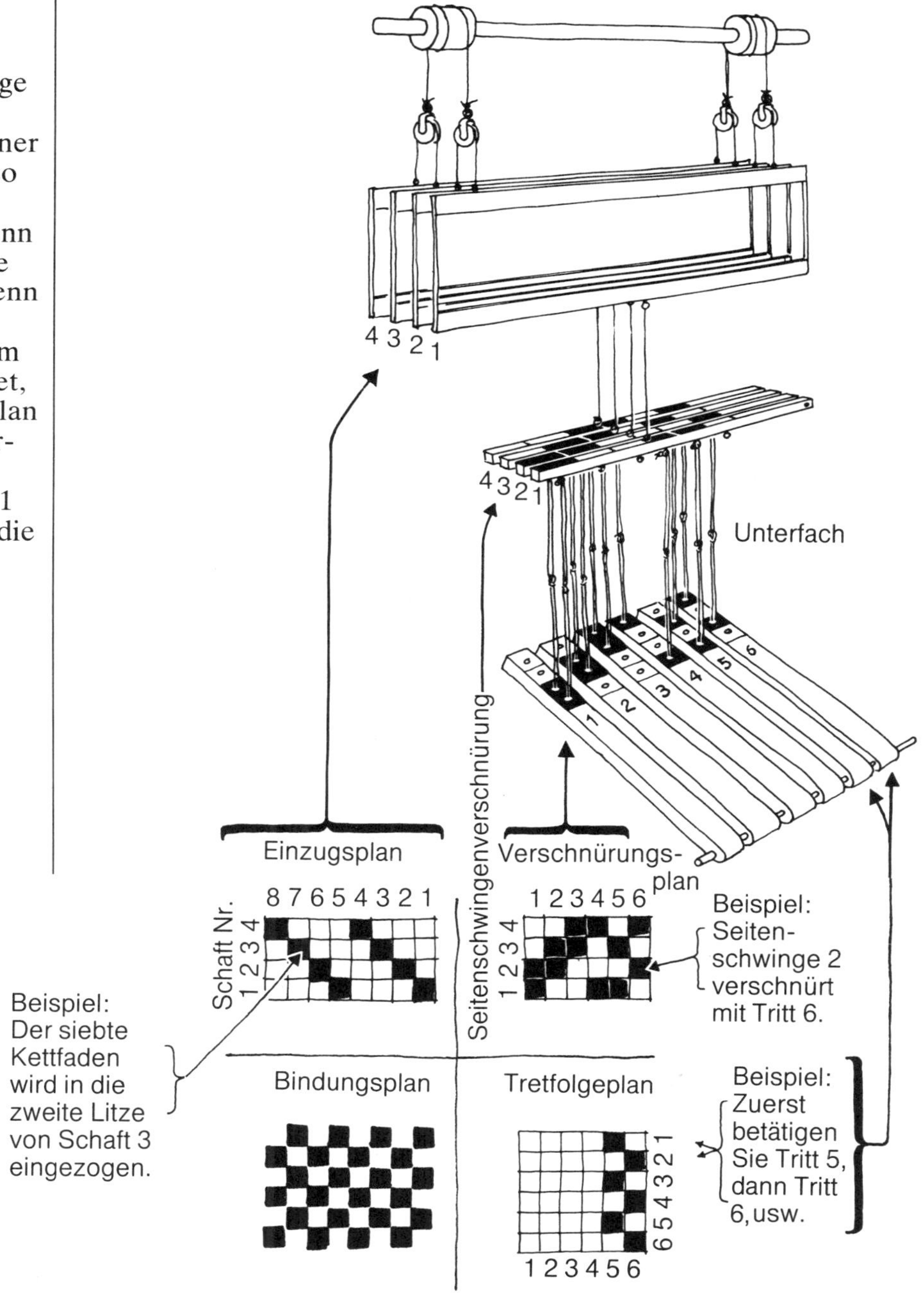

Leinenbindung
mit Standardverschnürung.

4 3 2 1

4 3 2 1

Unterfach

Seitenschwingenverschnürung

Einzugsplan

Verschnürungsplan

Bindungsplan

Tretfolgeplan

Schaft Nr.

8 7 6 5 4 3 2 1

1 2 3 4

1 2 3 4 5 6

1 2 3 4

1 2 3 4 5 6

6 5 4 3 2 1

Beispiel:
Der siebte Kettfaden wird in die zweite Litze von Schaft 3 eingezogen.

Beispiel:
Seitenschwinge 2 verschnürt mit Tritt 6.

Beispiel:
Zuerst betätigen Sie Tritt 5, dann Tritt 6, usw.

Die Patrone sagt nichts darüber aus, wie die Kettfäden in das Webblatt gestochen werden. Das hängt vom Garn und der Größe Ihres Webstuhls ab.

Der Verschnürungsplan zeigt, wie jede Seitenschwinge an die Tritte angeschnürt ist. Die waagerechten Zeilen zeigen die Seitenschwingen, die senkrechten die Tritte. Jede Seitenschwinge ist mit *einem* Schaft verbunden.

Der Tretfolgeplan zeigt normalerweise das gleich Bild wie der Einzugsplan; er wird über oder unter den Verschnürungsplan gezeichnet. Jedes Zeichen entspricht einem Tritt im Verschnürungsplan. Anders aussehende Zeichen im Tretfolgeplan können zeigen, wann ein andersfarbiger Schuß an die Reihe kommt.

Die ganze Patrone zeigt den Einzugsplan neben dem Verschnürungsplan, und unter dem Verschnürungsplan den Tretfolgeplan.

Der Bindungsplan zeigt, wie das Muster aussehen wird. Wenn Sie den Bindungsplan zeichnen, entsprechen die Schäfte vom Einzugsplan den Seitenschwingen vom Verschnürungsplan. Die Tritte vom Verschnürungsplan liegen auf einer Linie mit den Tritten vom Tretfolgeplan. Dann wird das Muster ausgefüllt, wobei die schwarzen Kästchen den Schuß und die weißen oder leeren Kästchen die Kette bezeichnen. Welche Zeichen man wählt, ist egal. Es können Kreise, x, Quadrate oder Schrägstriche sein. Den Einzugsplan kann man von rechts nach links oder von links nach rechts lesen. Die Tritte kann man von rechts oder von links aus numerieren. Und die Verschnürung kann sich auf einen Webstuhl mit Ober- oder mit Unterfach beziehen.

Auf dem Plan sollte die Art der Verschnürung angegeben sein. Wenn Sie einen Webstuhl mit Oberfachbildung haben und der Verschnürungsplan sich auf einen Webstuhl mit Unterfachbildung bezieht, verschnüren Sie einfach die Tritte an den Stellen, wo in der Patrone die weißen Kästchen sind. Wenn Sie den Verschnürungsplan nicht umschreiben, entsteht die rechte, d. h. die schöne Seite beim Weben auf der Unterseite. Das Gewebe wird dann nach dem Weben einfach umgedreht – die Musterung des Stoffs wird genau gleich sein.

Bei den Patronen in diesem Buch sind die Einzugspläne von rechts nach links zu lesen, die Schäfte sind von unten (vorn) nach oben (hinten) und die Tritte von links nach rechts numeriert. Bei den Verschnürungsplänen wird, wenn nötig, jeweils angegeben, ob sich die Patrone auf Ober- oder Unterfach-Webstühle bezieht.

Abb. links:
Zwei Schäfte.
Einzugsplan und Verschnürungsplan für Leinenbindung auf einem zweischäftigen Webstuhl.

Abb. links:
Vier Schäfte.
Einzugsplan und Verschnürungsplan für Leinenbindung auf einem vierschäftigen Webstuhl.

Bei einem gestreiften Schuß hört man mit der einen Farbe z. B. links auf und setzt die neue Farbe rechts an.

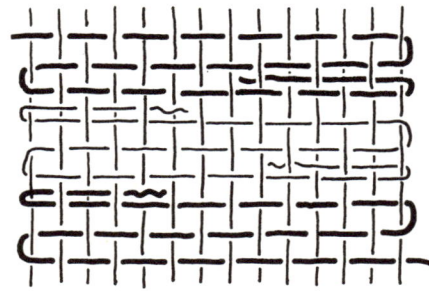

Leinen- oder Tuchbindung

Die Leinenbindung (auch Leinwand- oder Tuchbindung genannt) ist die einfachste Bindung, die es.gibt: der Schußfaden liegt immer abwechselnd auf und unter einem Kettfaden. Für die Leinenbindung braucht man nur zwei Schäfte, aber wenn man sie mit vier Schäften webt, wird die Kette wegen der geringeren Reibung mehr geschont. Ein leinenbindiges Gewebe mit gleicher Schuß- und Kettfadendichte ist relativ steif und sehr fest.

Bei der Leinenbindung ist die Kombination von Strukturen und Farben der Kett- und Schußgarne der ausschlaggebende Faktor für zahllose Variationsmöglichkeiten. Die Leinenbindung ist Grundlage vieler Bindungen und Techniken. Zusätzliche Effekte lassen sich dadurch erzielen, daß man die Kettfäden mit den Fingern verdreht oder gruppiert, oder dadurch, daß man sie mit anderen Techniken kombiniert. Für viele dieser Mustertechniken braucht man die Leinenbindung für das Grundgewebe, in das das Muster gewebt wird. Gleichzeitig sorgt dieses Grundgewebe für eine gleichmäßige Spreizung der Kette. Die Leinenbindung nimmt man auch, um den Flor, die Schlingen und Knoten, die in die Oberseite des Gewebes geknüpft werden, einzubinden.

Wenn Sie eine gestreifte Kette wollen, scheren Sie zuerst die gewünschte Anzahl von Kettfäden der einen Farbe, wobei Sie den Faden wie üblich an den Stift auf dem Scherbaum binden, wo die Kette zum Schluß aufgeschnitten wird. Die nächste Farbe wird an dem gleichen Stift befestigt und wieder die gewünschte Anzahl von Fäden abgewickelt. Der Wechsel von einer Farbe zur anderen geschieht immer an diesem Stift, da die Knoten, die Sie hier machen, ja abgeschnitten werden, wenn die Kette vom Scherbaum oder -rahmen abgenommen wird.

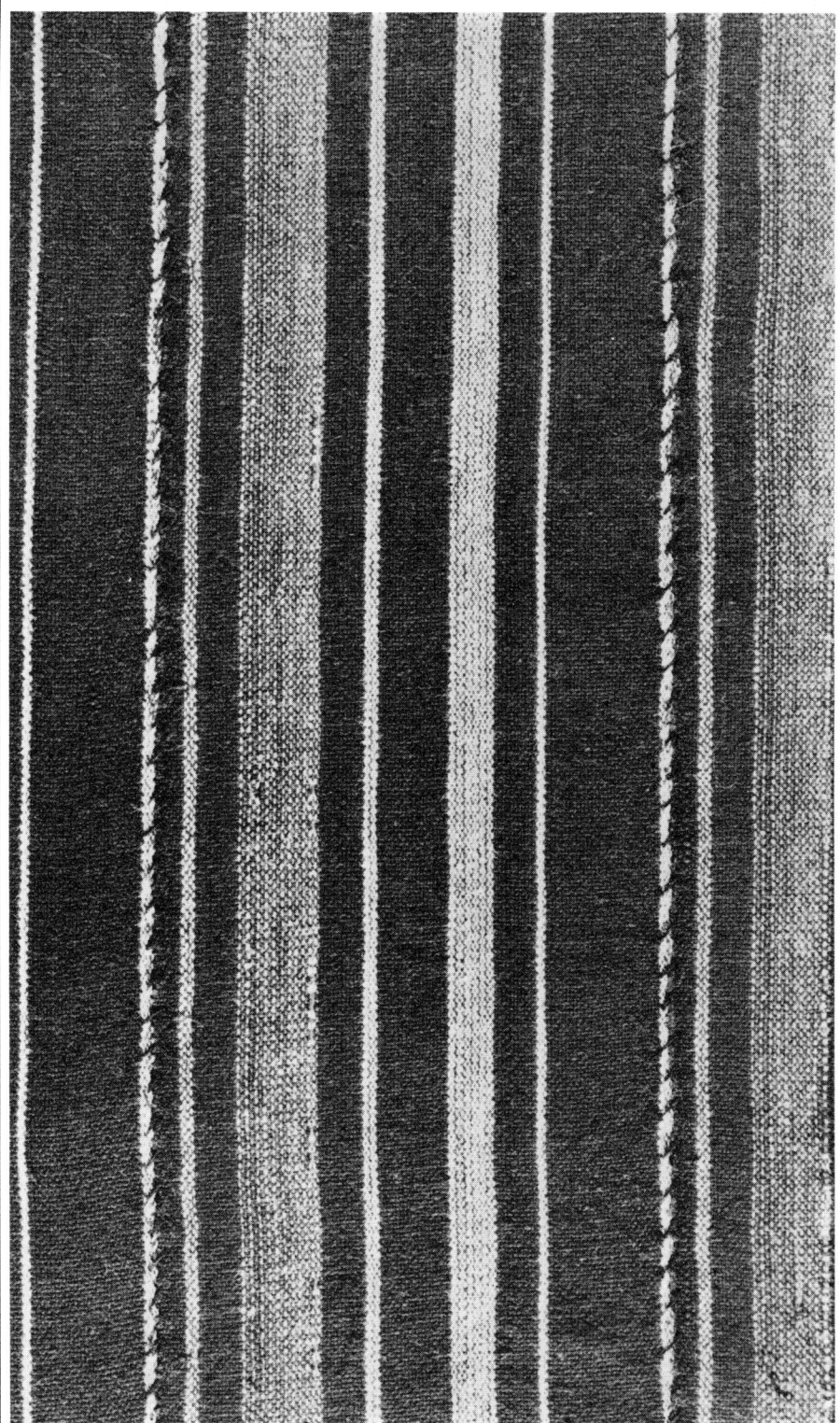

Leinenbindung mit gestreifter Kette. Dieses afrikanische »Lapa«-Tuch wurde aus schmalen Webbändern zusammengenäht.

Wenn Sie einen gestreiften Schuß weben, müssen Sie aufpassen, daß eine Webkante nicht höher wird als die andere; aus diesem Grund sollte man mit der einen Farbe auf einer Seite aufhören und auf der anderen Seite mit der neuen Farbe beginnen. Die Fadenenden werden beim Weiterarbeiten so ins Gewebe eingelegt, daß ein Gewebe mit glatter, gerader Webkante entsteht.

Beim Weben von Schottenkaro- oder Würfelmustern dürfen Sie nicht vergessen, daß die Kette gespannt, also gedehnt ist. Ein Quadrat sieht während des Webens rechteckig aus. Erst wenn die Kette gelockert wird, sollte es wie ein Quadrat aussehen. Kleinere Korrekturen können durch die Festigkeit des Anschlags vorgenommen werden. Wenn das Quadrat flach ist, schlagen Sie zu hart an. Wenn es schmal und lang und hoch ist, müssen Sie entweder stärker anschlagen oder weniger Einschüsse machen.

Kleiderstoff;
Leinenbindung mit verschiedenen Garnsorten in Blautönen.

Köperbindung

Bei der Köperbindung liegt der Schußfaden auf zwei oder mehr Kettfäden und dann unter ein oder mehr Kettfäden. Das charakteristische Merkmal der Köperbindung ist ein schräg verlaufender Grat. Der Grat kann von links nach rechts oder von rechts nach links, in einer gebrochenen Linie oder im Zickzack verlaufen. Die Köperbindung läßt sich vielfach abwandeln. Zum Weben von Köper braucht man drei oder mehr Schäfte.

Von der Grundbindung gibt es viele Abwandlungen. Der Spitzköper wechselt in regelmäßigen Abständen die Schrägrichtung.

Vergrößerung eines köperbindigen Gewebes.

Beim Chevron- oder Fischgrätköper treffen die schrägen Linien am Wendepunkt nicht aufeinander, beim Vogelaugenköper sind zwei versetzte Spitzköper miteinander kombiniert. Welchen Namen Sie den Bindungen geben, ist egal – Hauptsache ist, Sie entdecken für sich die vielen Variationsmöglichkeiten.

Besonders interessant wirkt die Köperbindung, wenn Sie verschiedene Farben verwenden. Die Schräggrate kommen bei der Köperbindung am besten zur Geltung, wenn sie in einem Winkel von 45° zum Schuß stehen. Der Grad kann natürlich variieren, aber das Gewebe sieht besser aus, wenn der Winkel nicht zu spitz ist.

Patrone für Linksgratköper.

Patrone für Spitzköper.

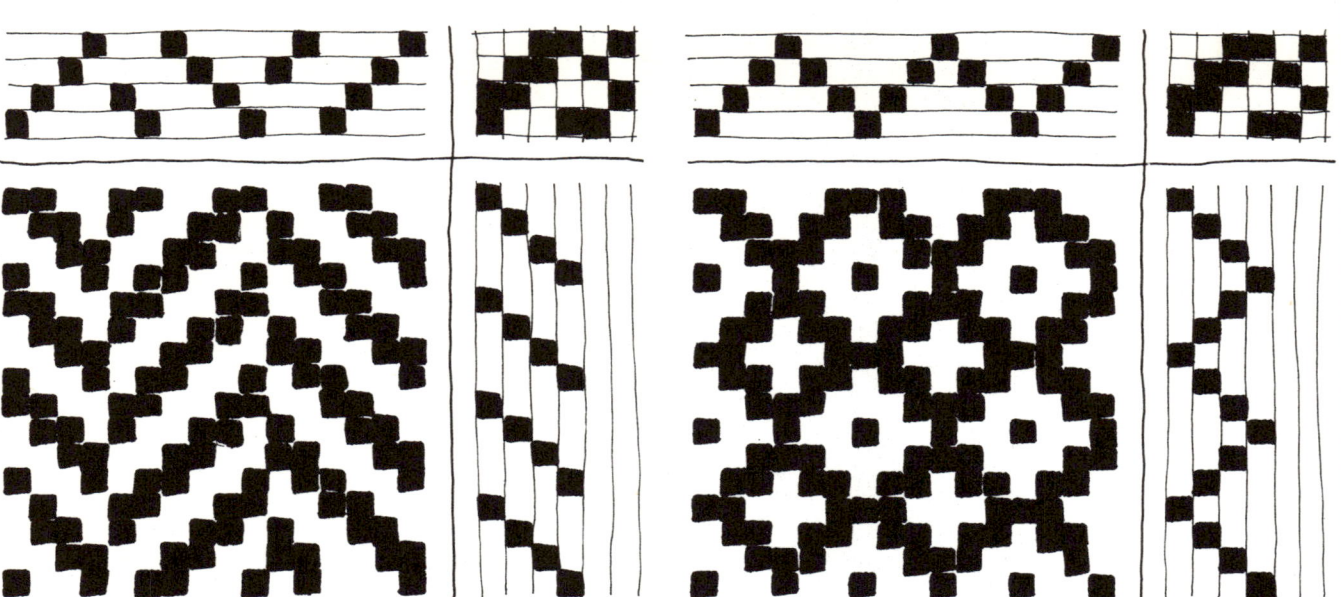

Patrone für Fischgratköper. Patrone für Vogelaugenköper.

Der Entwurf von Schottenkaros und Streifenmustern

Mit einer Leinen- oder Köperbindung ist es nicht schwer, farbige Streifen oder Schottenkaros zu weben. Das Schwierigste sind die Proportionen. Manche Leute haben den Blick dafür, andere müssen sich auf mathematische Berechnungen stützen.

Bei vielen Webarbeiten, wie Tischsets, Teppichen, Wandbehängen usw. ist die Relation Länge zu Breite sehr wichtig. Um gut aussehende Proportionen zu erreichen, beginnt man mit einem Quadrat. Die Diagonale nimmt man als Radius und beschreibt mit dem Zirkel einen Kreisausschnitt. Dann kann man die Seiten des ursprünglichen Quadrats zu einem Rechteck verlängern. Mit der Diagonale des neuen Rechtecks als Radius zeichnet man einen neuen Kreis und so fort.

Für Ihren Musterrapport können Sie dann die verschiedenen, so entstandenen Rechtecke nach Wunsch auswählen und kombinieren.

Abb. rechts:
Streifen und Schottenkaros.
A. Den Zirkel an der unteren Ecke des Quadrats einsetzen und einen Kreisausschnitt mit der Diagonale des Quadrats als Radius beschreiben.
B. Einen zweiten Bogen zeichnen mit dem Radius der neuen Diagonale.
C. Weitere Bogen zeichnen, wobei diese jeweils von der anderen Ecke aus gezogen werden. Von jedem Kreuzungspunkt aus eine waagerechte Linie über das Papier ziehen.
D. Die so entstandenen, verschieden breiten Streifen können Sie in jeder beliebigen Reihenfolge und Kombination zu einem Streifenmuster zusammensetzen.

Abb. links:
Fensterblende
in fischgrätartigem Köper;
Leinenkette und Wollschuß.

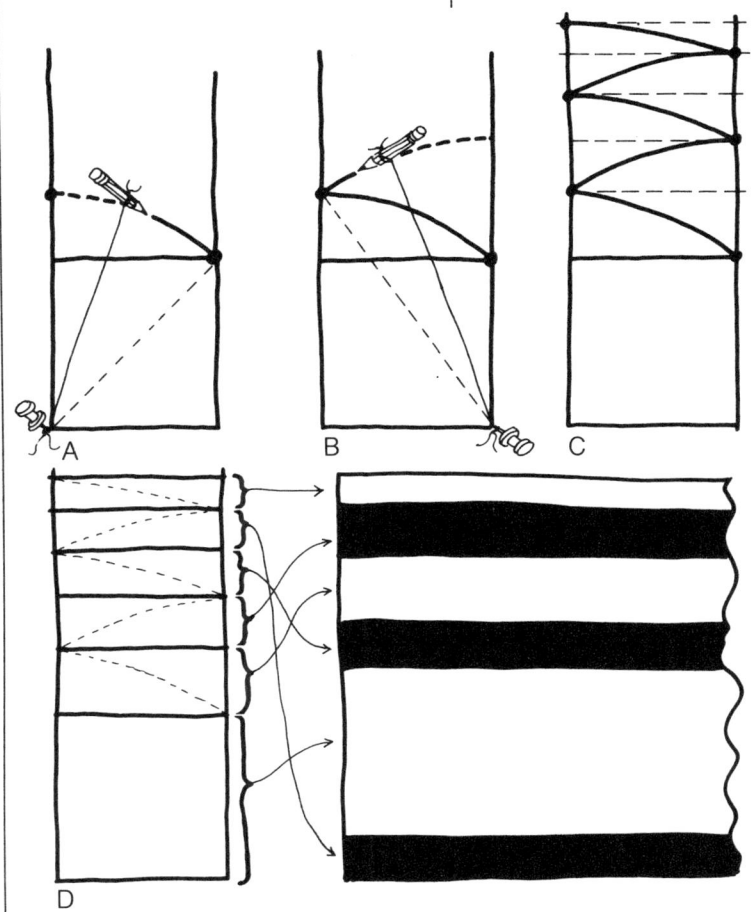

93

Zwillingskissen
mit Variation im Schuß.

Alter Bettüberwurf
in hübschem Schottenkaro
aus Wolle und Leinen;
Köpereinzug.

⑥ Mechanisch herstellbare Bindungsarten

Dieser schmetterlingsartig gemusterte Bettüberwurf ist ein Schwedenbortengewebe mit langer Flottung. Er stammt aus der Sammlung des Shelburne Museum in Shelburne, Vermont.

Bindungen lassen sich auf verschiedene Weise klassifizieren. Die von den beiden Grundbindungen Leinen und Köper abgeleiteten Bindungen kann man in zwei Kategorien einteilen: in mechanisch herstellbare und in handgefertigte Bindungsarten. Die Bindungen der ersten Gruppe werden vom Mechanismus des Webstuhls bestimmt. Von der Reihenfolge, in der die Kettfäden in die Litzen eingezogen sind und der Reihenfolge, in der die verschiedenen Fächer geöffnet werden, hängt das Aussehen dieser Gewebe ab.

Jede Bindung ergibt ein Muster, nämlich das Muster, die Struktur des Gewebes selbst. Das Muster kann durch Farbe und/oder Struktur hervorgebracht werden. Farbmuster entstehen durch mehrfarbige Kette und/oder Schuß. Muster in der Struktur entstehen durch die Bindung selbst, aber auch durch verschiedene Techniken, die die Oberseite eines Gewebes interessanter gestalten (siehe vor allem »Handgefertigte Bindungsarten« im nächsten Kapitel).

Bei den mechanisch herstellbaren Bindungen können die Muster auf Farbe und Struktur basieren. Vom Mechanismus des Webstuhls hängt es ab, ob sie realisierbar sind. All diese Bindungen haben besondere, für sie typische Merkmale. Die Bindungen, die wir in diesem Buch vorstellen, unterscheiden sich alle in Struktur und Wirkung, aber sie können noch unendlich variiert werden.

Es ist nicht unsere Absicht, hier eine komplette Übersicht aller Patronen für alle Bindungen zu geben, sondern den Aufbau, die Vor- und Nachteile bestimmter Bindungen aufzuzeigen. Wir hoffen, daß die Neulinge mit den Bindungen experimentieren und sie ihren eigenen Intentionen anpassen. Es gibt spezielle Patronenbücher. Es ist nicht ungeschickt, diese Bücher zu benutzen, wenn man daran interessiert ist, die Möglichkeiten einer Bindung vollständig auszuschöpfen. Aber zögern Sie nicht, selbst zu experimentieren und verschiedene Bindungen auszuprobieren. Übung und Erfahrung sind die besten Lehrer.

Die vier Musterblöcke der Schwedenbortenbindung mit langer Flottung.
A. Für den 1. Musterblock sind die Kettfäden in die Schäfte 1 und 2 eingezogen.
B. Für den 2. in die Schäfte 2 und 3.
C. Für den 3. in die Schäfte 3 und 4.
D. Für den 4. in die Schäfte 1 und 4.

A   B   C   D

Schwedenborten

Schwedenborten sind Gewebe, in welchen ein zweiter, flottierender Schußfaden Muster auf ein leinenbindiges Grundgewebe malt. Die Flottung entsteht dadurch, daß Kett- oder Schußfäden andere Fäden kreuzen, ohne mit diesen verwebt zu sein. In den Schwedenborten flottiert allerdings nur der Schußfaden. Die Flottung wird an der Zahl der Fäden, die sie überkreuzt, gemessen. Je nach Muster liegt sie über mindestens zwei bis höchstens 16 Fäden. Lange Flottungen sind außer in reinen Dekorationsgeweben unpraktisch, weil sie sich leicht verfangen und herausgezogen werden. Bei allen Schwedenborten gibt es drei Fadensysteme, eines für die Kette, eines für das Muster (den flottierenden Oberschuß) und eines für die Leinenbindung (Füllschuß), in der das Grundgewebe gewebt wird. Die Bindungen für Schwedenborten, die wir Ihnen im folgenden vorstellen, unterscheiden sich voneinander nur durch den Muster-Einzug und die Länge der Flottungen.

Schwedenborte mit langer Flottung

Bei diesen Geweben ist das Garn für Kette und Leinenbindung normalerweise von gleicher Farbe und Stärke. So wurde diese Bindung traditionell gewebt. Viele der im 18. Jahrhundert in Nordamerika gewebten Bettüberwürfe zeigen Schwedenbortenmuster mit langer Flottung.
Eines der charakteristischsten Merkmale dieser Gewebe ist ihre dreidimensionale Wirkung. Das durch den Oberschuß entstandene Muster steht etwas hoch. Der Gewebegrund wird von Partien in Leinenbindung und von Partien, in denen die Leinenbindung mit dem Muster des Oberschusses kombiniert ist, gebildet.

Das Muster sieht auf den beiden Stoffseiten verschieden aus. Was auf der einen Seite als Leinenbindung erscheint, ist auf der anderen Seite Flottung.
Auf der Abbildung können Sie erkennen, daß bei unserem Muster immer vier Musterblöcke aufeinander folgen. Jeder Block wird durch eine Fadengruppe in zwei aufeinanderfolgenden Schäften gebildet. Diese Fäden bilden einen Köpergrat. Der Einzug für die Flottung beruht auf dem Prinzip der Köperbindung. Beim Weben folgt auf jeden Oberschußeintrag (Flottung) ein Einschuß in Leinenbindung. Die Fächerfolge der Leinenbindung muß beibehalten werden. Um diese nicht durcheinander zu bringen machen Sie, wenn der Schützen von links kommt, den Einschuß in das Fach, das durch Heben der Schäfte 2 und 4 entsteht, und den Einschuß in das Fach, das durch die Schäfte 1 und 3 entsteht, machen Sie dann, wenn der Schützen von rechts kommt. Im Verschnürungsplan ist die Leinenbindung nicht aufgezeigt.

Schwedenbortengewebe mit langer Flottung, für die Garn mit Struktur verwendet wurde.

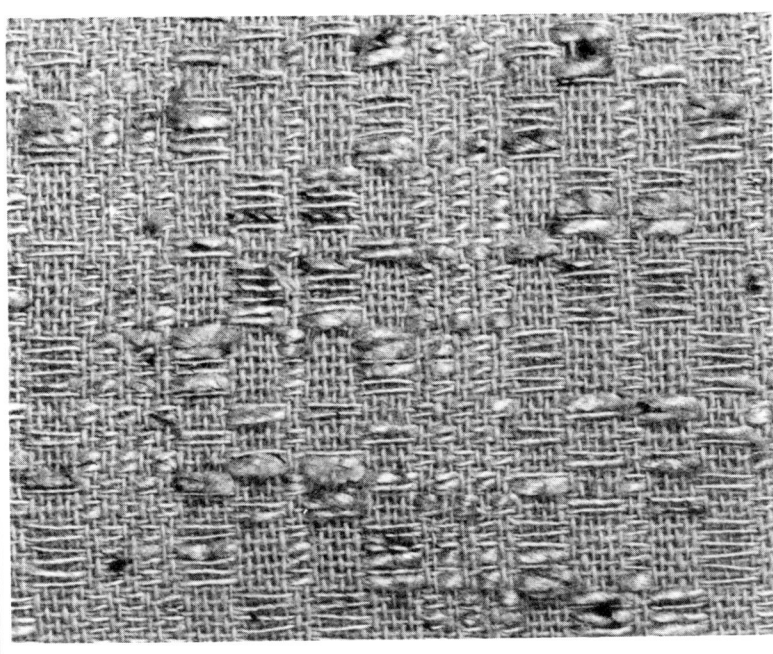

Patrone einer typischen Schwedenbortenbindung mit langer Flottung. Die Leinenbindung taucht im Tretfolgeplan nicht auf. Beim Weben ist jeder zweite Einschuß in Leinenbindung.

Fensterblende mit Schwedenbortenbindung mit langer Flottung. Mit dicken Leinengarnen wird das Muster größer.

Wenn Sie diese Bindung in der traditionellen Weise weben, richten Sie sich nach unserem Einzugsplan. Wenn Sie die Patrone auf S. 96 als Beispiel nehmen, wäre die Tretfolge: Tritt für die Schäfte 1 und 2, dreimal; für die Schäfte 2 und 3, dreimal; für die Schäfte 3 und 4, dreimal; die Schäfte 4 und 1, dreimal und wieder von vorne. Auf jeden Schußeintrag des Musterfadens folgt ein Einschuß in Leinenbindung. Das Muster muß nicht auf diese Art und Weise gewebt werden. Man kann andere Tretfolgen einhalten und so mit dem selben Einzugsplan vollkommen unterschiedliche Effekte erzielen.

Die Motive, die durch die Flottung gebildet werden, können die Form einer Raute, eines Sterns, Tischs, Rads, eines Kreuzes und einer Rose annehmen.
Man kann die Schwedenbortenbindung für viele Zwecke gebrauchen; nur die Frage, inwieweit eine sehr lange Flottung noch praktisch ist, setzt uns die Grenzen. Es ist zum Beispiel unpraktisch, Polsterstoff mit langer Flottung zu versehen. Schwedenbortenmuster sehen als Bordüre bei Röcken, Kleidern und auch bei Tischtüchern sehr hübsch aus.

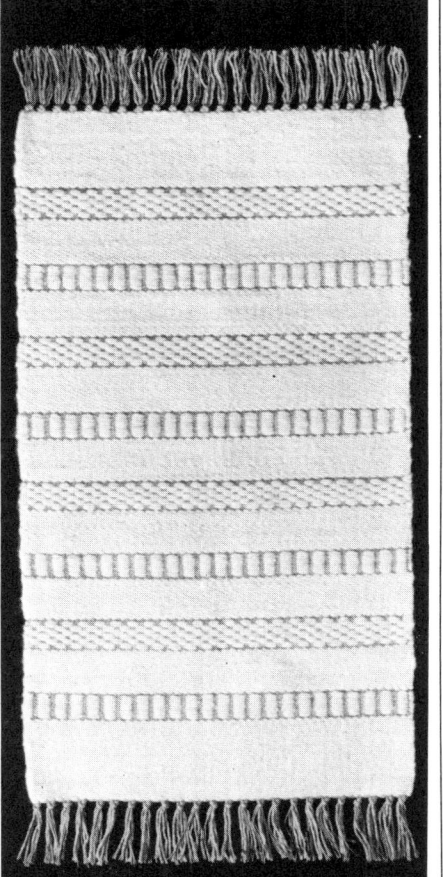

Abb. links:
Teppich in Schwedenbortenbindung mit langer Flottung. Für die Kette und den Füllschuß wurde feinstes Leinengarn genommen, für den Oberschuß und die großen leinenbindigen Flächen Wolle. Der Teppich stammt aus Irland.

Ausschnittvergrößerung.

Wolldecke aus weichen Wollgarnen
in Schwedenbortenbindung
mit langer Flottung.
Beachtenswert bei diesem traditionellen
Muster ist die Kombination
zahlreicher Musterelemente.

Abb. rechts:
Wandbehang
in Rot- und Violettönen.
Hier sind die Pomponborte,
Pelzimitation,
Woll- und Leinengarne
in verschiedenen Techniken
eingewebt.

Abb. links:
Fenstergehänge
mit vielen Variationen
der Dreherbindung.

Schwedenborte mit kurzer Flottung

Das Prinzip dieser Bindung ist praktisch das gleiche wie bei der Schwedenborte mit langer Flottung, nur ist das gewebte Tuch beidseitig verwendbar. Die Struktur des Gewebes ist auf beiden Seiten gleich, nur die Farben erscheinen umgekehrt: die eine Seite kommt hell heraus, die andere dunkel.

Auch diese Bindung baut auf den drei Fadensystemen auf. Das Muster erhalten wir durch den zweifarbigen Schuß – eine Farbe für den Oberschuß, eine andere für den Füllschuß, also für das Grundgewebe.

Das Muster entsteht durch Farbblöcke. Die Blöcke können beliebig groß werden, je nachdem, wie oft das Blockmotiv beim Einziehen wiederholt wird. Aber kein Faden flottiert hier über mehr als drei Kettfäden – von daher auch die Pünktchenmusterung. Wo der Oberschuß dominiert, sind die Blöcke etwas höher als der Gewebegrund, so daß nicht nur in der Farbe, sondern auch in der Struktur ein Ziegelmuster entsteht, das typisch für diese Bindung ist.

Farbblockmusterung
in Schwedenbortenbindung
mit kurzer Flottung.

Auf einem vierschäftigen Webstuhl kann man ein Muster mit zwei Blöcken weben. Zwei Schäfte brauchen Sie für die Einbindung (die Leinenbindung), und jeweils einen Schaft für einen Block.

Die Patrone zeigt, wie auf jeden Einzug in die Litzen der Schäfte 1 und 2 für das Muster ein Einzug in die Litzen der Schäfte 3 und 4 für die Leinenbindung folgt. Beim Weben folgt auf jeden Oberschußeintrag wieder ein Füllschußeintrag. Dafür muß zuerst der Tritt, der mit den Schäften 1 und 2 (Oberschuß) verschnürt ist, und dann der Tritt, der mit den Schäften 3 und 4 (Leinenbindung) verschnürt ist, betätigt werden.

Man kann bei diesem Muster viele verschiedene Blockgrößen weben. Die ebenmäßige Struktur dieser Bindung kommt in Polsterstoffen, Tischtüchern und Teppichen sehr schön zur Geltung. Wieder ganz anders wirkt das Tuch, wenn für die Musterblöcke verschiedene Farben beim Aufspannen der Kette und beim Weben verwendet werden.

Abb. unten:
Patrone der Schwedenbortenbindung mit kurzer Flottung. Die Kettfäden für die Leinenbindung sind in die Schäfte 1 und 2 eingezogen, die für das Muster in die Schäfte 3 und 4. Die Tritte für die Leinenbindung

sind bei dieser Verschnürung die Tritte 5 und 6. Auf jeden Oberschußeintrag folgt ein leinenbindiger Füllschußeintrag. Im Tretfolgeplan sind die Leinenbindungseinträge nicht aufgezeigt.

1 2 3 4 5 6

Schwedenborte mit kleiner Musterung

Bei dieser Schwedenbortenvariation erkennt man im Muster eine Art Vogelaugenköper; die kurze Flottung liegt bei mehreren Einschüssen übereinander, so daß sie Rippen oder Stäbchen auf dem leinenbindigen Grundgewebe bildet. Die Bindung eignet sich problemlos zu allen möglichen Arten von Nutzgeweben und Dekorationsstoffen.

Auch hier haben wir wieder eine einkettige, aber zweischüssige Bindung. Das vom Oberschuß auf Leinengrund gemalte Muster hebt sich deutlich vom Gewebegrund ab. Der Oberschuß geht im Muster über drei und unter einen Kettfaden – auf der Rückseite erscheint es umgekehrt.

Die Struktur des Gewebes ist gleichmäßig fest. Im Prinzip gleicht die Bindung den beiden anderen Schwedenborten, aber im Aussehen unterscheidet sie sich von beiden.

Bei dieser Schwedenborte haben wir Leinenbindung mit angeschnürtem Gleichgratköper. Der partieweise Einzug weist vier Musterblöcke auf. Oberschußeinträge wechseln mit leinenbindigen Füllschußeinträgen, wie das auch bei den anderen Schwedenborten der Fall war. Es entsteht ein beidseitiges Gewebe, nur das, was auf einer Seite Muster ist, ist auf der Rückseite des Gewebes Untergrund.

Beim Patronieren kann man jeden Musterblock so oft man will wiederholen. Die Stäbchen sollen sich an den Ecken überlappen. Dem Köper entsprechend fügen sie sich zu einem Diagonalgrat. Die Köperkombinationen müssen beim Einziehen und in der Tretfolge beibehalten werden. Um die für die Leinenbindung nötige Reihenfolge für das Grundgewebe beizubehalten, folgt auf jeden Musterblock ein zusätzlicher Kettfaden.

Beim Weben der Bindung kann jede Tretfolge für einen Musterblock beliebig oft wiederholt werden. Nach jedem Oberschußeintrag kommt ein Füllschußeintrag. Man kann die Bindung auch so weben, daß man immer abwechselnd zwei Muster-Tretfolgen webt. Auch hier folgt auf jeden Mustereintrag ein Schußeintrag in Leinenbindung.

Schwedenbortentuch mit kleiner Musterung. Die Schußfäden liegen stäbchenförmig übereinander.

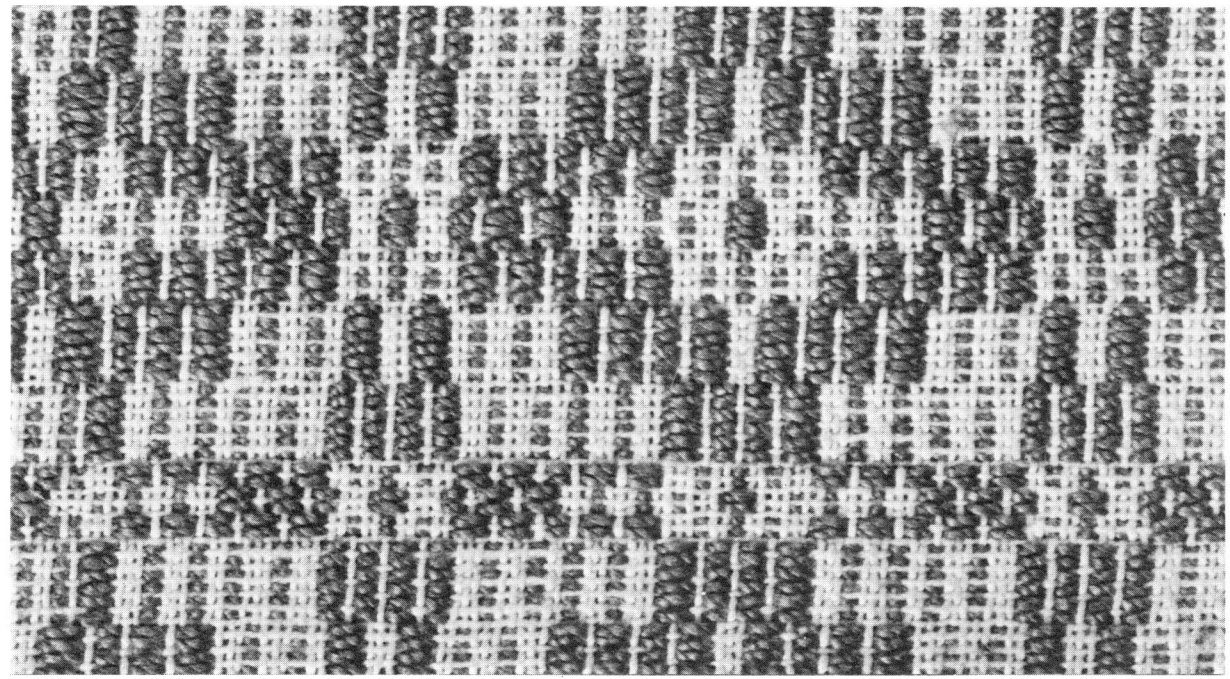

Die Blöcke in den senkrechten Reihen bilden, wie die Patrone zeigt, eine Art Stäbchen. Jede senkrechte Reihe enthält nur einen Block. Die waagerechten Reihen sind eine Kombination aus zwei Musterblöcken.

Wenn Sie ein Muster für diese Schwedenbortenbindung entwerfen, denken Sie daran, daß die Wahl des Garns wichtig ist. Garne in gleichem Farbton eignen sich am besten für Muster und Gewebegrund. Die Struktur soll hier über das Muster dominieren.

Abb. unten:
Die vier Musterblöcke bei der Schwedenbortenbindung mit kleiner Musterung. A zeigt den zusätzlichen Kettfaden auf Schaft 4, B den auf Schaft 3, C den auf Schaft 2 und D den auf Schaft 1.

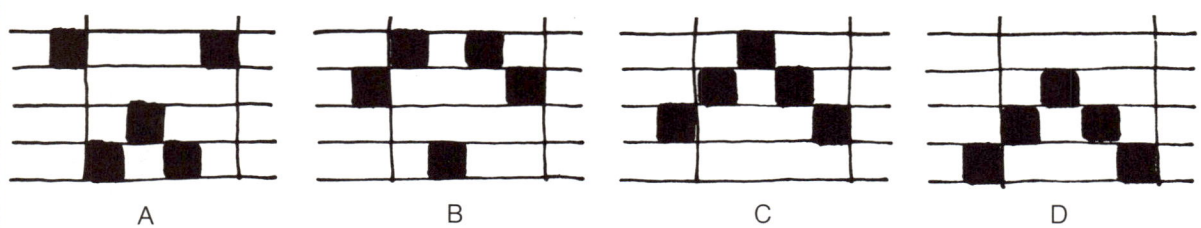

A   B   C   D

Patrone für Schwedenbortenbindung mit kleiner Musterung. Die Leinenbindung ist aus dem Tretfolgeplan nicht ersichtlich, muß aber nach jedem Mustereintrag getreten werden.

106

Honigwabenbindung

Diese Bindung ist sehr praktisch. Auch hier basieren die Musterpartien auf dem Diagonalgrat der Köperbindung. Die Honigwabenbindung kann man für viele verschiedene Tuchsorten nehmen. Ein weiches, zum Beispiel einfädiges Garn eignet sich hierfür am besten, egal, ob dick oder dünn.

Die Honigwabenbindung baut nur auf zwei Fadensystemen auf, einer Kette und einem Schuß; man braucht dementsprechend nur einen Schützen. Kett- und Schußgarne sind gleich dick, können aber verschiedenfarbig sein. Das Muster entsteht durch kurze Flottung des Schußfadens über einige Kettfäden, wobei der Faden zuerst unter einigen und dann über einige Kettfäden flottiert, und diese Reihenfolge mit jedem Einschuß wechselt. So entstehen zwei dicht nebeneinanderliegende Rippen, die von einem leinenbindigen Grundgewebe umschlossen sind. Wenn man nach einigen Reihen die Tretfolge ändert, folgen auf die Rippen leinenbindige Flächen und auf die Leinenbindung Rippen.

Das Gewebe sieht auf beiden Seiten gleich aus. Bei der Honigwabenbindung gibt es keinen einzigen nur leinenbindigen Schußeintrag – bei jedem Einschuß flottiert der Schußfaden über einige Kettfäden und wird dann in die Kette verwebt usw. Wir zeigen Ihnen hier eine Patrone für die Honigwabenbindung, aber man kann das Muster mit jeder Patrone weben, wenn man einige Reihen lang mit zwei sich ergänzenden Fächern webt und dann zu einem anderen Fächer-Paar übergeht.

Bei einem Einzug in Schwedenbortenbindung mit langer Flottung tritt man die Schäfte 1–2, 3–4, 1–2, 3–4, 1–3, 2–4, dann 2–3, 2–1, 2–3, 2–1, 1–3, 2–4.

Bei einem Einzug für Gerstenkornbindung mit Doppelkorngruppen tritt man die Schäfte 1–3, 2–4, 1–2–3, 4, 1–2–3, 4, 1–3, 2–4, 1, 2–3–4, 1, 2–3–4, 1–3, 2–4 usw.

Versuchen Sie mit irgendeiner Patrone in solchen sich ergänzenden Fächern zu weben. Manche so gewebte Tuche werden Sie zufriedenstellen – andere werden lappig ausfallen und unbrauchbar für praktische oder dekorative Zwecke sein. Experimentieren Sie nach Lust und Laune!

Tuch in Honigwabenbindung.

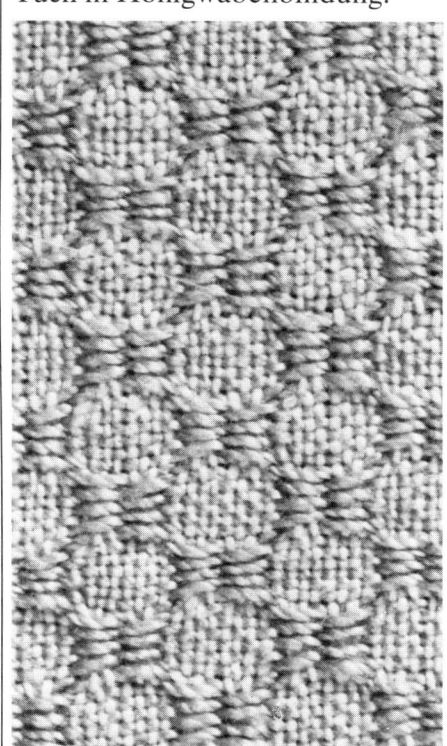

Patrone der Honigwabenbindung.

Gerstenkorn-bindung mit Doppel-korngruppen

Hier wurde die Gerstenkornbindung, die man sonst vor allem für Handtuchstoffe nimmt, so abgewandelt, daß kleine offene Stellen im Gewebe entstehen, die an Spitze erinnern. Erst die Folge von mehreren Doppelkornelementen bringt diesen Spitzeneffekt hervor. Die Musterelemente kommen auf einem leinenbindigen Grundgewebe um so besser zur Geltung, als sie sich deutlich von diesem abheben.

Gerstenkornbindungen basieren auf zwei Fadensystemen. Für das Schußgarn kann man dasselbe Garn wie für die Kette nehmen oder aber eines, das ein bißchen weicher in der Qualität ist. Ins Webblatt sollten die Kettfäden eher weit eingestochen werden, und der Anschlag muß leicht sein, damit der Spitzeneffekt erhalten bleibt. Kett- und Schußdichte sollten etwa gleich groß sein, d. h., auf ein Quadrat von 2 cm Seitenlänge sollten gleich viele Kett- wie Schußfäden kommen. Durchbrochene und geschlossene Stellen wechseln miteinander ab. Das Muster ist auf beiden Seiten gleich. Bei dem »Spitzenmuster« entspricht einem flottierenden Kettfaden auf der einen Seite ein flottierender Schußfaden auf der anderen Gewebeseite.

Ein Spitzenmuster aus zwei Spitzenelementen kann man auf einem vierschäftigen Webstuhl weben. Jedes Musterelement ist auf einem Schaft. Jeder zweite Kettfaden ist auf dem gleichen Schaft: das ist die Grundkette. Im vierten Schaft ist der Kettfaden, der die einzelnen Spitzenelemente voneinander trennt bzw. auf jedes folgt. Wenn Sie an den Seiten der Schäfte 1 und 4 Kettfäden einziehen, können Sie einen festen Rand in Leinenbindung bzw. eine durchgehende Webkante weben. Beim Einziehen und Weben sollte man beachten, die »Doppelkörner« mindestens zweimal zu wiederholen, wenn sie voll zur Wirkung gelangen sollen.
Für Gebrauchs- und Dekorationsgewebe in Gerstenkornbindung kann man jede Art Fasergarn verwenden. Die Variationsmöglichkeiten sind endlos.

Gerstenkornbindiges Tuch mit Doppelkorngruppen.

Patrone einer Gerstenkornbindung mit Doppelkorngruppen.

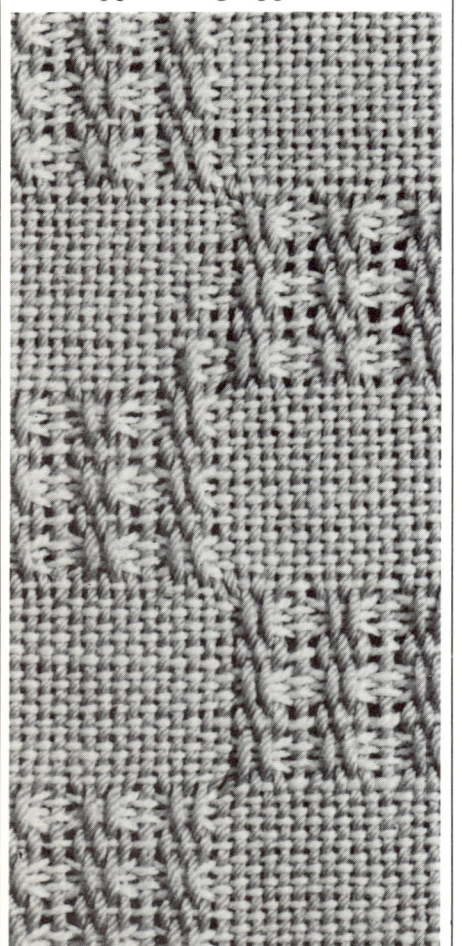

Gerstenkorn-bindung mit Waffelstruktur

Wie bei der Gerstenkornbindung mit Doppelkorngruppen haben wir auch hier Doppelkorn – nur daß jedes Doppelkorn von einer kleinen leinenbindigen Fläche gefolgt wird. So entsteht eine wellige, waffelartige Struktur. An dieser Bindung sieht man, woher der Name »Gerstenkorn« kommen muß: sicher daher, daß die einzelnen Musterelemente sehr klein sind.

Wieder haben wir zwei Fadensysteme, Kette und Schuß. Das Muster entsteht durch kurze, parallel laufende Flottungen auf leinenbindigem Grund. Doppelkorn- und leinenbindige Flächen wechseln sich ab. Die Flottung erscheint auf einer Seite in der Kette, und auf der anderen Gewebeseite im Schuß.

Nach dem Einzugsplan ist jeder zweite Kettfaden in Schaft 1 eingezogen. Jeder weitere Schaft trägt die Kettfäden für je ein Musterelement. Bei vier Schäften können drei Musterfolgen gewebt werden.

Der Tretfolgeplan entspricht dem Einzugsplan. Für jeden zweiten Schußeintrag wird Tritt 5, der mit mehreren Schäften verschnürt ist, für die Leinenbindung betätigt. Gewebe mit dieser Bindung sind vielseitig verwendbar. Am besten kommt sie zur Geltung, wenn sie mit Zwirn gewebt wird.

Gerstenkorn-Gewebe mit Waffelstruktur. Die »Gerstenkörner« können als durchgängiges Muster oder auch nur vereinzelt an bestimmten Stellen gewebt werden.

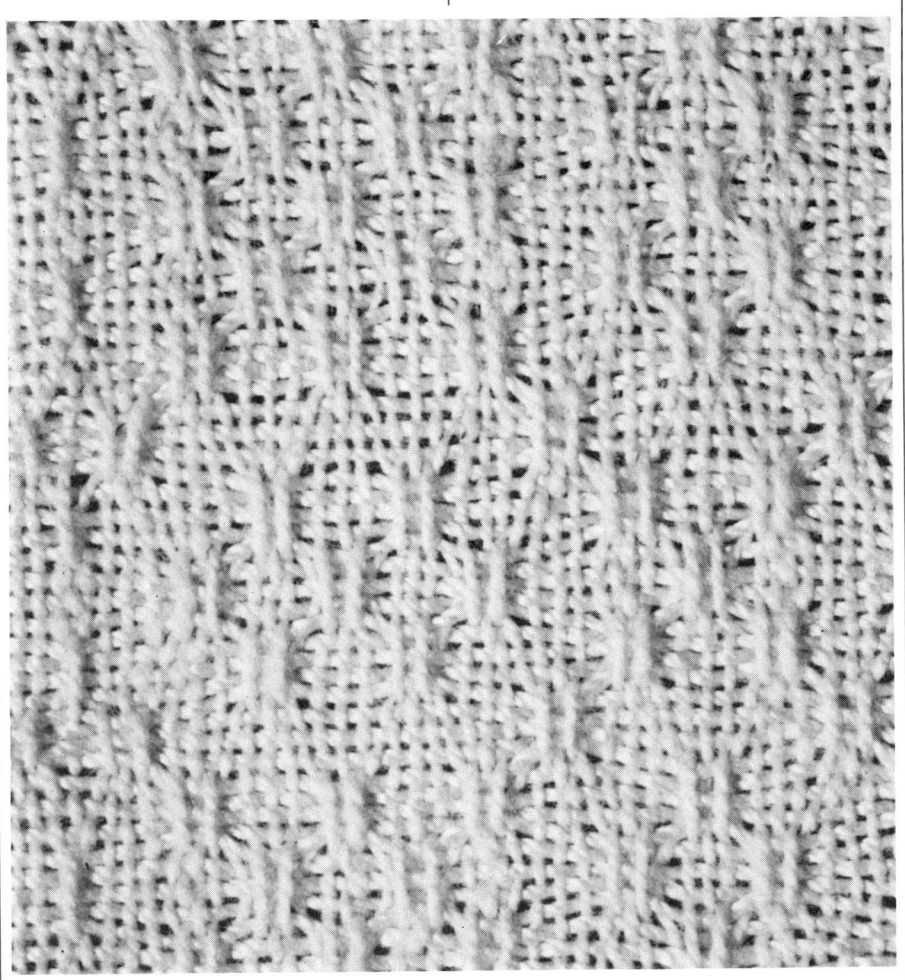

1 2 3 4 5

Patrone einer Gerstenkornbindung
mit Waffelstruktur.

7 Einfache Abwandlungen der Leinenbindung

Karierter Polsterstoff.
Gleiche Farbzusammenstellung
in Kette und Schuß.

Die Leinenbindung läßt der Phantasie unbegrenzten Spielraum. Einfache Abwandlungen im Einzug oder beim Weben, sowie die Verwendung verschiedener Fasern und Farben lassen die Variationen der Leinenbindung endlos scheinen. Die Leinenbindung kann ebenso gut auf einem zweischäftigen wie auf einem vierschäftigen Webstuhl gewebt werden. Viele der hier vorgestellten Variationen und Techniken können auch auf einem Webrahmen ohne fachbildende Einrichtung gewebt werden.

Decke aus weichem, im Schuß flauschigem Wollgarn.

Am wenigsten kompliziert ist sicher die Verwendung verschiedener Farben in Kette und Schuß. Bei einer zwei- oder mehrfarbigen Kette und einem einfarbigen Schuß entsteht ein Gewebe mit Längsstreifen. Wenn man die gleichen Farbkombinationen für Kette und Schuß nimmt, erhält man ein Tuch mit Schottenkaro- oder Schachbrettmuster. Querstreifen entstehen durch eine einfarbige Kette und einen mehrfarbigen Schuß.
Wieder ganz anders wirken diese einfachen Abwandlungen, wenn man Effektzwirne oder texturierte Garne verwendet.

Beim Entwurf Ihrer Gewebe sollten Sie sich allerdings vor übertriebenen Farb- und Faserkombinationen hüten und nicht zu viele Farben und Qualitäten auf einmal einbringen. Beschränken Sie sich bei der Verwendung von Effektzwirnen u. ä. entweder auf Kette oder Schuß und auf eine Farbe. Es empfiehlt sich, gleiche Farbtöne zu nehmen. Die Farbe wirkt auf der Garnspule ganz anders, als sie nachher in der Kombination mit einer anderen Farbe im Gewebe herauskommt. Wenn man für Kette und Schuß zu viele Farben nimmt, flimmert das Gewebe und die Struktur verschwimmt. Als Regel könnte man sagen, daß eine Farbe oder Garnsorte dominieren sollte.

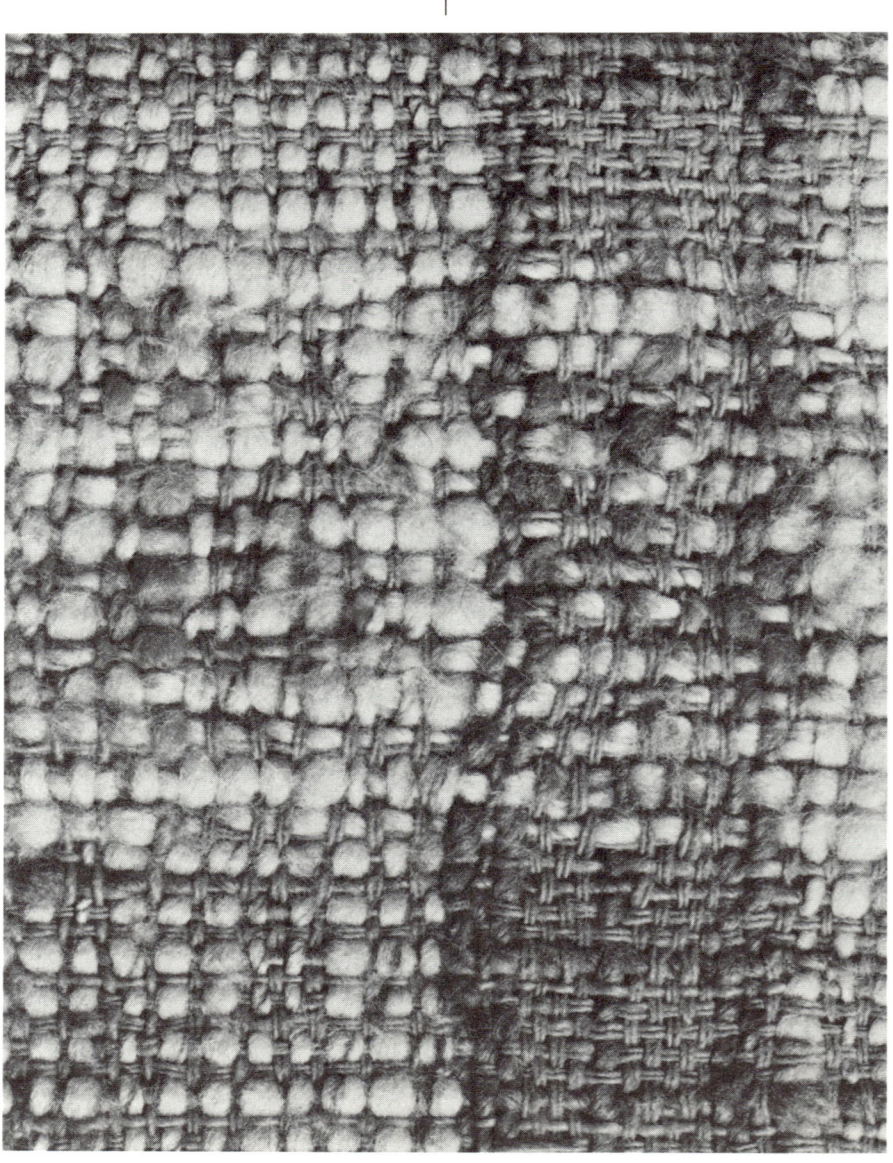

Panamabindung

Die Panamabindung ist von der Leinenbindung abgeleitet. Charakteristisch für die Panamabindung ist der doppelte oder mehrfache Kett- und Schußfaden. Das entstehende Gewebe ist locker, aber ideal für Kleiderstoff.

Ripsbindungen

»Rips« bezieht sich auf Bindungen, die einen Rippeneffekt hervorbringen, entweder Quer- oder Längsrippen. Bei sehr hoher Kettfadendichte wird der Schuß von der Kette überdeckt, wodurch Querrippen im Gewebe entstehen – wir erhalten einen Quer- oder Kettrips. Bei wesentlich höherer Schußfadendichte verdeckt der Schuß die Kette und es entstehen Längsrippen im Gewebe – das ist dann ein Längs- oder Schußrips.

Patrone der Panamabindung.
A. Einzugs- und Verschnürungsplan für zwei Schäfte.
B. Einzugs- und Verschnürungsplan für vier Schäfte.
C. Tretfolgeplan für zwei oder vier Schäfte.

Zwei Schäfte

Vier Schäfte

Panama-Gewebe.

113

Kettripsbindungen

Kettripsbindungen werden mit enger Ketteinteilung gewebt. Das Muster des Gewebes hängt ganz von der Kette ab. Die Farbkombination in der Kette bildet das Längsmuster des Gewebes. Als gutes Beispiel für Kettripsgewebe kann man auf dem Bandwebstuhl gewebte Bänder nehmen. Man kann selbst Würfelmuster und Wellenlinien weben, wenn man die einzelnen farbigen Kettfäden jeweils neu plaziert.

Entwerfen Sie Ihre eigenen Muster. Nur für den Anfang sollten Sie sich an den unten abgebildeten Einzugsplan halten, damit Sie das Farbprinzip verstehen. Wechseln Sie die Farben von einem Schaft zum andern wie es Ihnen gefällt. Traditionell sind die Muster beim Bandwebstuhl symmetrisch, aber das müssen sie nicht sein.

Für Kettripsgewebe muß man festes Garn verwenden. Die Kette ist so dicht gespannt, daß jedes Garn, das dazu neigt, aneinander zu haften, oder das durch das ständige Reiben im Webblatt reißt, unbrauchbar ist. Wenn Sie sich nicht sicher sind, wie sich ein bestimmtes Garn bei der Realisierung eines bestimmten Entwurfs verhalten wird, machen Sie ein schmales Webmuster, bevor Sie an die eigentliche Arbeit gehen.

Wenn jeder Kettfaden andersfarbig ist oder aus einer anderen Faser besteht, hat das fertige Gewebe zwei verschiedene Seiten. Die Farben für Kette und Schuß können sich auch abwechseln. Bei jedem Wechsel von einer Farbe zur anderen sind zwei Kettfäden oder zwei Einschüsse der gleichen Farbe nebeneinander.

Litze lose

■ Farbe 1   □ Farbe 2   ✕ Farbe 3   Mitte

Abb. oben:
Einzugsplan für dreifarbige Kettrips-Gewebe. Beim Bandwebstuhl sind die oberen Kettfäden in die Litzen eingezogen, die unteren dagegen bilden das zweite Fach und werden nicht eingezogen. Diese Patrone kann auch auf einem zwei- oder vierschäftigen Webstuhl gewebt werden.

Abb. rechts:
Traditionelle Streifen- und Würfelmuster, auf dem Bandwebstuhl gewebt.

Einzugs- und Verschnürungsplan
für Kettrips-Gewebe.
Die Rückseite sieht anders als
die Vorderseite aus.
A. Für zweischäftige Webstühle.
B. Für vierschäftige Webstühle.

Zwei Schäfte

A

Vier Schäfte

B

Einzugsplan, Verschnürungsplan
und Tretfolgeplan für Gewebe
mit alternierenden Farben in
Kette und Schuß.
A. Für zweischäftige Webstühle.
B. Für vierschäftige Webstühle.

Zwei Schäfte

A

Vier Schäfte

B

Gewebe mit alternierenden Farben
in Kette und Schuß.

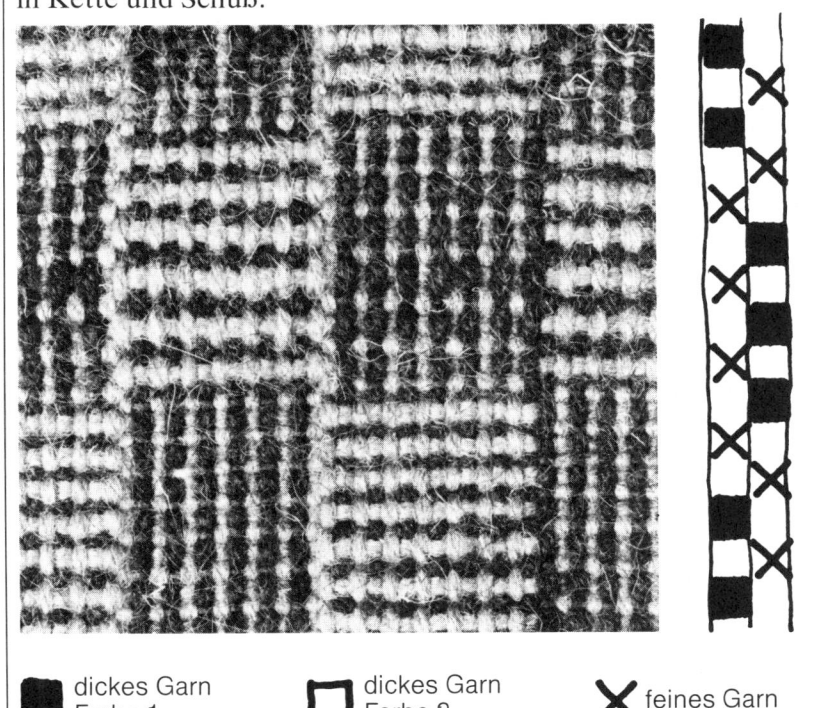

■ dickes Garn
Farbe 1

□ dickes Garn
Farbe 2

✗ feines Garn

Schußrips-bindungen

Schußripsbindungen werden bei weiter Ketteinteilung gewebt. Das Muster entsteht im Schuß. Hier haben wir einen großen Spielraum für farbige Muster. In einer Kette können sich verschiedenfarbige Fäden ständig abwechseln oder die eine Farbe die andere ganz ersetzen. Schußripsgewebe weben sich im Vergleich zu Kettripsgeweben sehr langsam. Das liegt daran, daß das Schußgarn dünner ist und außerdem zusammengeschoben wird, so daß man viel mehr Schußeinträge braucht, um eine bestimmte Fläche auszufüllen.

Bei Schußripsgeweben besteht die Kette aus dickem, festem, einfarbigem Garn. Die Kettdichte hängt von der Fülle des verwendeten Schußgarns ab. Aus diesem Grund ist es ratsam, eine Musterprobe zu weben, um festzustellen, ob das beabsichtigte Schußmaterial füllig genug ist, die Kette zu verdecken. Die hierfür am besten geeigneten Garne sind weich und schmiegsam.

Bei gleichmäßig gespreizter Kette und mit zwei verschiedenen Farben für den Schuß können Sie Quer- und Längsstreifen sowie Würfelmuster weben. Wenn man mehrere Einträge nacheinander in einer Farbe macht und dann zu einer anderen Farbe übergeht, gibt es Querstreifen. Bei Längsstreifen wechseln die Farben nach jedem Einschuß und mit jedem Fach. Würfel werden genauso gewebt wie die Längsstreifen, aber wenn ein Würfel fertig ist, tragen Sie zweimal hintereinander den Schuß in der gleichen Farbe, aber in verschiedene Fächer ein. Dieser Würfel wird bis zur gewünschten Größe gewebt, dann kommen wieder zwei Einträge in gleicher Farbe in alternierende Fächer, und darauf folgt wieder der gleiche Würfel wie am Anfang.

Einzugs- und Verschnürungsplan für Muster mit ungleich hohen und breiten Streifen, Würfeln und Blöcken im Schuß.
A. Für zweischäftige Webstühle.
B. Für vierschäftige Webstühle.
Die Tritte werden abwechselnd betätigt.

Zwei Schäfte

A

Vier Schäfte

B

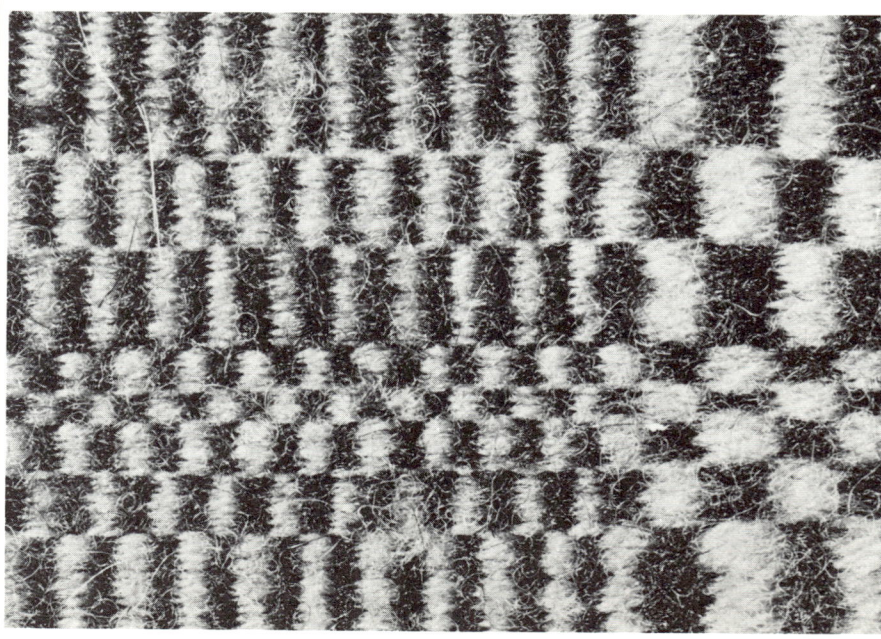

Schußrips –
Teppich mit unregelmäßigem Kettfadeneinzug.

Bei ungleich weiter Ketteinteilung können Sie Streifen und Würfel in verschiedenen Größen weben. Beim Weben wechseln die Farben wieder mit jedem Einschuß. Für einen Würfel tragen Sie zwei Einschüsse in der gleichen Farbe in zwei entgegengesetzte Fächer ein. Dann fahren Sie mit sich abwechselnden Farben wie oben fort, so oft Sie es wünschen. Schußripsgewebe eignen sich hervorragend zur Teppichherstellung, aber achten Sie darauf, daß das Schußgarn einer Teppichqualität entspricht. Bei diesen Geweben ist der Einarbeitungsquotient relativ hoch, deshalb muß der Schuß genügend locker eingetragen werden. Wenn Sie einen Teppich weben, sollten Sie an den Webkanten die Kettfäden doppelt nehmen, so daß ein fester Rand entsteht.

Hirtentasche
aus schußripsbindigem Tuch,
auf dem Webrahmen gewebt.
Das Muster im Schuß
weist waagerechte und senkrechte
Streifen und Würfel auf.
Von Bonny Schmid-Burleson.

Variationen beim Einziehen der Kette

Interessante Effekte lassen sich erzielen, wenn man beim Einstechen der Kettfäden ins Webblatt Zwischenräume läßt. Ein hauchdünnes Gewebe in der Art von Fensterstores ist ganz leicht zu machen: Leinenbindung auf zwei oder vier Schäften und unregelmäßiger Einzug in die Riete des Webblatts – das ist alles. Verschieden starke Garne in gleichem Farbton wirken dabei sehr hübsch. Die Kette wird wie üblich geschoren und nach dem Einzugsplan der Leinenbindung in die Litzen eingezogen. Ins Webblatt sticht man sie dann so ein, daß man entweder einige Riete überspringt oder, je nach Ihrem Entwurf, ein oder mehr Kettfäden in ein Riet einsticht.

Um zu verhindern, daß sich die Kettfäden beim Abnehmen vom Webstuhl zusammenziehen und die Zwischenräume sich schließen, fädelt man zusätzlich ein paar dünne Fäden am Rand der Zwischenräume ein und webt sie mit ein. Die dünnen Fäden werden entsprechend der Patrone eingezogen, aber sie gehen zusammen durch ein Riet im Webblatt.

Einen Vorhang mit verwebten und unverwebten Streifen kann man dadurch erstellen, daß man die Kette in Streifen auf den Webstuhl spannt. Die Schußfäden, die diese freien Stellen in der Kette kreuzen, hängen nachher locker nach unten durch, was sehr reizvoll aussieht. Die festen Streifen müssen aber in Leinenbindung gewebt werden, wenn man verhindern will, daß die Kettfäden sich verschieben. Wenn Sie natürlich Streifen mit eher unklaren Konturen wollen, nehmen Sie keine Leinenbindung.

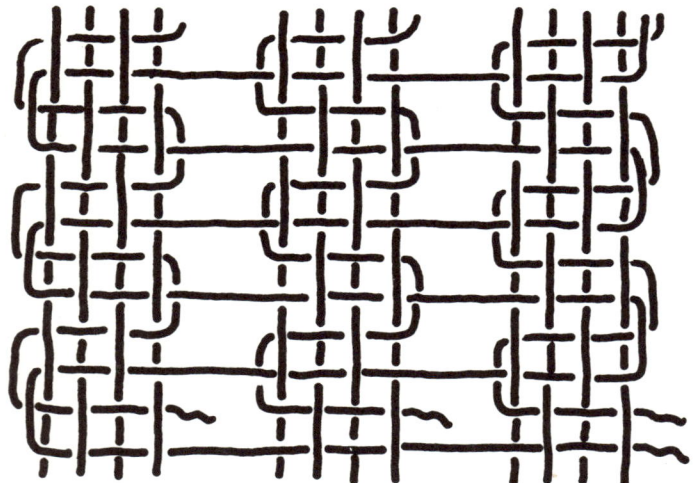

Abb. links:
So webt man den Store von S. 119. Die Leinenbindung verhindert, daß sich die Kettfäden verschieben.

Abb. unten:
Einzugsplan für ein Gewebe mit unregelmäßigem Einzug ins Webblatt. Bei A und B werden beim Blattstechen Riete übersprungen.

A B

■ Kette   ✗ feines Garn

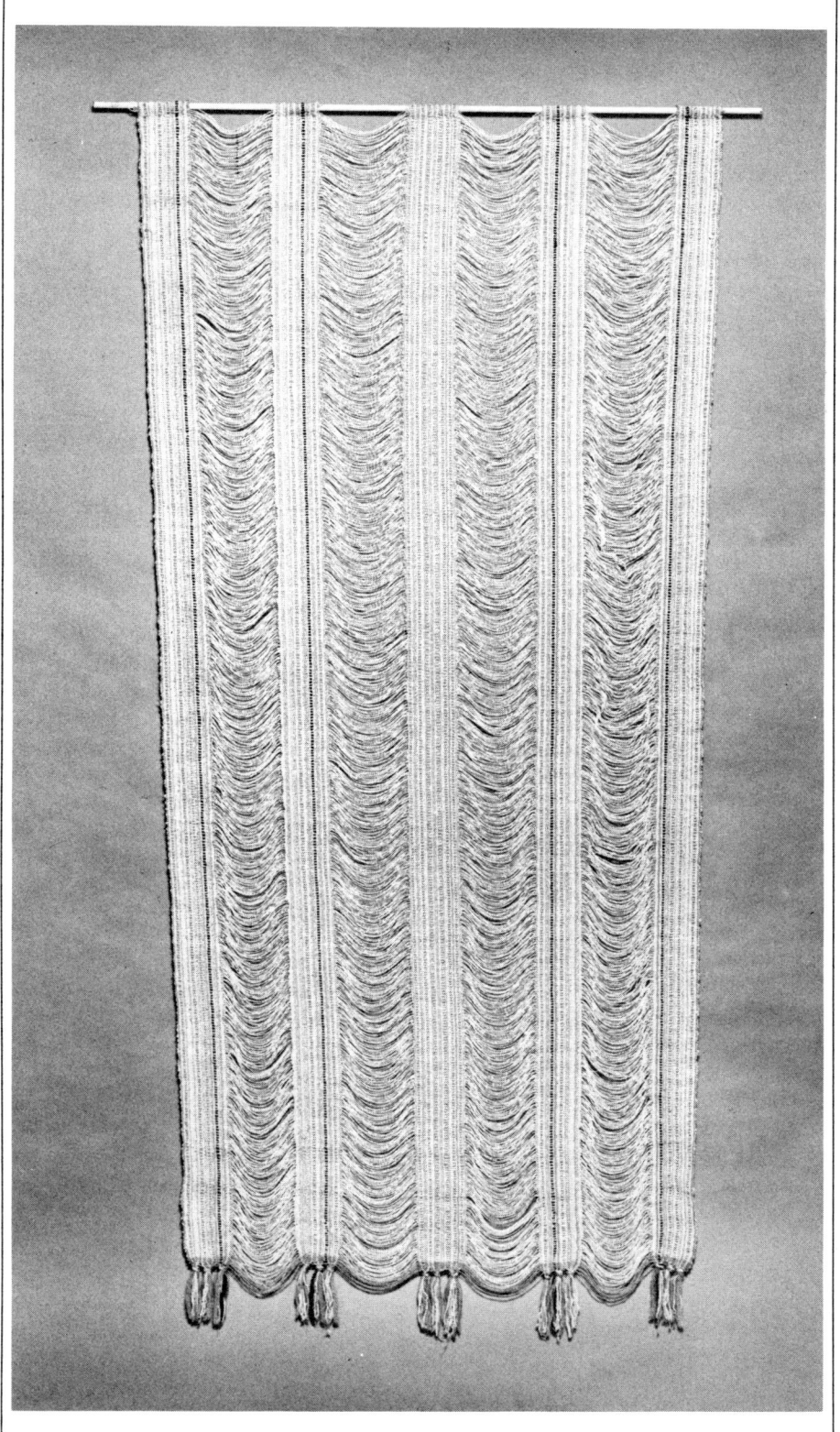

Store mit streifigem Kettfäden-
einzug und durchgängigem Schuß.

Variationen beim Weben

Die Kettfäden können in bestimmten Abständen zusammengenommen und abgebunden werden. Auf diese Weise gewobene Raumteiler oder Türvorhänge sind sehr wirkungsvoll. Sie sind dekorativ und je nach Entwurf lichtdurchlässig oder nicht.

Vielleicht wollen Sie für dekorative Wandbehänge nur bestimmte Stellen in der Kette verweben. In diesem Fall geht der Schußfaden nicht über die ganze Breite der Kette von einer Webkante zur anderen. An den Stellen, wo die Kette mit dem Schuß verwoben ist, wird sie stärker gespannt, da die Kettfäden sich bei der Verkreuzung mit den Schußfäden verkürzen. Dagegen werden die unverwebten Kettfäden dann locker und schwierig zu handhaben. Um dieses Problem zu bewältigen, webt man am besten Streifen aus weichem Stoff oder weichem Papier an diesen Stellen mit ein. Dadurch bleibt die Kettenspannung überall gleich groß. Nach dem Abnehmen des fertigen Gewebes vom Webstuhl können die Stoff- und Papierstreifen dann leicht herausgezogen werden.

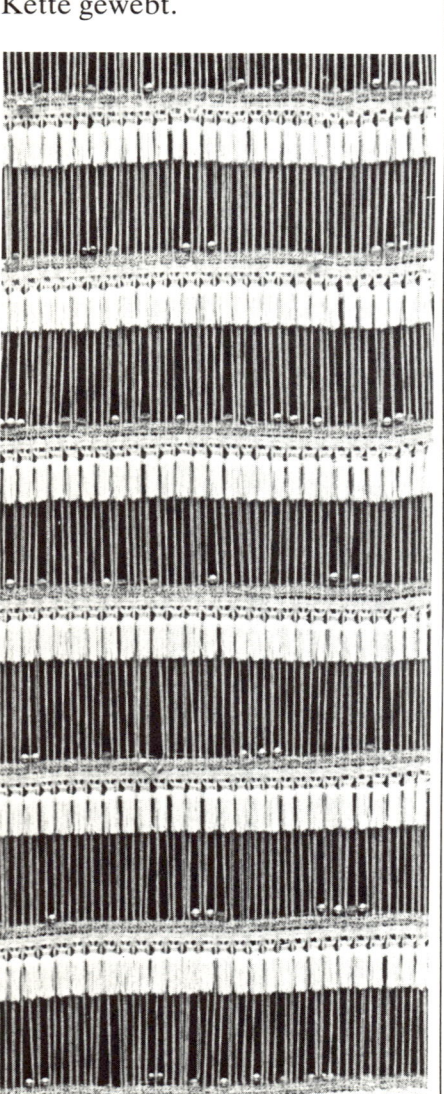

»Fransen«,
Wandbehang von Irene Waller.
Fransenborte, Glasperlen
und andere Borten
sind in gewissen Abständen
in die ansonsten offenliegende
Kette gewebt.

Abb. unten:
Fensterblende oder Raumteiler,
in dem die Kettfäden an manchen
Stellen verwebt, an anderen lose
und an weiteren Stellen zusammengenommen und abgebunden
(gerafft) sind.

»Jakobs Leiter«,
gewebter Wandbehang
mit stellenweise
freiliegender Kette.

8 Handgefertigte Bindungsarten

Kleiner, auf dem Webrahmen
erstellter Wandbehang
mit handgefertigten Bindungsarten.

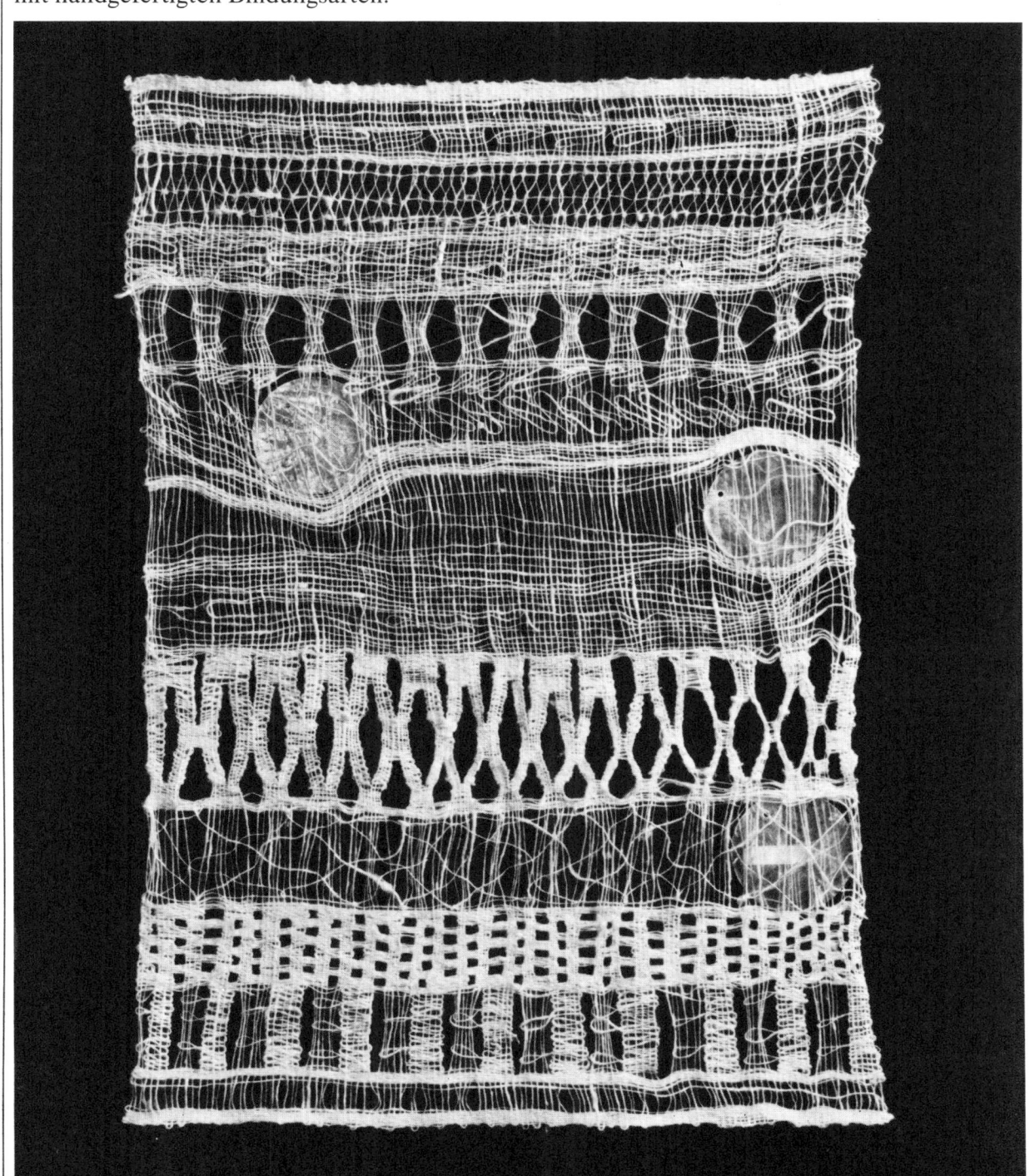

Die handgefertigten Bindungsarten kann man unter dem Begriff
»freies Weben« zusammenfassen.
Man kann sie auf Webrahmen
ohne fächerbildende Einrichtung
weben, oder auch auf zwei- oder
vierschäftigen Webstühlen bei
einem Einzug in Leinenbindung.
Das Muster entsteht von Hand
und wird mit zu Puscheln oder auf
Spulen gewickeltem Garn gewebt.
Zusätzlich können Sie auch ein
Weberschiffchen gebrauchen,
wenn das Garn manchmal durch
das ganze Fach geschossen wird.
Die auf dem Webstuhl aufge-
spannten Kettfäden können
miteinander verdreht, abgebunden, umwickelt und gruppiert
werden, so daß offene oder
dichtere Stellen entstehen. Viele
der hier beschriebenen Techniken
sind lange Zeit nur bei einzelnen
Völkern verbreitet gewesen. Sie
müssen nur dem Grundprinzip
folgen und können die Methoden
so abwandeln, daß Sie genau den
Effekt erzielen, den Sie sich
vorstellen. Da die Fäden von
Hand eingezogen werden, ist
das Endresultat jeweils ganz
individuell und persönlich.

Durchbrochene Gewebe

Im allgemeinen sind die durchbrochenen, offenen Gewebe dann
am wirkungsvollsten, wenn man
gleichfarbiges Garn für Kette und
Schuß nimmt und sich bei der
Auswahl der Garnsorten be-
schränkt. Der Reiz dieser Bindungen kommt nicht zur vollen
Geltung, wenn zu viele Elemente,
wie Farbe, Faser und Bindung,
die Aufmerksamkeit auf sich
ziehen.
Handgefertigte offene Gewebe
sehen ganz anders aus als
mechanisch gefertigte. Hier
haben Sie viel mehr Freiheit und
Variationsmöglichkeiten. In
einem einzigen Gewebe kann
man mehrere Bindungstechniken
kombinieren und so faszinierende
Wirkungen hervorrufen.
Diese durchbrochenen Gewebe
werden bei einem Einzug in
Leinenbindung gewebt und
können auf Webrahmen mit oder
ohne fachbildende Einrichtung
erstellt werden.

Halbdreherbindung
bei geschlossenem Fach.
Zwei Kettfäden werden jeweils
miteinander verdreht.

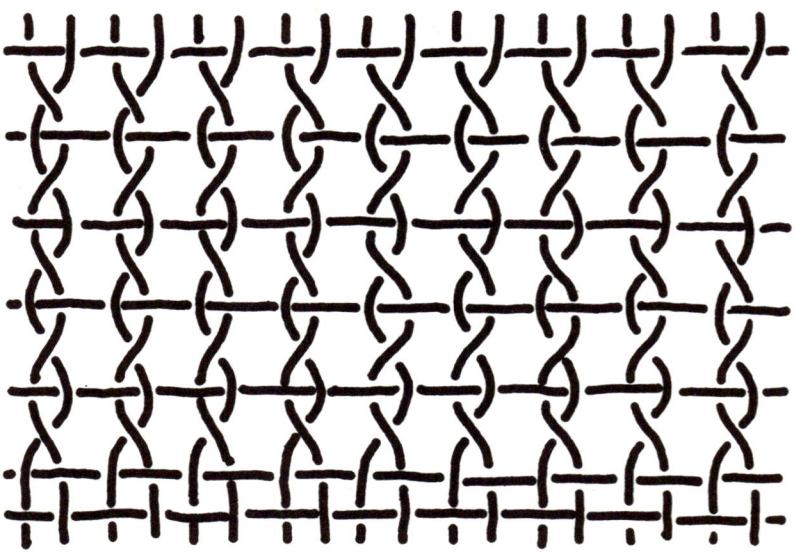

Dreherbindungen

Das sind Bindungen, bei denen zwei oder mehr Kettfäden in einer halben oder ganzen Drehung miteinander verdreht werden. Man unterscheidet sie nach Art der Drehung, aber im Prinzip ergeben alle die gleiche Wirkung. Für die Dreherbindungen brauchen Sie einen Einlesestab (einen schmalen, flachen Stab mit einem spitz zulaufenden Ende) und einen schmalen Handschützen. Ein einfacher Stab oder eine Webnadel können auch verwendet werden.

Sie können bei geöffnetem und geschlossenem Fach arbeiten, das Ergebnis ist allerdings jeweils etwas anders. Bei allen handgefertigten Durchbruchbindungen beginnt man mit einem Kopfstück in Leinenbindung.

Weben der Halbdreherbindung bei geschlossenem Fach:

1. An der rechten Seite der Kette beginnend ziehen Sie mit den Fingern den ersten Kettfaden über den zweiten. Am Kreuzungspunkt stecken Sie den Einlesestab zwischen die beiden Fäden. Fahren Sie fort, die Kettfäden so zu überkreuzen und den Einlesestab in das Kreuz zu schieben, bis jeder zweite Kettfaden auf dem Einlesestab liegt.

2. Drehen Sie den Einlesestab auf die Kante und führen Sie den Schützen mit dem Schußfaden durch diese Öffnung.

3. Ziehen Sie nun den Einlesestab heraus und schlagen Sie den Einschuß leicht an. Er liegt nicht direkt am vorhergehenden Schußfaden an.

Nun können Sie mehrere Reihen in Leinenbindung folgen lassen, oder Sie machen noch einen Eintrag wie oben, nur daß Sie dieses Mal von links nach rechts vorgehen. Sie können die gleichen Kettfäden wieder miteinander verdrehen, oder aber dieses Mal andere Kettfäden zusammennehmen. Sie erhalten dann ein netzartiges Muster.

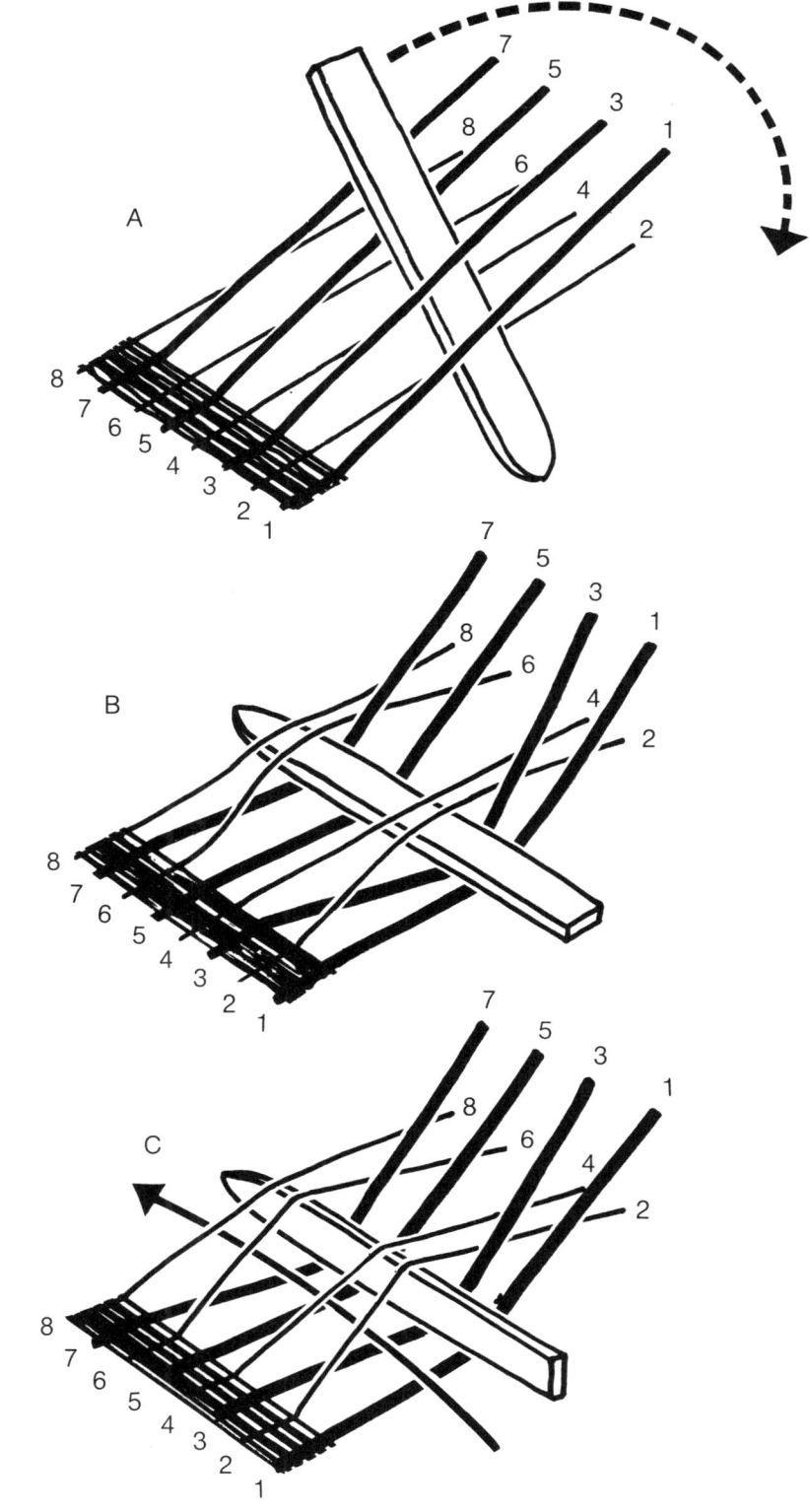

Dreherbindung bei geöffnetem Fach.
A. Einlesestab einstechen und zwei Kettfäden zusammen aus dem unteren Fach nach oben bringen.
B. Die Kettfäden, die im offenen Fach unten sind, liegen auf dem Einlesestab.
C. Stab aufstellen und Schuß eintragen.

Weben der Halbdreherbindung bei geöffnetem Fach:

1. Der Einzug ist für Leinenbindung. Öffnen Sie das Fach, das den ersten Kettfaden auf der rechten Webkante nach oben bringt.
2. Stecken Sie den Einlesestab rechts von oben aus zwischen den dritten und fünften Kettfaden. Nehmen Sie den zweiten und vierten Kettfaden, die unten liegen, gleichzeitig auf und bringen Sie sie mit dem Einlesestab nach oben.
3. Fahren Sie damit über die ganze Breite der Kette fort.
4. Stellen Sie den Einlesestab seitlich auf und tragen Sie den Schußfaden ein, genau wie bei der Dreherbindung mit geschlossenem Fach.

Wenn Sie mit dem Fach beginnen, bei welchem der erste Kettfaden gehoben ist, sind jeweils zwei unverdrehte Kettfäden zwischen jedem gedrehten Paar. Dafür ist die Drehung doppelt, nämlich unterhalb und oberhalb des Schußfadens.

Wenn Sie mit dem Fach beginnen, bei welchem der erste Kettfaden unten liegt, verdrehen sich alle Kettfäden und das Ergebnis gleicht mehr dem der Dreherbindung bei geschlossenem Fach. Beim zweiten Schußeintrag, der ins entgegengesetzte Fach erfolgt, drehen sich die Fäden nur in die andere Richtung, und dafür müssen die Kettfäden nicht extra aufgenommen werden. Wenn mehrere solcher Reihen aufeinander folgen, brauchen Sie die Kettfäden also nur dann mit dem Einlesestab hochnehmen, wenn der Schuß von rechts eingetragen wird. Nach jedem Schußeintrag müssen Sie natürlich ein neues Fach öffnen.

Alle Dreherbindungen können dadurch abgewandelt werden, daß statt zwei vier oder mehr Kettfäden miteinander verdreht werden. Man kann nach jeder Reihe oder nach mehreren Reihen in Dreherbindung ein paar Reihen in Leinenbindung weben.

Wenn Sie sich an die hier gegebene Anleitung halten, sehen Ihre Ergebnisse wie in den Abbildungen aus. Schon wenn Sie nur ganz minimal variieren, erhalten Sie andersartige, aber ähnlich faszinierende Muster.

Dreherbindung bei geöffnetem Fach, wobei der erste Kettfaden im offenen Fach oben ist. Zwischen zwei geraden Kettfäden sind zwei verdrehte Kettfäden.

Dreherbindung bei geöffnetem
Fach, wenn der erste Kettfaden
im offenen Fach unten ist.

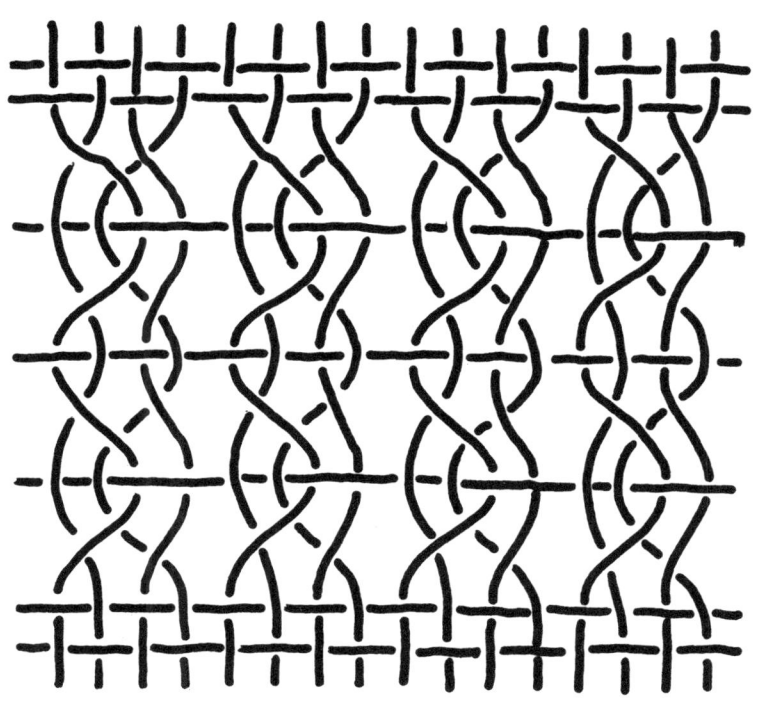

Dreherbindung
mit mehreren Kettfäden.

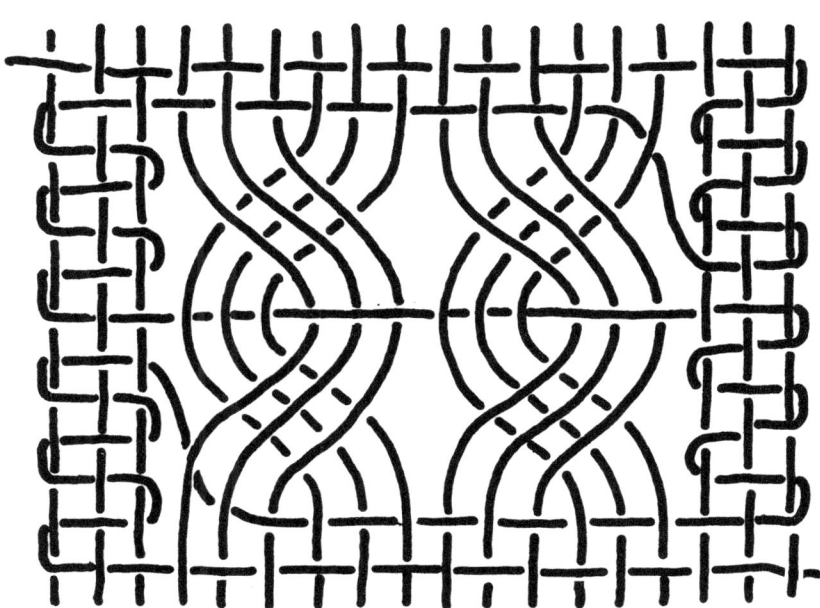

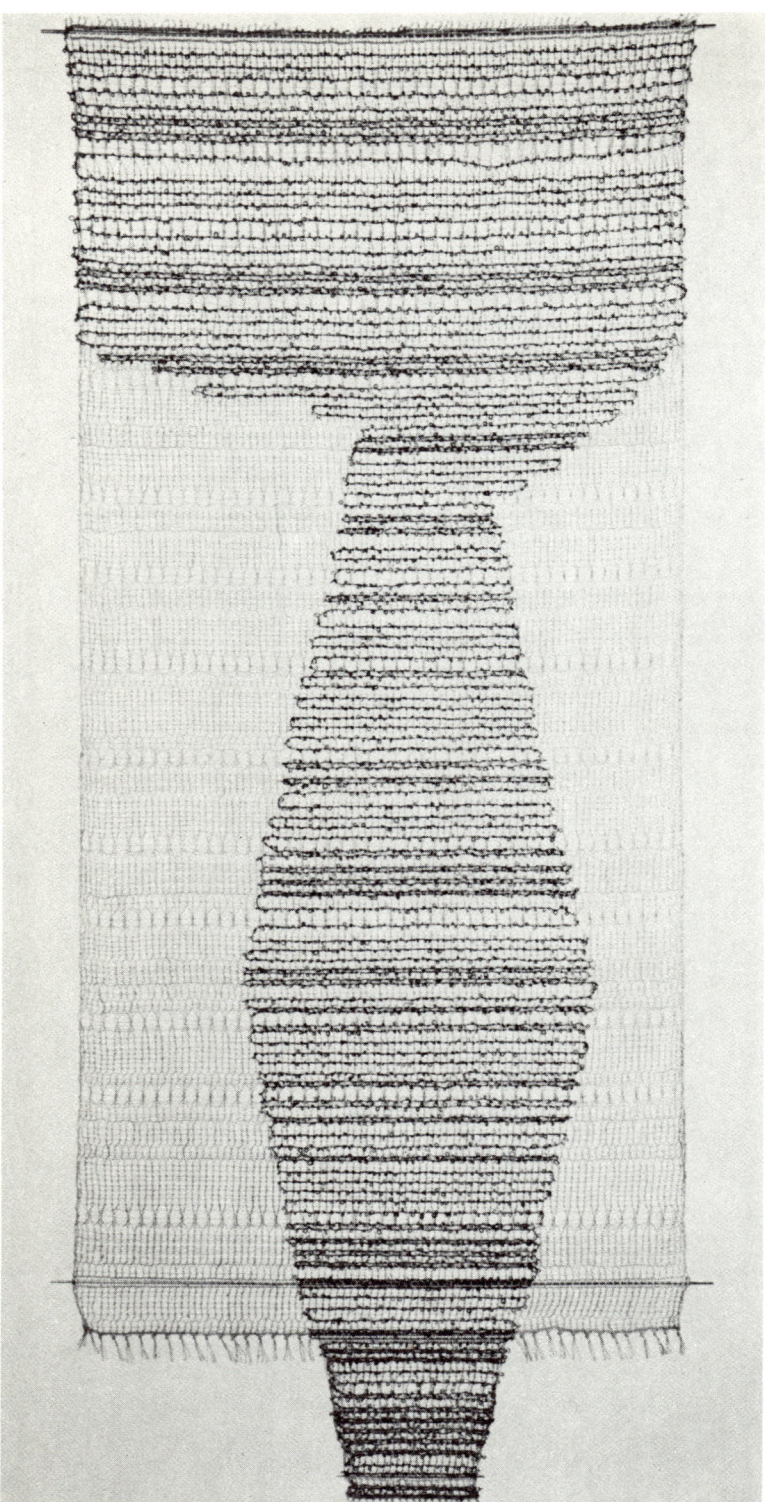

Dekoratives Gewebe in Dreherbindung,
von Terry Illes.
Leinengarn und schwarzes Schleifen-Mohair.

Spanische Spitze

Mit dieser Technik erhält man offene Stellen in leinenbindigen Geweben. Man muß sich nur an ein paar fundamentale Schritte halten, die Variationsmöglichkeiten sind endlos.

1. Nach einem Kopfstück in Leinenbindung weben Sie, beginnend am rechten Rand, eine ungerade Zahl von Reihen über ein paar Kettfäden in Leinenbindung, also nicht über die ganze Kettbreite. Die Einschüsse werden etwas fester als gewöhnlich angezogen. Angeschlagen wird mit einem Kamm oder einer Gabel. Ob Sie fest oder eher schwach anschlagen, bleibt Ihnen überlassen.

2. Nach der ungeraden Zahl von Reihen hängt der Schußfaden links am verwebten Stück. Führen Sie ihn nun zur nächsten Gruppe von Kettfäden und weben Sie wie unter Punkt 1.

Der Schußfaden, der zwischen den jeweiligen Partien liegt, ist Teil des Musters. Mögliche Abwandlungen wären, die Reihen abwechselnd in jeweils umgekehrter Richtung zu weben, oder die Gruppen von Kettfäden nach jeder Reihe zu teilen und neu zu gruppieren, oder die Zahl der Kettfäden für jede Gruppe unterschiedlich festzulegen.

Sie können nach jeder oder erst nach mehreren Reihen normal in Leinenbindung weben. Von der Zahl der Schußfäden, die in einer Gruppe aufeinander folgen, und von der Art, wie die Kettfäden jeder Gruppe zusammengezogen sind, hängt es ab, wie das Muster aussieht.

Spanische Spitze.

Abwandlung der Spanischen Spitze.

Raffschlingentechnik I.

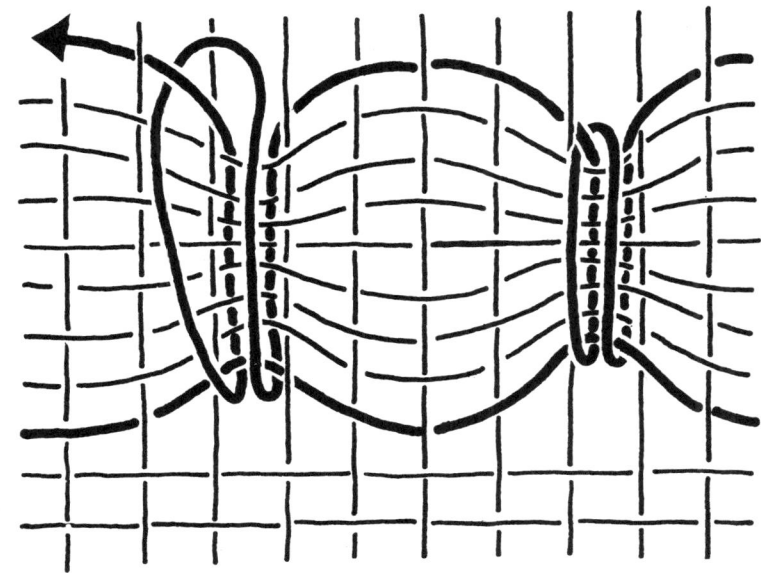

Raffschlingen-technik I

Bei dieser Technik malt und formt ein zweiter Schußfaden ovale und runde Musterelemente im Gewebe. Das Muster kommt besonders gut zur Geltung, wenn man dickes und dünnes Garn im Schuß kombiniert.

Für diese Technik brauchen wir eine Häkelnadel und zwei Schützen: einen für das dünne, und einen für das dicke Schuß-garn.

1. Mit dem dünnen Garn webt man das Kopfstück in Leinen-bindung.

2. Von links nach rechts folgt ein Einschuß mit dickem Garn.

3. Dann werden mit dem dünnen Garn mindestens 2,5 cm in Leinenbindung gewebt.

4. In das folgende Fach trägt man das dicke Schußgarn ein, führt aber den Schützen schon nach einigen Kettfäden aus dem Fach heraus nach oben.

5. Für das erste Musterelement zieht man mit der Häkelnadel eine Schlinge vom zweiten Schuß-eintrag in dickem Garn unter den leinenbindigen Reihen durch und um den ersten Einschuß in dickem Garn herum nach oben.

6. Wo sich der zweite Schußfaden und die Schlinge wieder kreuzen, fahren Sie mit dem Schützen durch diese Schlinge und ziehen Sie so fest an, wie es Ihnen ge-fällt.

7. Dann wird der dicke Schuß-faden im gleichen Fach mit einigen weiteren Kettfäden verwebt und die Schritte 4 bis 7 wiederholt, bis Sie zum linken Rand kommen. Die Ovale bzw. Kreise können ganz beliebig klein oder groß sein. Berücksichtigen Sie nur die Wir-kung, die Sie erzielen wollen, und das Garn, mit dem Sie arbeiten.

Raffschlingentechnik II

Das ist die einfachste aller handgefertigten durchbrochenen Bindungen. Die Kettfäden werden zu Gruppen zusammengefaßt und abgebunden, was bei geöffnetem Fach vorgenommen wird. Man kann alle Kettfäden gruppieren und abbinden, oder nur die, die durch das Fach gehoben sind.

Raffschlingengewebe.

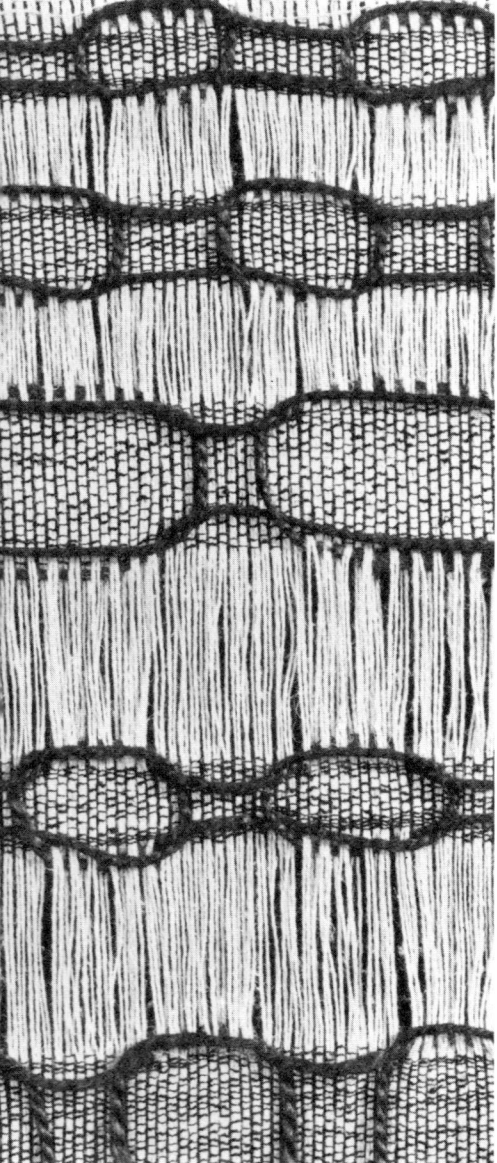

1. Weben Sie ein Kopfstück in Leinenbindung.
2. Beim nächsten Fach führen Sie den Schützen durch die erste Gruppe von Kettfäden (Leinenbindung).
3. Bringen Sie den Schützen aus dem Fach heraus nach oben und schlingen Sie den Faden ganz um diese Gruppe von Kettfäden herum.
4. Stecken Sie den Schützen durch die Schlinge, die entstanden ist, als der Schußfaden aus dem Fach herausgeführt wurde.
5. Ziehen Sie diesen Knoten fest an. Nehmen Sie nun die nächste Gruppe von Kettfäden und wiederholen Sie diesen Vorgang beliebig oft.

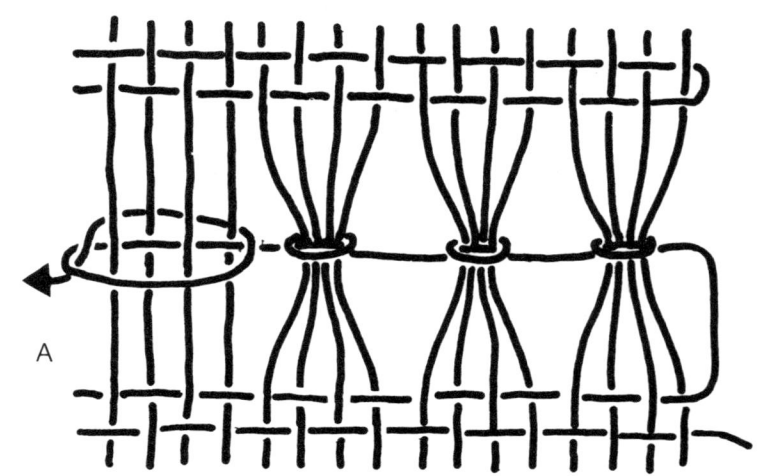

Raffschlingentechnik II.
A. Abbinden aller Kettfäden.

Wenn Sie nur die oberen Kettfäden aus dem Fach gruppieren und abbinden, vollziehen Sie dieselben Schritte. Dabei bleiben zwischen jeder Gruppe Kettfäden, die nicht abgebunden sind.
Diese von Hand eingetragenen Muster können jede Bindung verzieren. Nehmen Sie immer solches Garn und solche Variationen, die dem spezifischen Zweck Ihres Gewebes nicht entgegenstehen.

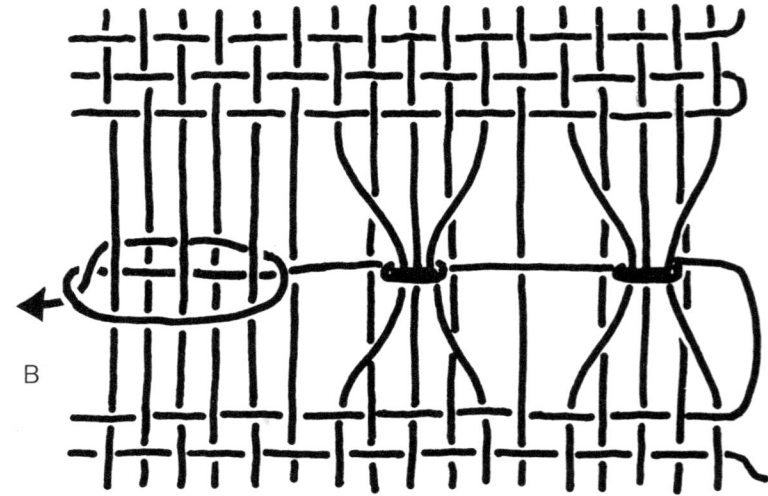

B. Abbinden nur der Kettfäden, die bei geöffnetem Fach oben sind.

Teppiche

Unter Teppichen versteht man verschiedenes. Ein Flicken- oder Allgäuer Teppich, der ja sehr einfach zu weben ist, gehört ebenso zu dieser Kategorie wie ein skandinavischer Rya-Teppich oder ein kunstvoller Gobelin, der Fingerfertigkeit und großes technisches Können verlangt. Man unterscheidet zwischen glatten und Florteppichen.

Zu den Florteppichen gehören je nach der Technik, mittels derer der Flor in die Kette eingebunden wird, geknüpfte und gewebte Teppiche.

Die glatten Teppiche werden nach Webart und Bindung unterschieden. Leinenbindung bei Flickenteppichen und Gobelins in Schußripsbindung gehören ebenso dazu wie besondere Bindungsarten, wie z. B. die Sumak-Flechtung. Die meisten glatten Teppiche sind Bildteppiche, und so unterscheidet man noch verschiedene Bildwebtechniken, je nach der Art, wie zwei aneinanderstoßende Farbflächen miteinander verbunden werden.

Die meisten glatten Teppiche sind schlicht und einfach leinenbindige Schußripsgewebe, so auch die Gobelins – die Wirkung beruht nur auf der Art der Führung des Schußfadens, der bildlichen Darstellung und der Farben.

Wandteppich,
von Pat Mog.
Auf dem Webrahmen
mit verschiedenen
Techniken gewebt.

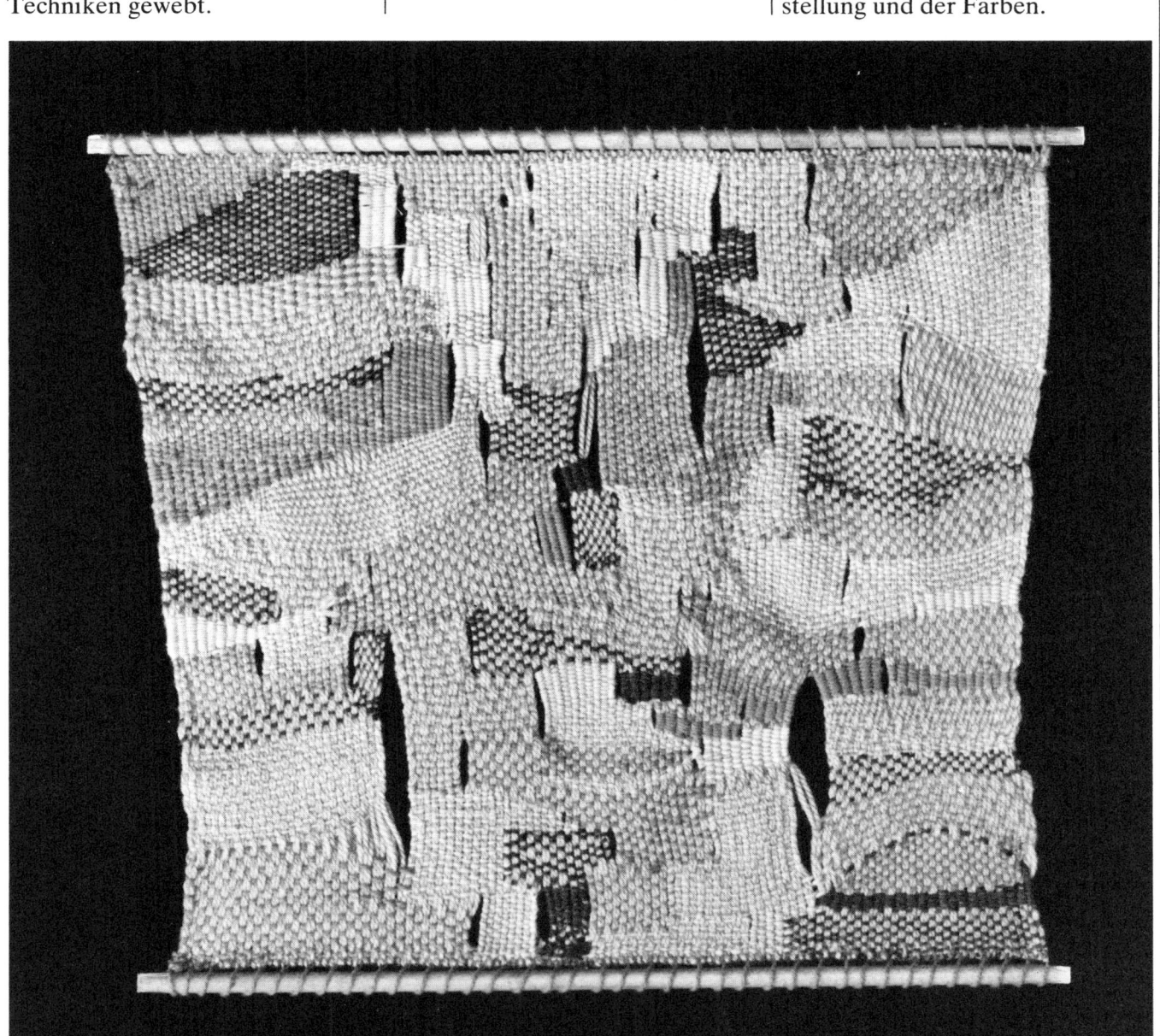

Teppiche kann man auf jeder Art Webstuhl weben. Ein senkrecht stehender Webstuhl (ein Hochwebstuhl) ist deswegen am besten, weil man während der Arbeit beide Gewebeseiten betrachten kann. Aber an sich eignet sich jeder Webstuhl oder Webrahmen mit oder ohne fachbildende Einrichtung zum Weben von Teppichen.

Für alle Teppiche braucht man festes, strapazierfähiges Kettgarn. Baumwolle oder Leinen geben eine hervorragende Kette ab. Je nach Garndicke kann man den Faden doppelt nehmen und als einen Kettfaden in die jeweiligen Litzen und Riete einziehen. Eingezogen wird nach dem Einzugsplan der Leinenbindung. Die Kette wird so in die Riete des Webblatts eingestochen, daß der Abstand zwischen den einzelnen Kettfäden minimal größer ist als das beabsichtigte Schußgarn dick ist.

Das Schußgarn verdeckt die Kette vollständig. Möglich sind alle Faserarten, aber das Garn sollte ziemlich weich sein, damit es sich leicht anschlagen läßt. Wolle eignet sich hierfür ausgezeichnet.

Sumak-Flechtung

Die Sumak-Flechtung, auch Sumak-Stich genannt, gehört zu den handgefertigten Bindungsarten. Der Schußfaden läuft hier nicht quer durch das Fach, sondern wird jeweils um einen oder mehrere Kettfäden in der Art eines Stiches oder Knotens geschlungen. Auf der einen Gewebeseite, die gewöhnlich als Vorderseite betrachtet wird, liegt der Schußfaden rechtwinklig zu den Kettfäden, auf der anderen Gewebeseite dagegen schräg zu den Kettfäden. Von einer Reihe zur anderen ändert sich dabei die Schrägrichtung: in einer Reihe läuft der Schußfaden immer wieder von rechts nach links, und in der nächsten umgekehrt von links nach rechts usw. Immer die gleiche Schrägrichtung bekommen Sie dann, wenn Sie jede Reihe vom gleichen Kettenrand aus beginnen. Diese handgearbeitete Bindung kann man ohne weiteres auch auf dem primitivsten Webrahmen weben, da eine Fachbildung nicht erforderlich ist. Mit dem Sumak-Stich können Sie mühelos jedes Muster weben.

Der Stich geht folgendermaßen: Den Schußfaden über einen Kettfaden legen, um diesen herum führen und wieder auf denselben Kettfaden legen. Mit dem nächsten Kettfaden wiederholen.

Bildwebtechniken in Leinenbindung

Die bekanntesten Bildgewebe sind Gobelins; von ihnen ist sicher jeder von uns beeindruckt. Worte wie kunstvoll, schwer, vielfarbig, bildhaft, charakterisieren sie nur unzureichend. Heute verstehen wir unter Gobelin eher eine Technik. »Freies Weben« wäre ebenfalls eine passende Bezeichnung dafür, denn es läßt dem Kunstweber vollkommene Freiheit beim Entwurf, verlangt aber von ihm vollendete Beherrschung seines Handwerks.

Früher wurden Gobelinteppiche so gewoben, daß der Weber während der Arbeit nur die linke Gewebeseite sehen konnte. Man wob sie auch quer auf dem Webstuhl. In diesem Fall hängt die Kette, wenn der Teppich aufgehängt wird, waagerecht. Manchmal wird dadurch das Durchhängen des Teppichs verhindert.

Bildteppiche werden mit einem Kettfadensystem gewoben. Der Schuß besteht aus verschiedenen Farben und/oder Garnsorten. Meistens wird die Kette nur partienweise bewebt. Jede Farbe wird nur an der Stelle eingewebt, wo sie für das Muster gebraucht wird. Jede Farbfläche entsteht durch einen fortlaufenden Schußfaden, der so lang hin- und hergeführt wird, bis diese Farbfläche abgeschlossen ist.

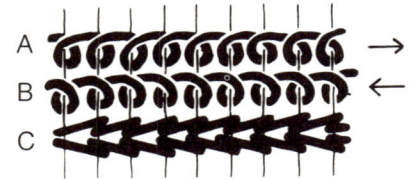

Sumak-Flechtung.
A. Von links nach rechts Schlingen um die Kettfäden legen.
B. Von rechts nach links.
C. Zwei Reihen Sumakstiche in Gegenrichtung, Anschlag wie für Bildwebtechniken.

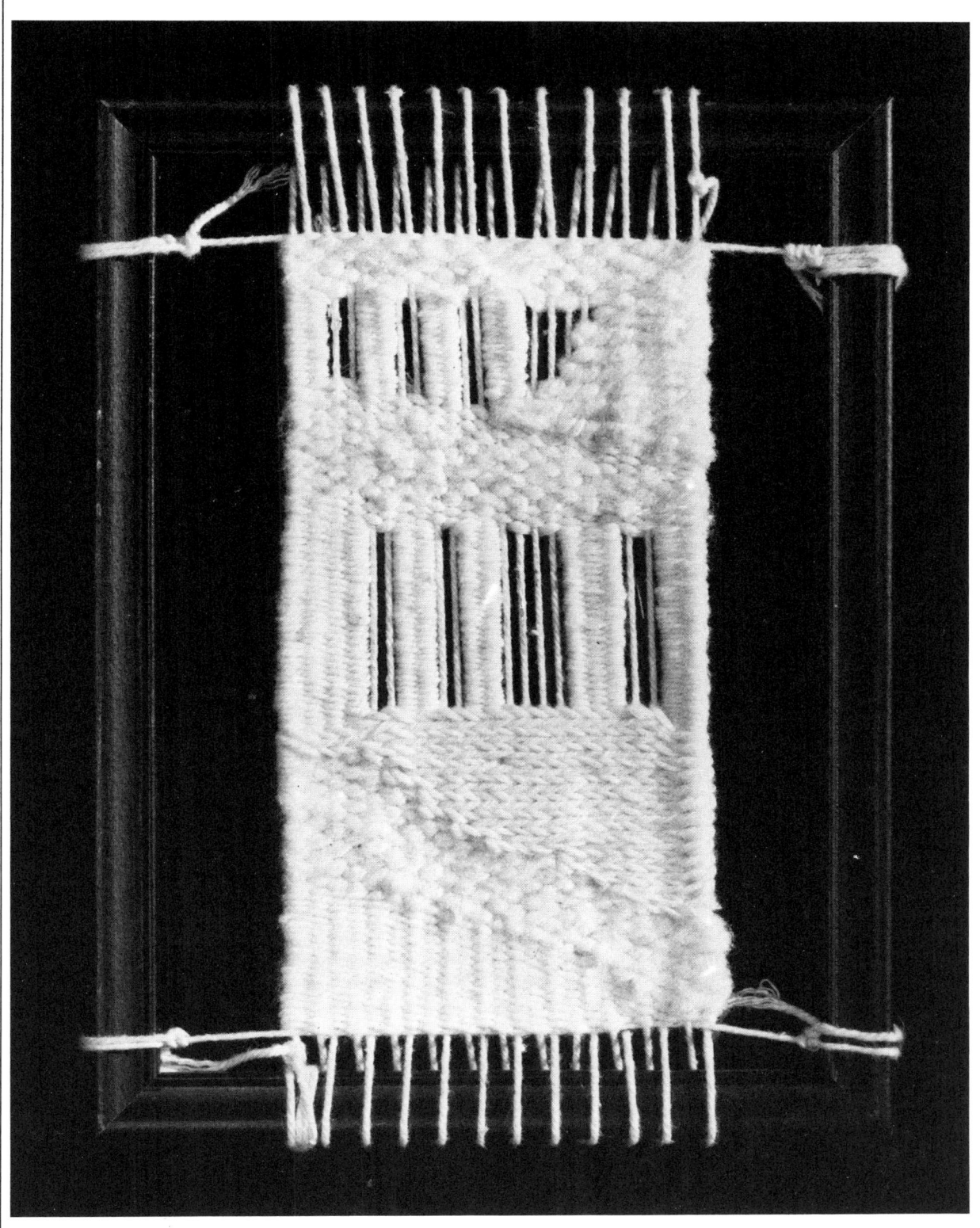

Probestück für einen glatten Teppich
mit Sumak-Flechtung,
auf einem einfachen Webrahmen gewebt.

Schlitz- oder Kelimtechnik

Kelims erfreuen sich neuerdings größter Beliebtheit, was sicher auch mit dem neuen Interesse an der Volkskunst zusammenhängt. Kelimtechnik und Gobelintechniken sind nicht sehr verschieden voneinander. Kelims sind Bildteppiche mit beidseitig gleichem Aussehen, vom Gobelin unterscheiden sie sich durch die Schlitze, die im Gewebe entstehen.

Bildteppiche werden mit verschiedenfarbigen Schußfäden gewebt. Wenn nun zwei Farbflächen senkrecht aneinander stoßen, können Sie die Schlitztechnik verwenden. An der Stelle, an der die Farbflächen anliegen, entsteht eine Öffnung bzw. ein Schlitz. Der senkrechte Schlitz hat klare Konturen und kann ein Element des Musters sein. Manchmal näht man die Ränder des Schlitzes auf der Rückseite unsichtbar zusammen. Der Schlitz kann beliebig lang sein.

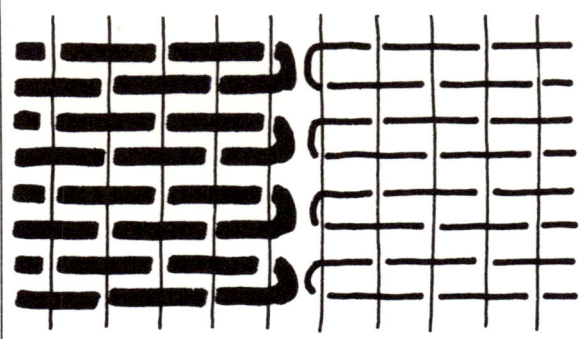

Schlitz- oder Kelimtechnik.

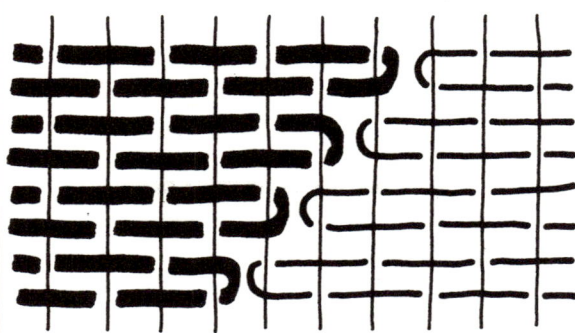

Schräge Umlegetechnik.

Dreifarbiges Muster
mit schräger Umlegetechnik.

Klassischer kleiner Kelim,
gewebt in Schweden.
Hier liegt er seitlich,
d. h., die Kette liegt quer.

135

Abb. links:
Glatter Wandteppich
mit bildlicher Darstellung,
von Katie Schmitt.

Der Schlitz entsteht dadurch, daß man die beiden verschiedenfarbigen Schußfäden von den beiden Seiten aus in das gleiche Fach einträgt und sie beide zwischen den gleichen Kettfäden aus der Kette hochführt. Dann öffnet man das neue Fach und führt die Schußfäden durch die Kette zurück zu der Seite, von der man ausgegangen ist.

»Schneeschmelze«,
Wandteppich von Sylvia Heyden
in Kelimtechnik.

Eine Abart dieser Technik, mit der man diagonal verlaufende Farbflächen erhält, ist, wenn die »Schlitze« (die dann keine mehr sind) in regelmäßigen Intervallen (also z. B. jeden zweiten, vierten usw. Einschuß) um ein oder mehr Kettfäden nach rechts oder links verlegt werden. Das könnte man schräge Umlegetechnik nennen.

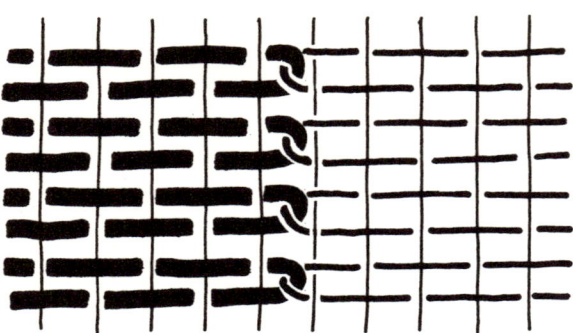

Einhängetechnik.

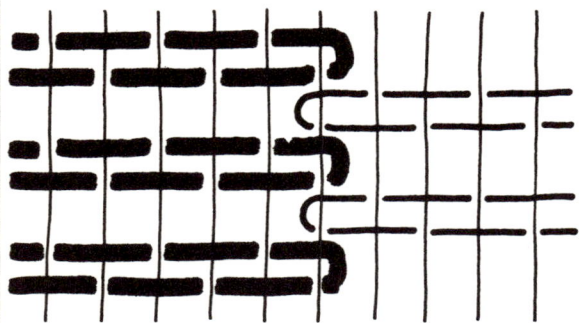

Umlegetechnik
um einen gemeinsamen Kettfaden.

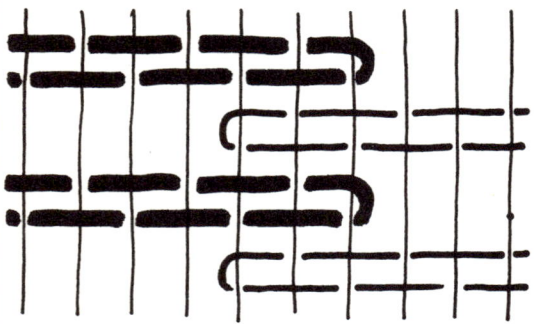

Schraffuren.

Schraffuren.

Einhängetechnik

Wenn man zwei Farbflächen verbunden weben will, wendet man die Einhängetechnik an. Man kann die Schußeinträge dadurch verbinden, daß man sie zwischen zwei Kettfäden ineinander einhängt (Einhängetechnik) oder die Schußfäden abwechselnd um denselben Kettfaden legt (Umlegetechnik). Man kann sie auch so miteinander verbinden, daß man sie abwechselnd um ein oder mehr Kettfäden legt (Schraffuren). Die Einhängetechnik wirkt wahrscheinlich am besten, auch wenn sie langsam zu arbeiten ist. Bei der (senkrechten) Umlegetechnik entsteht ein leichter Wulst zwischen den beiden Farbflächen, und bei den Schraffuren verwischt die Linie zwischen den beiden Farben etwas.

Zähnchen-verbindung

Bei der Zähnchenverbindung entsteht an der Stelle, wo die Farben anliegen, eine Art Zickzacklinie. Hier werden immer mehrere Reihen abwechselnd gewebt:

zuerst auf einer Seite einige Reihen in einer Farbe, wobei der Schußfaden am Ende der Farbfläche immer um den letzten Kettfaden gelegt wird; dann einige Reihen auf der anderen Seite in der anderen Farbe, wobei der Schußfaden immer um denselben Kettfaden wie oben gelegt wird. Statt nur um einen Kettfaden können Sie die Schußfäden auch um mehrere Kettfäden legen.

Zähnchenverbindung
um einen gemeinsamen
Kettfaden.

Zähnchenverbindung
um mehrere Kettfäden.

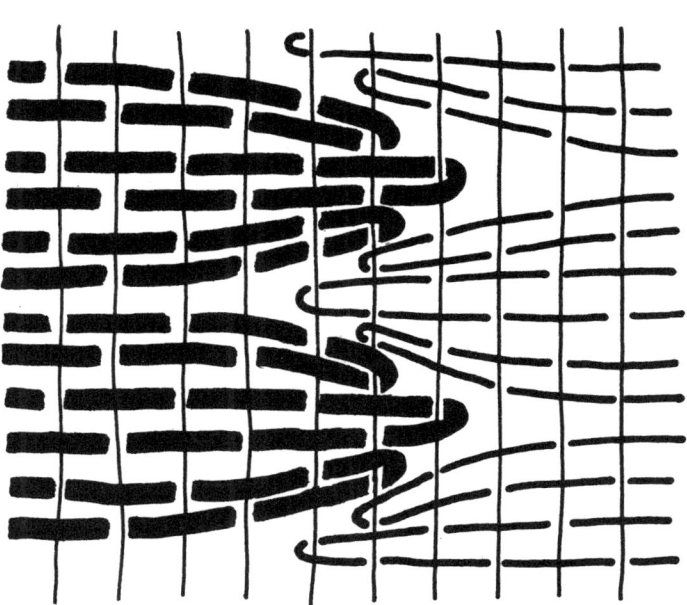

Konturieren

Einen auffälligen Mustereffekt gibt es auch dann, wenn kleine Flächen durch eine Umrißlinie hervorgehoben werden.

Zwei waagerechte Konturen heben eine gegebene Fläche durch parallele Schußeinträge hervor. Senkrechte Konturen webt man um einen einzigen Kettfaden, und zwar gleichzeitig mit der Arbeit an den anliegenden Farbflächen. In jeder Reihe wird der Konturfaden in diese anliegenden Flächen eingehängt.

Für schräge Konturen wird zuerst eine schräge Fläche gewebt, dann die Kontur in der schrägen Umlegetechnik, und schließlich direkt an die Kontur die zweite schräge Farbfläche.

Wenn man ein paar kleine Flächen vorauswebt und diese dann umrahmt, ergeben sich halbkreisförmige und ähnlich gekrümmte Konturen, je nach Linienführung. Man kann hier verschiedene Techniken anwenden, je nachdem, welches Garn Sie haben und welchen Effekt Sie erzielen wollen.

Die Ränder des Bildteppichs kann man auf verschiedene Weise säumen. Im allgemeinen macht man keine Fransen. Der Rand kann umgeschlagen und gesäumt werden, oder man vernäht jeden Kettfaden einzeln im Gewebe; das ist am unauffälligsten (siehe S. 148).

Wenn die Kette aus einem fortlaufenden Faden besteht, wie das bei manchen Webrahmen der Fall ist, kann der Teppich fast bis an den Rahmen gewebt und dann vom Webrahmen abgenommen werden, ohne daß die Kettfäden aufgeschnitten werden müssen. Wenn Sie heute einen gemusterten Teppich entwerfen und weben, fühlen Sie sich ganz frei, alle Techniken entweder einfach oder kombiniert anzuwenden. Auch muß ein Teppich nicht unbedingt durchgängig schußripsbindig gewebt sein. Außerdem können Sie die Kette unregelmäßig oder streifig auf den Webstuhl spannen.

Einen Teppich zu weben, macht deswegen so viel Spaß, weil man seine Phantasie frei walten lassen kann. Schon mit einfachster Ausrüstung und etwas Garn kann man einen gemusterten oder einen Bildteppich entwerfen und weben.

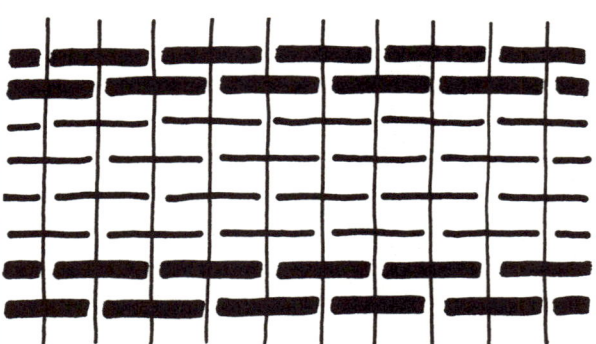

Waagerechte, parallele Konturen.

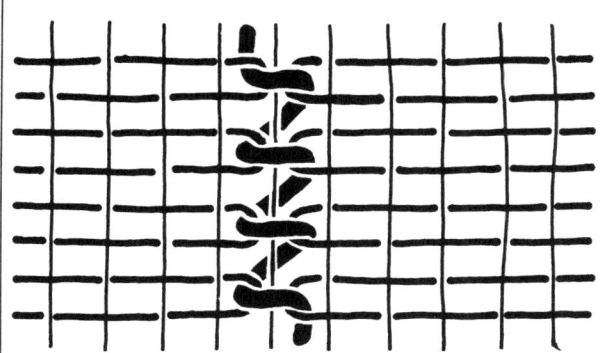

Senkrechte Kontur.

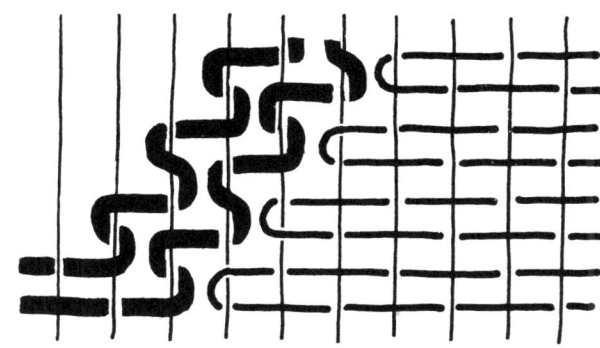

Schräge Kontur.

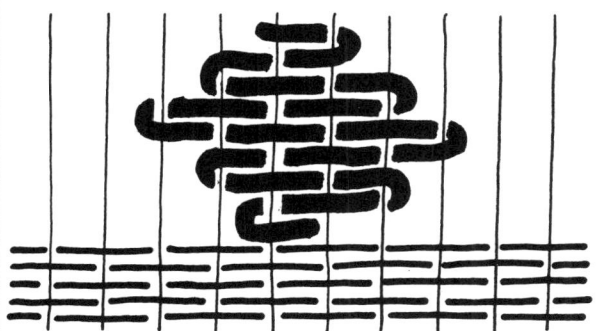

Vorgewebte Farbfläche,
um die eine Kontur gelegt werden
soll.

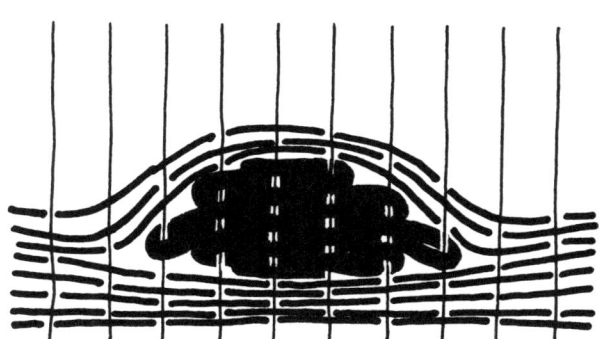

Eingerahmte Farbfläche.

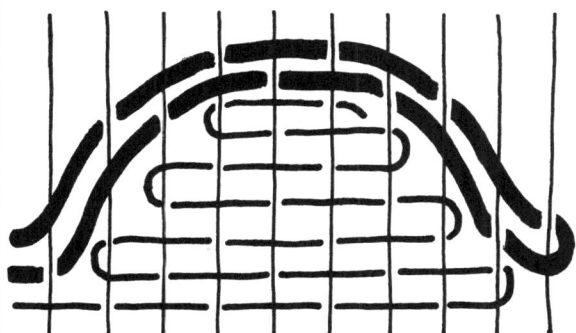

Einrahmtechnik.

Einrahmtechnik.

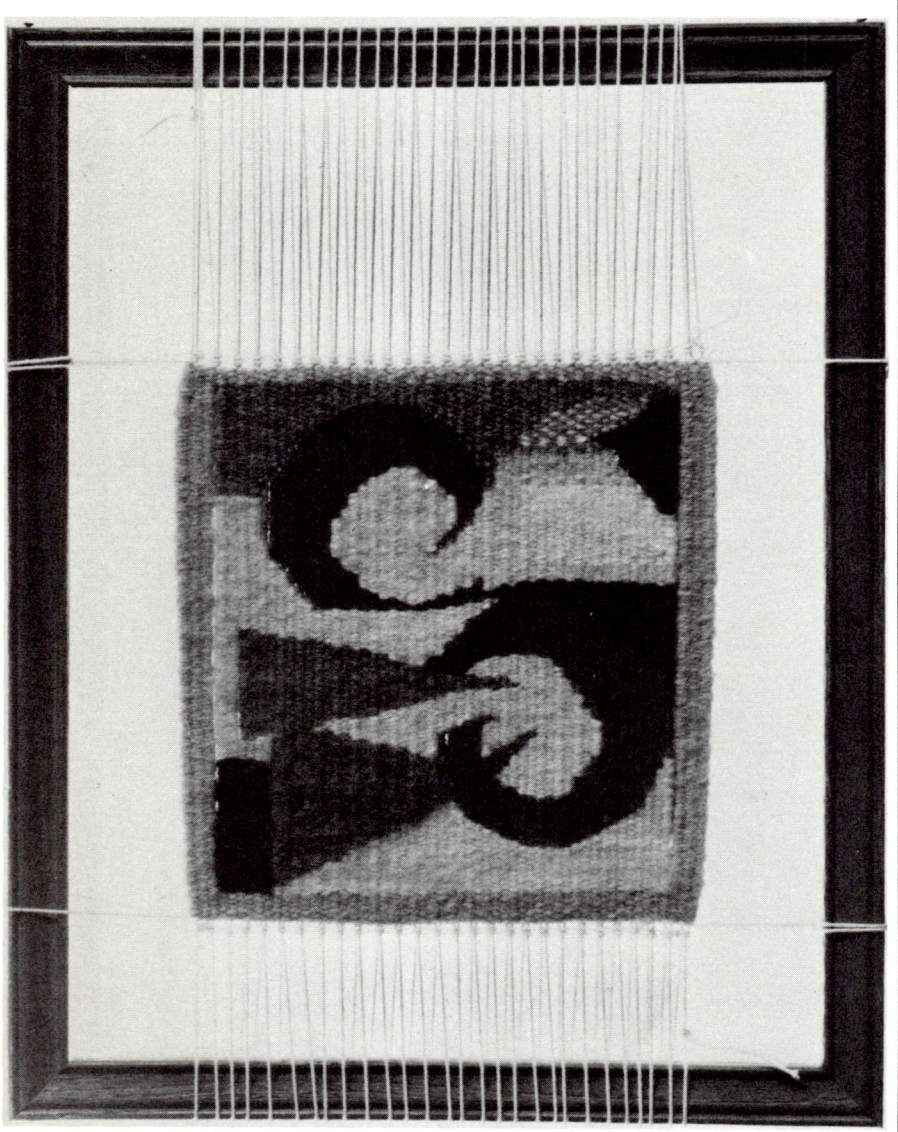

Probestück für einen glatten Wandteppich
mit abstrakten Motiven.
Die Farbflächen wurden auf verschiedene
Weise miteinander verbunden.
Von Katie Schmitt.

⑨ Florgewebe und Oberflächengestaltung

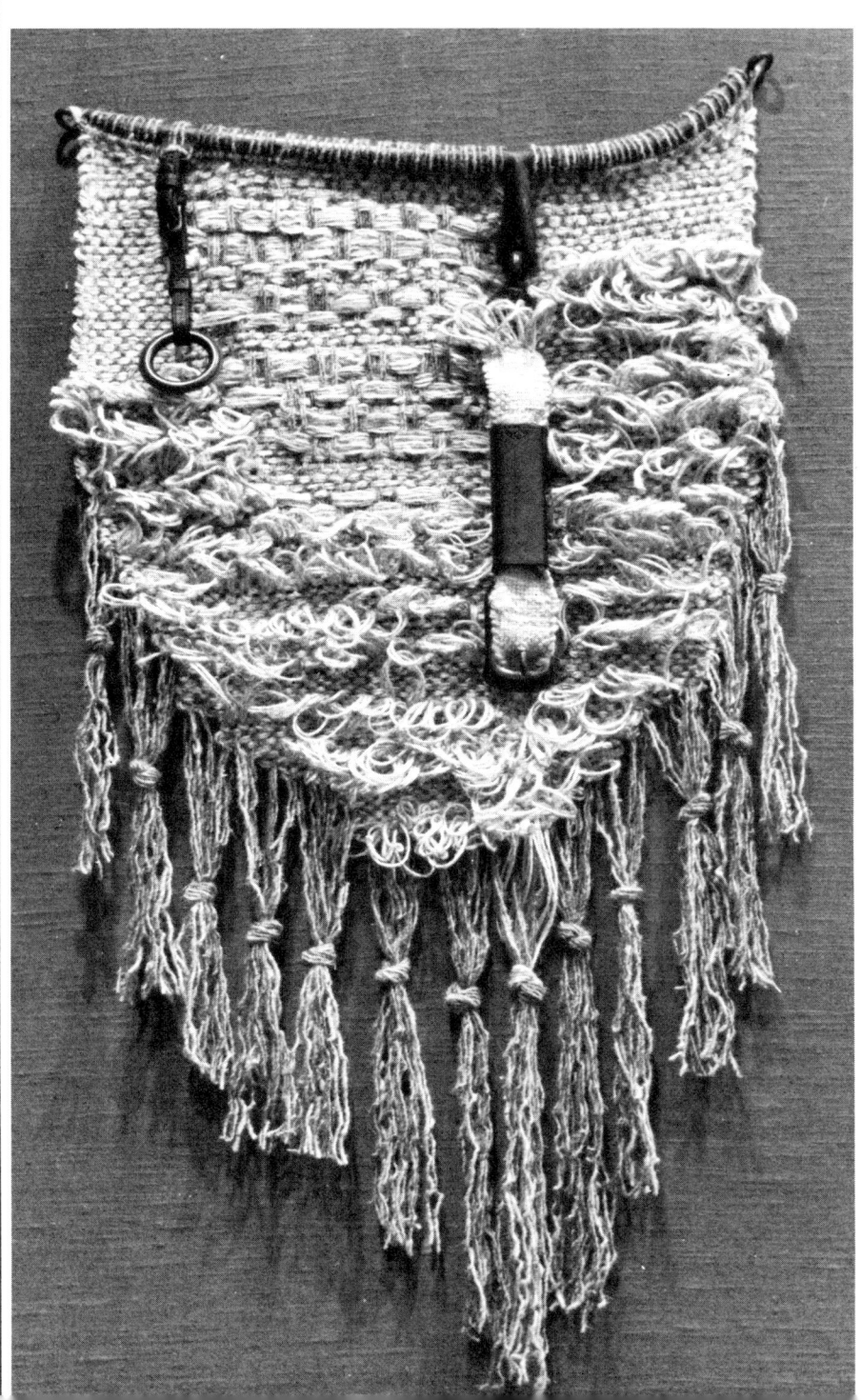

Wandbehang
»Woven on Haymes«,
aus Naturleinen und Wolle,
Leinenbindung
mit Ghiordes-Knoten.

143

Die Auswahl an Verfahren, eine Gewebeoberfläche interessanter zu gestalten, ist groß. Diesmal hängt das Webmuster davon ab, wie wir die Schußgarne auf der Oberseite der Kette handhaben. Flortechniken verleihen dem Gewebe eine Dimension, die nicht erzielt werden kann, wenn das Muster durch einen relativ straff in die Kette eingewebten Schußfaden entsteht.

Sollen die Flortechniken richtig und sinnvoll zur Geltung kommen, muß der Weber die Grundbindungen und die Mechanik des Webstuhls gründlich beherrschen. Man kann viele eigene Ideen verwirklichen, wenn man weiß, was mit dem Webstuhl noch möglich ist und was nicht mehr.

Flortechniken und auch die anderen Techniken zur Oberflächengestaltung webt man normalerweise bei einem leinenbindigen Ketteneinzug. Man kann sie ebenso gut auf einem einfachen Webrahmen wie auf einem Tisch- oder Standwebstuhl erstellen.

Stab zum Knüpfen
der Ghiordes-Knoten.
A. Höhe.
B. Querschnitt eines Holzstabs.
C. Querschnitt eines Metallstabs.
D. Holzstab.
E. Metallstab.

Ghiordes-Knoten

Eine Möglichkeit, eine Gewebeoberseite interessant zu gestalten, ist, Knoten auf der Kette zu knüpfen, so daß ein Flor entsteht. Der Flor besteht aus aufgeschnittenen oder unaufgeschnittenen Garnschlingen auf der Gewebeoberseite. Der bekannteste Knoten ist der Ghiordes-Knoten. Er eignet sich hervorragend für Florteppiche oder auch nur für dekorative Zwecke. Wenn Sie einen Teppich machen, müssen Sie gewisse praktische Gesichtspunkte berücksichtigen, während Sie das bei dekorativen Geweben außer acht lassen dürfen.

Sie können diesen Knoten um einen Stab knüpfen oder auch nicht. Wenn Sie einen Stab benützen, werden die Schlingen alle gleich lang. Wenn Sie einfach nur die Finger zum Messen nehmen, während Sie den Knoten machen, werden die Schlingen unterschiedlich lang. Manchmal entsteht so eine zwar unregelmäßigere, aber eventuell auch interessantere Wirkung.

Der Stab kann aus Holz oder Metall sein. Er muß etwas länger sein als die Breite der Kette. Die Größe des Knotens hängt von der Höhe des Stabs ab. Der Stab sollte schmal sein und an einer Längskante eine Nut aufweisen, damit man die Knoten leichter aufschneiden kann. Ein Holzstab muß glatt und aus hartem Holz sein. Bei aufgerauhten Kanten läßt sich der Stab nur schlecht aus den Schlingen ziehen.

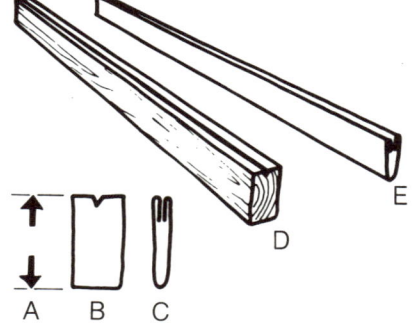

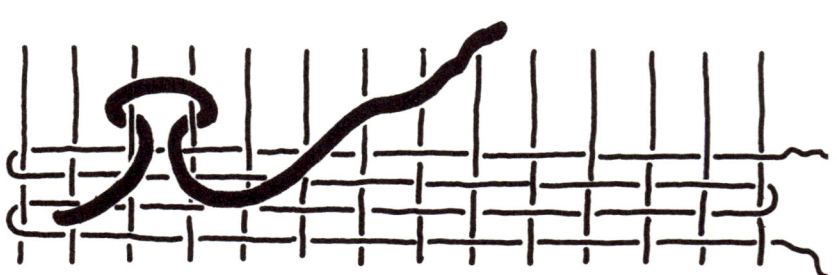

Anfang eines Ghiordes-Knotens.

Die Knoten werden bei weiter Ketteinteilung geknüpft. Machen Sie sich eine Puschel aus dem Knotengarn (siehe S. 71). Als erstes kommt ein festes Kopfstück in Leinenbindung in dem Garn, das die Kette bedecken soll. Bei geschlossenem Fach legt man dann den Stab auf die Kette an das Ende des Kopfstücks an. Um die beiden äußeren Kettfäden wird kein Knoten gemacht. Vom linken Rand aus führen Sie die Puschel von rechts nach links unter den dritten Kettfaden in die Kette. Legen Sie das Garn über den dritten und vierten Kettfaden, um den vierten Kettfaden herum unter die Kette und ziehen Sie ihn zwischen dem dritten und vierten Kettfaden, an dem Punkt, wo Sie begonnen haben, wieder nach oben. Mit der Garnpuschel unter dem Stab ziehen Sie den Knoten fest an. Dann legen Sie das Garn über den Stab und wiederholen die einzelnen Schritte bei den nächsten beiden Kettfäden. Dies wiederholen Sie über die ganze Breite der Kette. Darauf folgt ein Schußeintrag in Leinenbindung, der so locker eingetragen wird, daß sich der Schußfaden beim Anschlagen zwischen die Knoten legt. Ein Teppichklopfer zum Anschlagen leistet hier die besten Dienste. Es folgen dann einige Reihen in Leinenbindung, die sehr fest angeschlagen werden. Danach schneiden Sie die Knoten auf, indem Sie mit dem Messer oder einer Rasierklinge in der Nut oben am Stab entlangfahren. Wenn Sie keinen Stab benutzen, knüpfen Sie die Knoten genauso, aber statt des Stabs nimmt man die Finger als Maß. Die Anzahl der Reihen in Leinenbindung zwischen den einzelnen Reihen von Ghiordes-Knoten hängt davon ab, wie dicht Sie den Flor wollen. Als allgemeine Richtlinie kann man sagen, daß die Leinenbindungspartien zwei Drittel der Knotenhöhe betragen sollen.

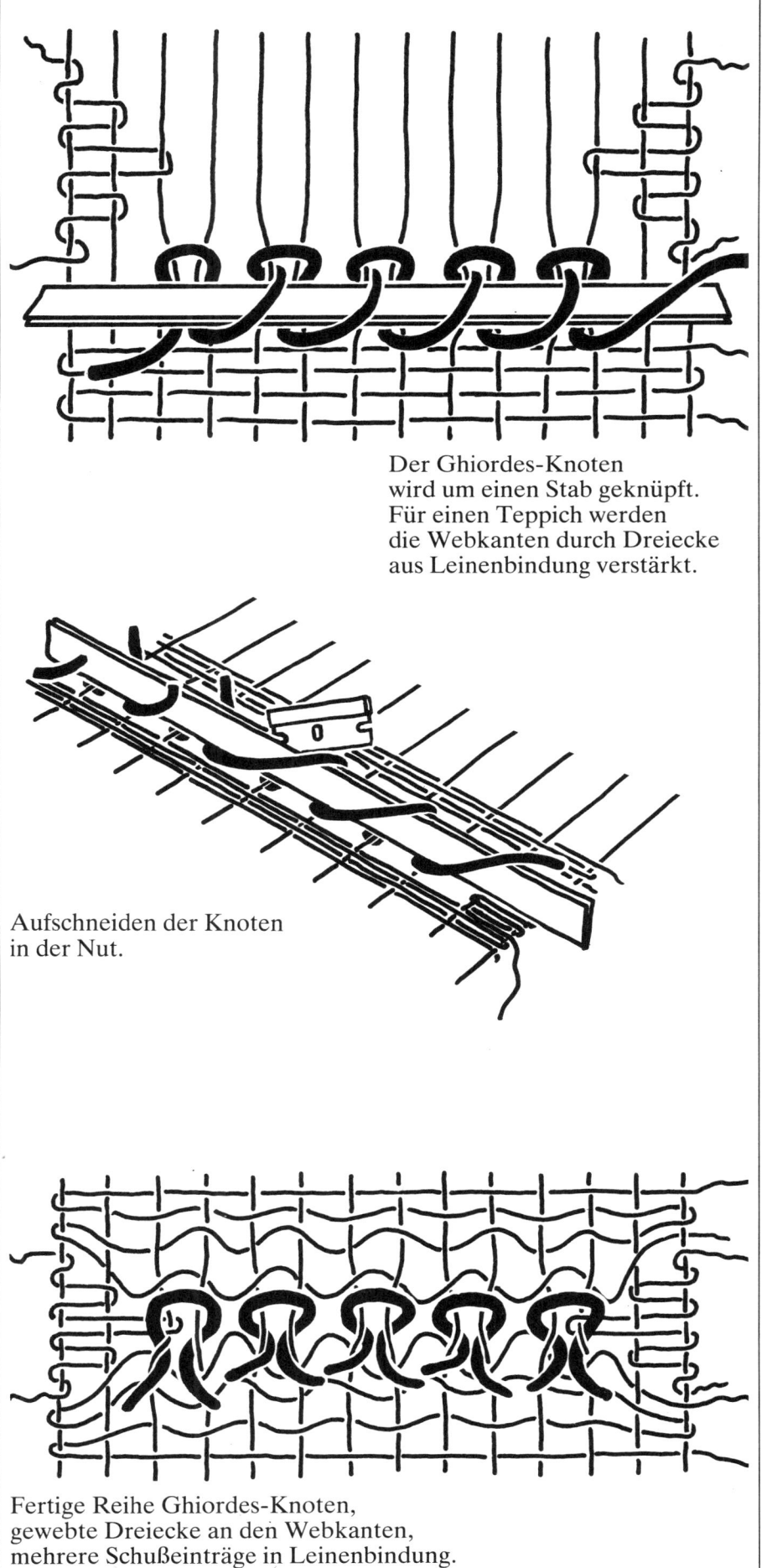

Der Ghiordes-Knoten wird um einen Stab geknüpft. Für einen Teppich werden die Webkanten durch Dreiecke aus Leinenbindung verstärkt.

Aufschneiden der Knoten in der Nut.

Fertige Reihe Ghiordes-Knoten, gewebte Dreiecke an den Webkanten, mehrere Schußeinträge in Leinenbindung.

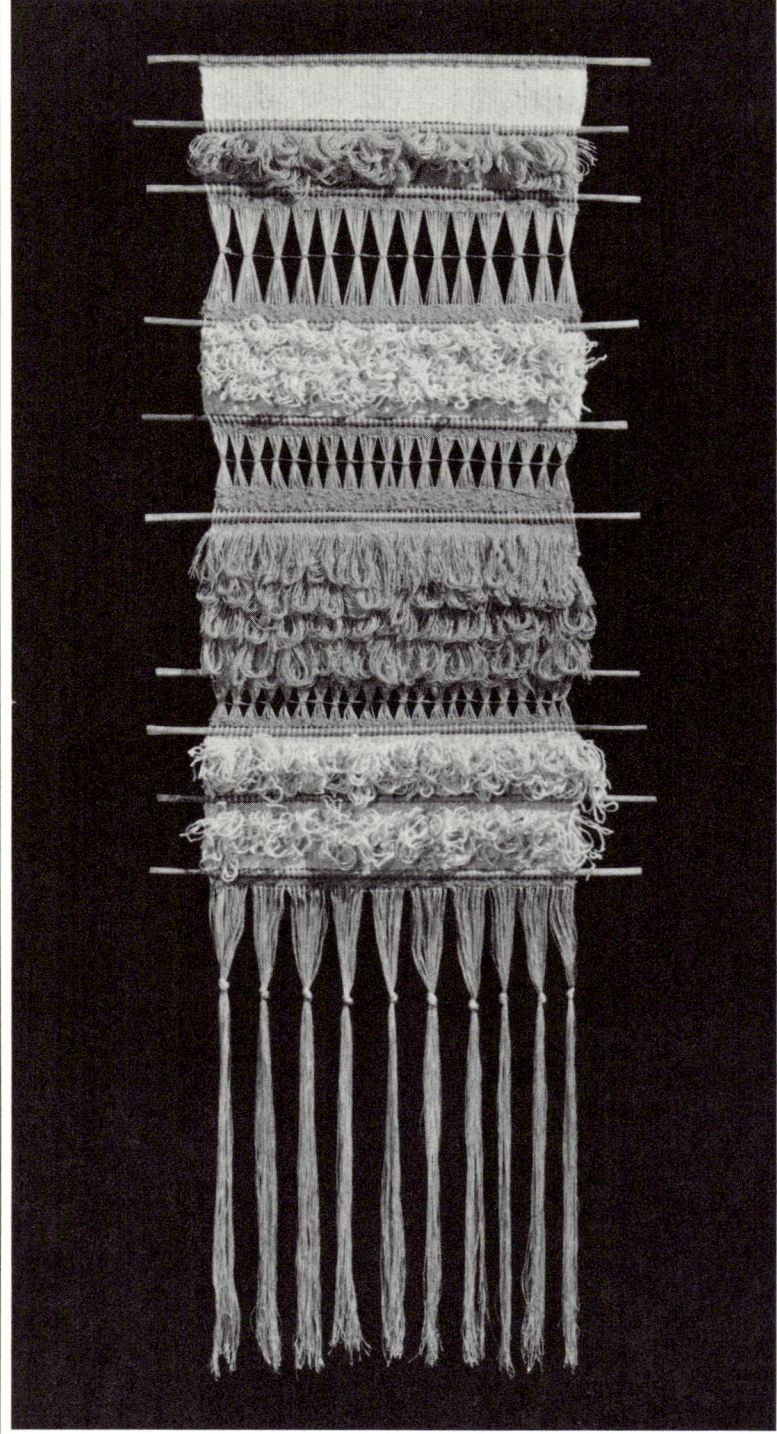

Wandbehang mit
unaufgeschnittenen
Ghiordes-Knoten
aus verschieden texturierten
Garnen.

1. Für die Kette nehmen Sie Leinen- oder Baumwollteppichkettgarn 5 Nm/3, bei einer Ketteinteilung von 25 bis zu 30 Rieten pro 10 cm.

2. Gute Qualitätswolle eignet sich für die Knoten und die Leinenbindung am besten. Nehmen Sie eine Garnstärke, mit der die Kette bei Leinenbindung verdeckt wird.

3. Mit einem Puschel für jede Webkante webt man nach jeder Knotenreihe ein Dreieck, indem man erst über ein, dann zwei, dann drei Kettfäden webt und mit je einer Reihe über erst zwei, dann einen Kettfaden abschließt. Dadurch entsteht der feste Rand, der für einen gut gearbeiteten Teppich unerläßlich ist. Die Puschel bleibt am Rand und wird während des Webens an der Seite der Kette mitgeführt. Beim Knüpfen bleibt sie hängen, und bei Bedarf steht sie zur Verfügung.

4. Zeichnen Sie Ihr Teppichmuster in voller Größe auf. Sie können jedes Muster nehmen, aber denken Sie daran, daß es in waagerechten Reihen gewoben wird. Man kann die Kette nicht stellenweise verweben und nachträglich die frei gebliebenen Stellen ausfüllen, wie beim Gobelin. Jede gewünschte Farbkombination ist möglich. Wenn Sie für irgendeine Knoten-Reihe eine andere Farbe wollen, tragen Sie diese mit einer Puschel an der entsprechenden Stelle ein. Mit jeder Farbe können Sie jederzeit anfangen und aufhören.
Wickeln Sie bei dickem Garn die Puschel von einem Faden, bei dünnen Garn von mehreren Fäden. Sie dürfen alles nehmen, was nötig ist, um den gewünschten Effekt zu erzielen.

Wandbehang von Jon Wahling.
Bildwebtechniken
und Ghiordes-Knoten.

Ausschnitt
aus dem Wandbehang links.

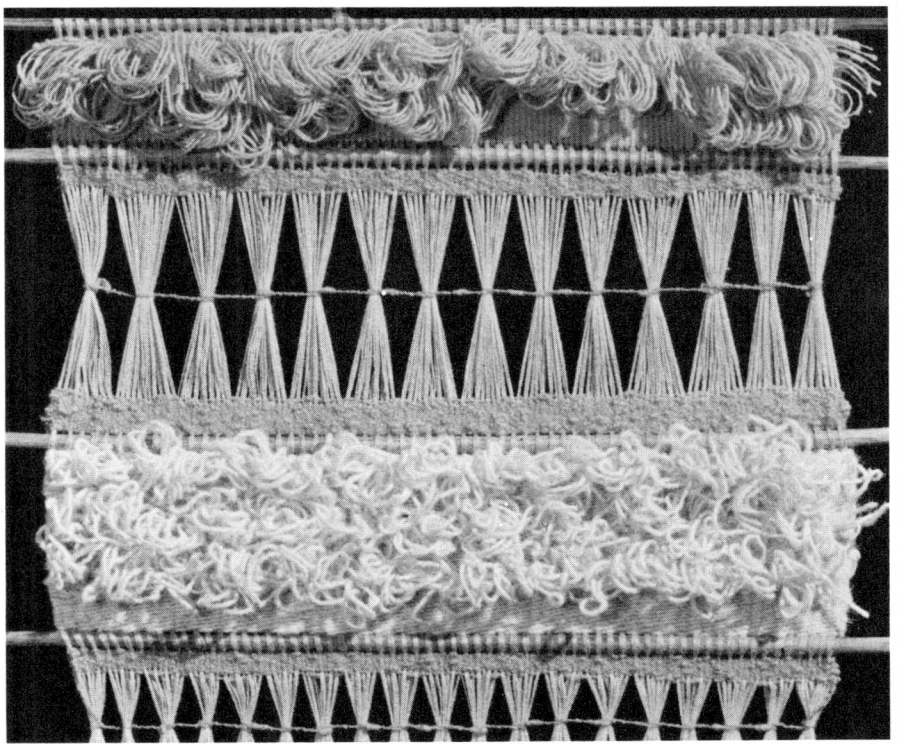

Abschlußtechniken

Bei einem Teppich haben Sie verschiedene Möglichkeiten, die Gewebeenden einzuarbeiten. Man kann am Anfang und am Ende ein Kopfstück in Leinenbindung weben, dieses dann auf die Rückseite umschlagen und dort an den Teppich säumen. Man kann die Kettfäden flechten und die Zöpfe mit einem Knoten abschließen. Oder man vernäht die Kettfädenenden im Gewebe, d. h. jeder Kettfaden wird einzeln mit einer stumpfen Stopfnadel neben dem nächsten Kettfaden »verwebt«. Dadurch entsteht eine flache, feste Kante.

Eine andere Möglichkeit ist die, mit jedem Kettfaden einen Halbschlagknoten um jeweils zwei Kettfäden entlang dem Rand zu machen. Die Enden können Sie dann als Fransen frei hängen lassen oder sie noch im Gewebe vernähen.

Die einfachste Methode ist die, mit jeweils ein paar Kettfäden einen Überhandknoten zu machen. Die Kettfäden bilden dann Fransen, und das Gewebe kann sich nicht auflösen.

Widmen Sie dem Abschluß einige Überlegung, denn er ist integrales Bestandteil des Musters.

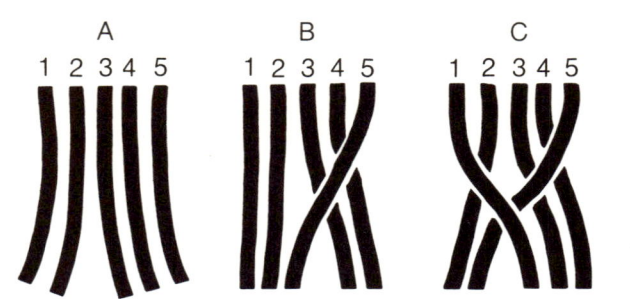

Abb. oben:
Aus fünf Fäden geflochtener Zopf als Abschluß eines Teppichs.
A. Die Fäden teilen.
B. Faden 5 über Fäden 3 und 4.
C. Faden 1 über Fäden 2 und 5.
D. Faden 4 über Fäden 3 und 1.

Weiter abwechselnd von rechts und links die äußeren Fäden über die beiden danebenlegen.

Abb. oben:
Festsetzen des Teppichgewebes mit Halbschlagknoten.
Die Knoten jeweils dicht an den letzten Schußfaden knüpfen.

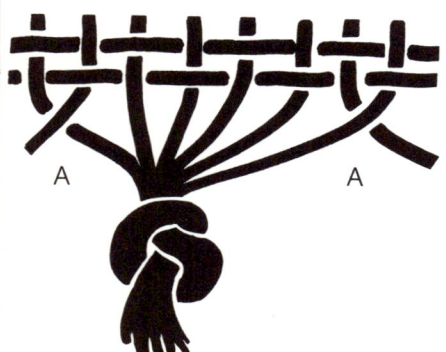

Abb. oben:
Überhandknoten als Abschlußsicherung bei einem Teppich.
A. Kettfäden überkreuzen, damit sich der letzte Schußfaden nicht lockert.

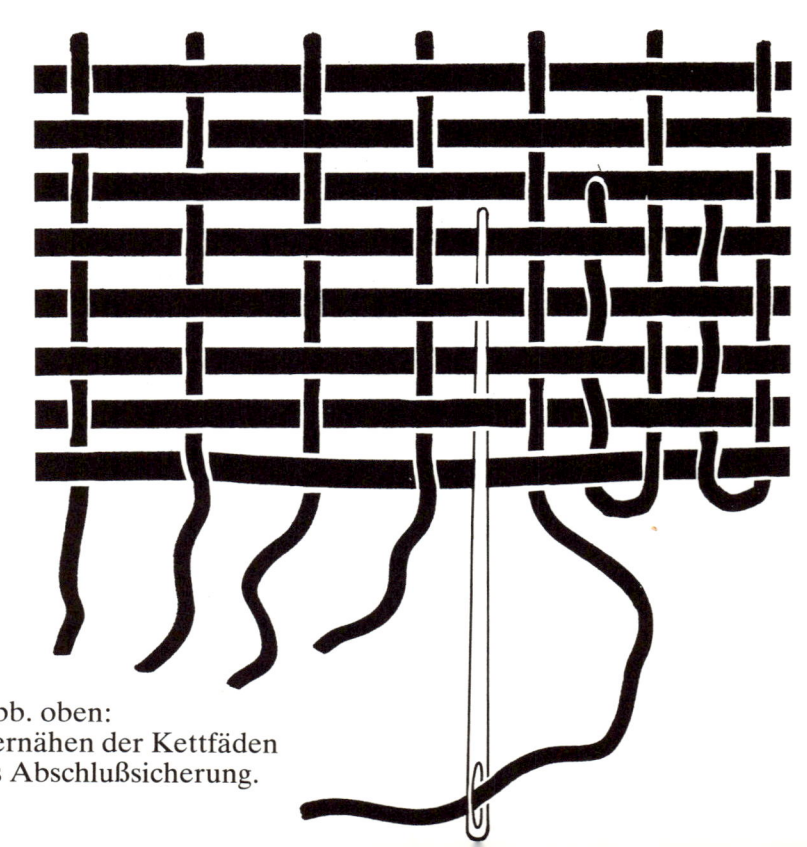

Abb. oben:
Vernähen der Kettfäden als Abschlußsicherung.

Zwirnen

Zwirnen ist eine sehr alte Technik, mit der primitive Stämme Gras- und Strohmatten webten. Auch diese Technik wirkt je nach Art und Farbe der Garne jedesmal anders. Bei sehr steifem Schuß- material sollte die Kette weit ge- spannt sein.

Gezwirnt wird bei geschlossenem Fach, so daß der einfachste Web- rahmen genügt. Nehmen Sie einen Schußfaden doppelt, etwa dreimal so lang wie die Kette breit.

Legen Sie den Schußfaden am rechten Rand um den ersten Kett- faden, d. h., das eine Ende legen Sie auf und das andere unter den Kettfaden. Zwischen dem ersten und zweiten Kettfaden verzwirnen Sie nun diese beiden Schußfäden durch eine Halbdrehung. Dann legen Sie einen Schußfaden unter den nächsten Kettfaden und den anderen darauf. Der Schußfaden, der eben noch unter dem Kett- faden war, muß beim folgenden Kettfaden oben liegen. Verzwir- nen Sie sie wieder und führen Sie den Schußfaden, der jetzt oben lag, unter den nächsten Kettfaden, den, der unten lag, auf diesen Kettfaden. Wiederholen Sie dies bis zum andern Rand der Kette. Das Verdrehen oder Verzwirnen der Fäden gleicht dem Zwirnen zweifacher Garne, nur daß die verdrehten Fäden hier einen Kett- faden umschließen.

Zwirnen Sie eine Reihe nach der anderen, und schlagen Sie jede Reihe fest an. Diese Technik er- gibt ein sehr festes Gewebe.

»Hängendes Objekt«,
von Patricia Malarcher.
Mit Jute um Sisalkette gezwirnt.
Auf dem Webrahmen gearbeitet.

Mögliche Variationen sind:
1. Die Drehung in jeder Reihe entweder in der gleichen oder in der entgegengesetzten Richtung ausführen. Wie bei gezwirntem Garn gibt es eine S- und eine Z-Drehung.
2. Zwei verschiedene Farben für die beiden Schußfäden nehmen.
3. Wechselweise die Abstände zwischen einigen Kettfäden vergrößern, so daß ein eher durchbrochenes, offenes Gewebe entsteht.
4. Auch die Kettfäden zwischen den gezwirnten Reihen verdrehen (vgl. Dreherbindung, Seite 125).

5. Zusätzliche Garne entweder um eine gezwirnte Reihe wickeln oder durch eine solche schlingen, so daß die einheitliche Wirkung aufgebrochen wird und man eine zusätzliche Dimension erhält. Gezwirnte Gewebe eignen sich für den Gebrauch ebenso wie für dekorative Zwecke. Mit geeignetem Garn läßt sich auf dem einfachsten Webrahmen ein fester, gezwirnter Teppich erstellen. Zum Festsetzen des Gewebes kann man auch bei allen Teppichen die erste und letzte Reihe zwirnen. Kombiniert mit anderen Webtechniken, sind einige gezwirnte Reihen auch in dekorativen Geweben sehr wirkungsvoll.

Ausschnitt
eines gezwirnten Gewebes mit zweifarbigem Schuß, von Roberta Parkinson.

Zwirnen.
A. Am rechten Kettenrand eingehängter Schußfaden.
B. Am linken Kettenrand eingehängter Schußfaden.
C. Zwei gezwirnte Reihen, eine von rechts, die andere von links gearbeitet. Eng zusammengeschoben, wirkt es wie Köper.

Abhäkeltechnik

Mit der Abhäkeltechnik erhalten wir eine deutlich sichtbare, erhöhte Linie im Gewebe. Wie beim Häkeln wird hier eine Garnschlinge durch die folgende gezogen.

Man arbeitet bei geschlossenem Fach um einen einzelnen oder um mehrere Kettfäden. Das Abhäkelgarn wird am Rand der Kette befestigt, unter die Kette geführt, und zwischen dem ersten und zweiten Kettfaden als Schlinge aus der Kette hochgezogen. Dann legt man diese Schlinge über den zweiten Kettfaden und zieht zwischen dem zweiten und dritten Kettfaden eine weitere Schlinge hoch und durch die erste Schlinge. Selbstverständlich kann man die Schlingen auch über mehr als einen Kettfaden legen. Fahren Sie so fort über die ganze Kettbreite.

Wandbehang
in Schußripsbindung
mit abgehäkelten Reihen
und unaufgeschnittenen
Ghiordes-Knoten.

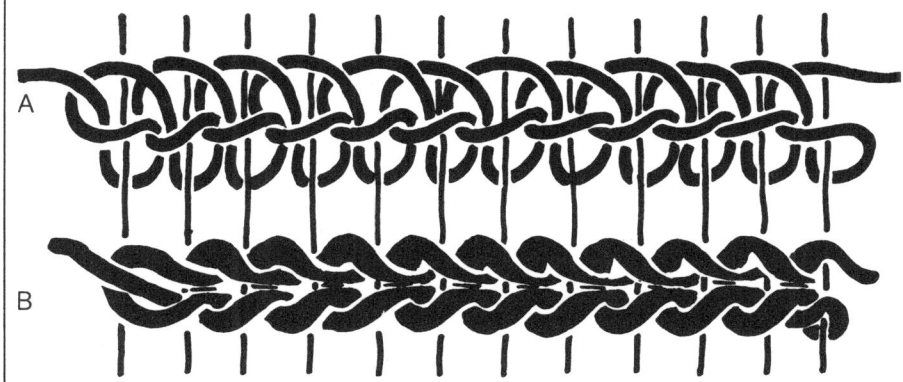

Abhäkeltechnik,
von rechts nach links.
A. Arbeitsweise.
B. Fertige, abgehäkelte Reihe.

151

Perlschlingen-technik

Wenn man die Oberseite eines Gewebes interessanter gestalten will, ist es vermutlich am einfachsten, Musterflächen durch die Perlschlingentechnik hervorzuheben. Bei vielen Tuchen stören die Perlschlingen nicht, dennoch sollten Sie den Verwendungszweck in Betracht ziehen.

Das Muster, das sich durch die Perlschlingen abzeichnen soll, zeichnen wir zuerst auf Millimeterpapier. Nach einem Kopfstück in Leinenbindung kommt in das nächste Fach ein Schußeintrag von dem Garn, in dem wir die Schlingen haben wollen. Mit einer Stricknadel oder einem Bleistift ziehen wir dann aus diesem Schußfaden Schlingen an den Stellen hoch, die wir für das Muster brauchen, und nehmen sie auf die Nadel. Darauf folgen einige fest anzuschlagende Reihen in Leinenbindung. Erst dann können wir die Nadel aus den Schlingen ziehen, da diese nun fest im Gewebe verankert sind. Die Perlschlingen nehmen Sie überall dort auf, wo es das Muster erfordert.

Ausschnitt aus dem Kissen mit Perlschlingenmuster (gegenüberliegende Seite).

Perlschlingentechnik.

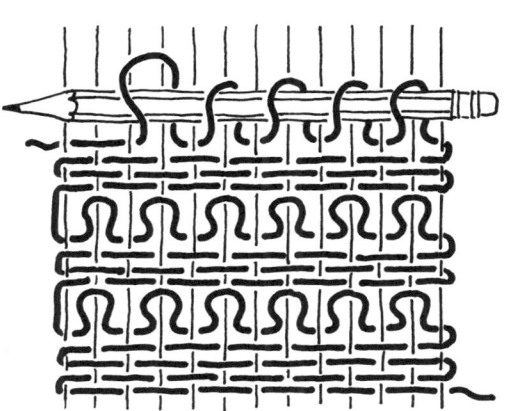

In Griechenland gearbeitetes
Kissen mit Perlschlingenflor.
Kette aus Baumwollgarn,
Schuß aus Wolle.

So werden die Enden
des Umwickelgarns festgesteckt,
wenn man kurze Stücke
der Kette umwickelt.

Bei langen Umwickelungen
werden die Enden so gesichert.

Umwickeln

Wenn man mehrere Kettfäden
zusammen im Gewebe umwickelt,
erhält man ein durchbrochenes,
aber grobes Musterelement. Auch
die Fransen eines Wandbehangs
kann man umwickeln, um so das
Ausfransen des Gewebes zu verhindern. Fransen mit einem
andersfarbigen Garn zu umwickeln wäre ein weiteres Musterelement. Man kann die Kettfäden
an jeder Stelle im Gewebe umwickeln. Man kann das während
des Webens vornehmen, oder
erst, nachdem das fertige Gewebe
vom Webstuhl abgenommen ist.
Es handelt sich einfach darum,
Garn um eine Anzahl Kettfäden
herumzuwickeln.

Wichtig ist, die Fadenenden des
Wickelgarns gut zu befestigen.
Wenn man nur ein kurzes Stück
umwickelt, ist das in der Zeichnung links illustrierte Verfahren
voll ausreichend. Bei längeren
Stücken muß man dagegen wie
unten abgebildet vorgehen.

Abb. rechts:
»Jahr der Taube«, von Terry Illes.
Gewebe aus Leinengarn
mit Federn.

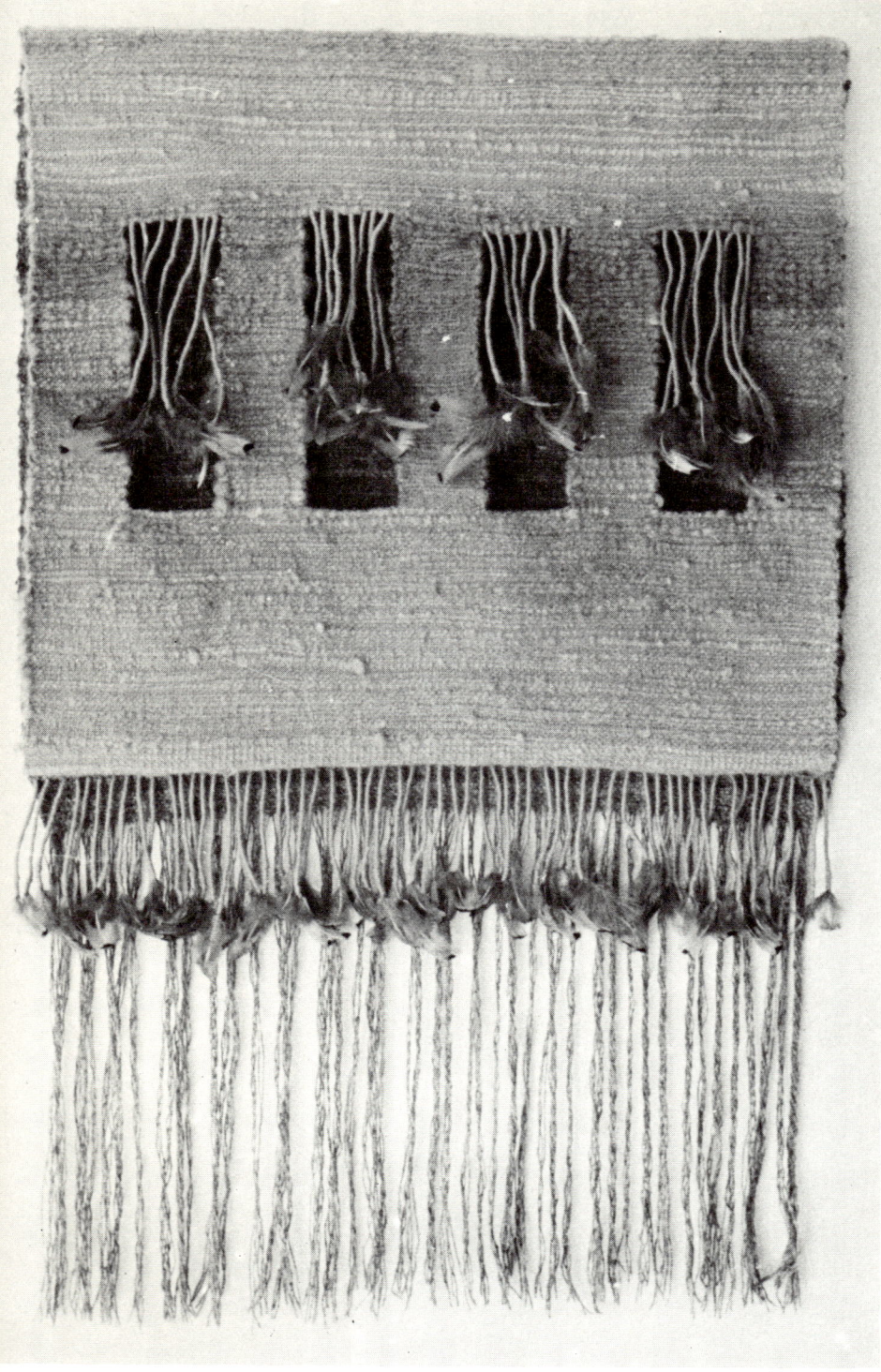

Neu-Einziehen der Kettfäden

Ein glattes Gewebe läßt sich dadurch interessanter gestalten, daß man, nachdem man ein Stück gewebt hat, den Einzug der Kette abändert. Dazu schneidet man einfach die Kette an der hinteren Schürze ab, zieht die Kettfäden aus Litzen und Webblatt, zieht sie nach dem neuen Einzugsplan ein und bindet sie schließlich wieder am Schürzenstock hinten fest. Prüfen Sie noch nach, ob die Kettspannung gleichmäßig ist, und Sie können weiterweben.

Wandbehang von Louise Todd.
Umwickelte Kettfäden,
mit Federn geschmückt.

Weben ohne Webblatt

Wenn Sie ein dekoratives Gewebe weben, das weder quadratisch noch rechteckig ist, brauchen Sie kein Webblatt. In diesem Fall können Sie die Weite der Kette ständig selbst bestimmen und variieren. Angeschlagen wird mit einem Kamm oder einem Teppichklopfer. Die Litzen passen sich jeder gewünschten Lage an. Das Weben ohne Webblatt erfordert eine sorgfältige Führung des Gewebes. Es geht langsam, bietet aber bei jeder Art von Webstuhl viele neue Möglichkeiten.

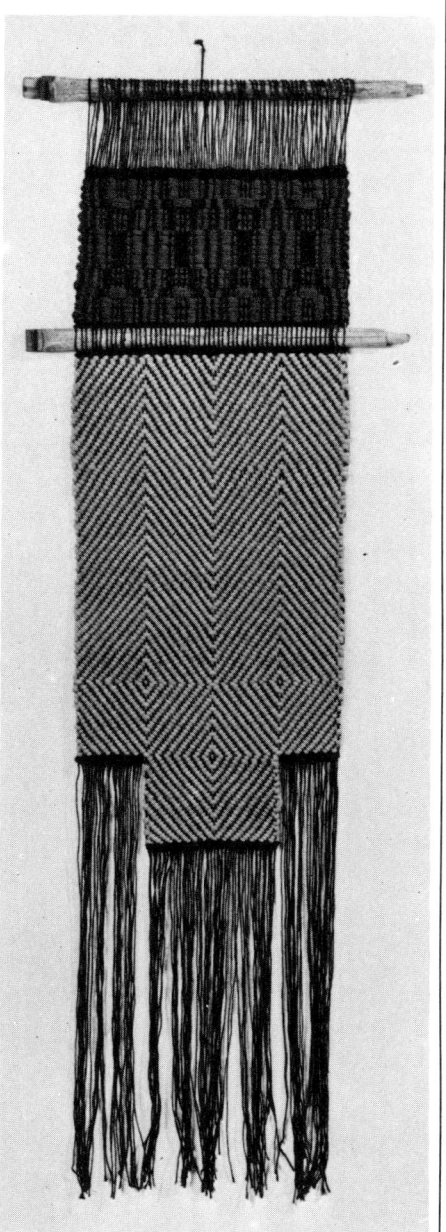

Zweikettige Gewebe

Man kann den Webstuhl mit zwei Ketten bespannen und diese zu verschiedenen Zeiten und unter verschiedener Spannung verweben. Auf einem vierschäftigen Webstuhl können Sie zwei Kettsysteme haben und jedes in Leinenbindung verweben. Wenn man die beiden Ketten getrennt verwebt und sie nur bisweilen miteinander verbindet, erhalten Sie plastische Konturen auf einer glatten Fläche.

Das leichteste Verfahren, den Webstuhl mit zwei verschiedenen Ketten unter ungleicher Spannung zu bespannen, ist, den Webstuhl mit zwei verschiedenen Kettbäumen auszustatten. Wenn das nicht möglich ist, wickeln Sie die zweite Kette auf einen Stab und beschweren diesen dadurch, daß Sie ihn zwischen zwei Ziegelsteine, die hinter dem Webstuhl auf dem Boden liegen, stecken. So können Sie die Spannung jedes einzelnen Kettsystems kontrollieren. Der Einzug in die Litzen und das Webblatt erfolgt genauso, als ob nur eine Kette eingezogen würde.

Wir hoffen, nunmehr den endlosen Bereich umrissen zu haben, in dem Sie Ihre eigenen, ursprünglichen Ideen entwickeln und verwirklichen können. In diesem Buch haben wir die Bindungen und Techniken erklärt, die vielen Variationen zugrunde liegen. Handwerkliches Können steht an erster Stelle, und mit dieser Grundlage können Sie jede neue Information, jede Bindung, die Sie neu kennenlernen, auf Ihre Art verwerten. Traditionen oder technische Spitzfindigkeiten sollten kein Hindernis für Sie sein. Die mechanischen Grenzen eines Webstuhls können Ihnen auch eine Hilfe dabei sein, die Garne Ihren Plänen entsprechend zu führen.

Auf den folgenden Seiten stellen wir Ihnen eine Reihe von Arbeiten vor, die Ihnen zeigen sollen, wie vielfältig schöpferisches Weben sein kann. Sicherlich wird Sie die eine oder andere zu eigenen Arbeiten anregen.

Wandbehang.
Kette in Schwedenbortenbindung mit langer Flottung eingezogen und gewebt, dann neu eingezogen und als Köperbindung gewebt.

Wandbehang von Adela Akers.
Hier sind zwei Kettsysteme unter
ungleicher Spannung verwebt.

Wandbehang von Rheta Steele.
Kette streifenweise verwoben,
aus den Litzen gezogen,
in andere Reihenfolge gebracht
und wieder neu eingezogen.

Wandbehang aus naturfarbenem
Leinengarn und Wolle.

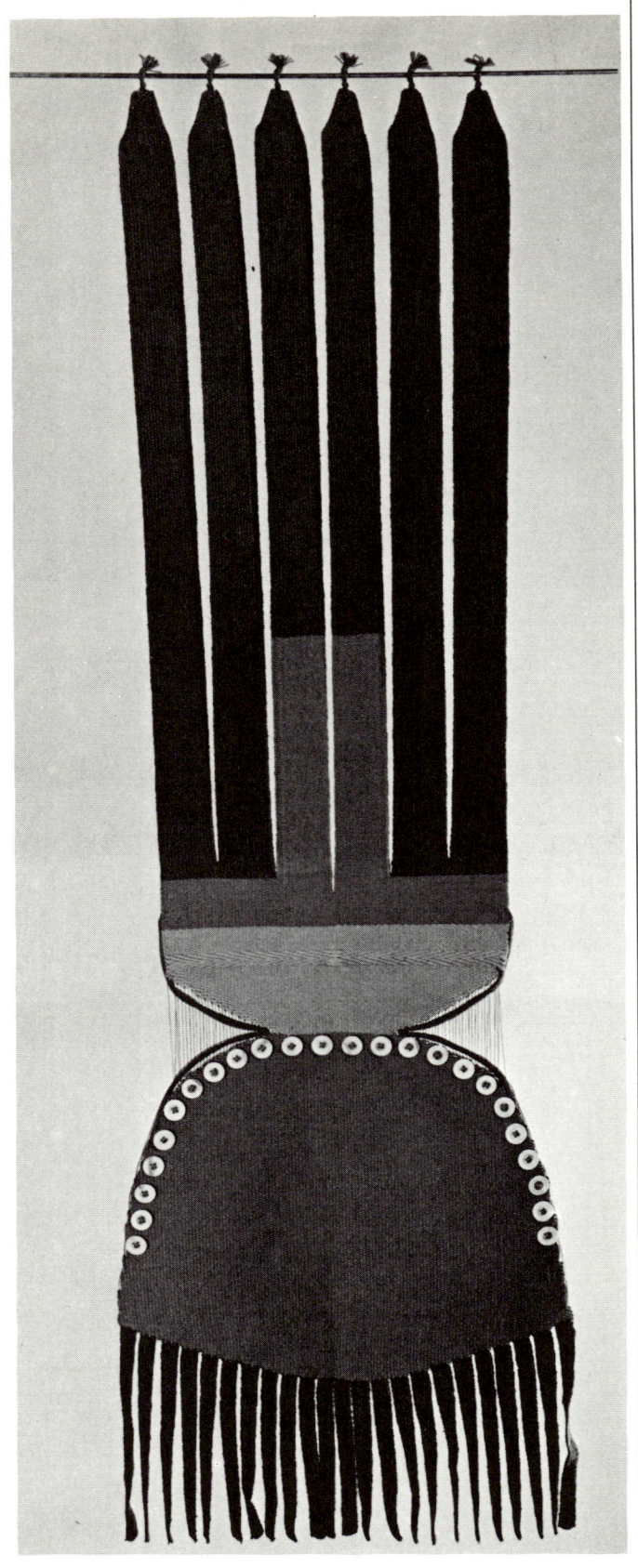

Wandbehang »Die Quelle«,
Bildwebtechniken
und aufgesetzte Knöpfe,
von Terry Illes.

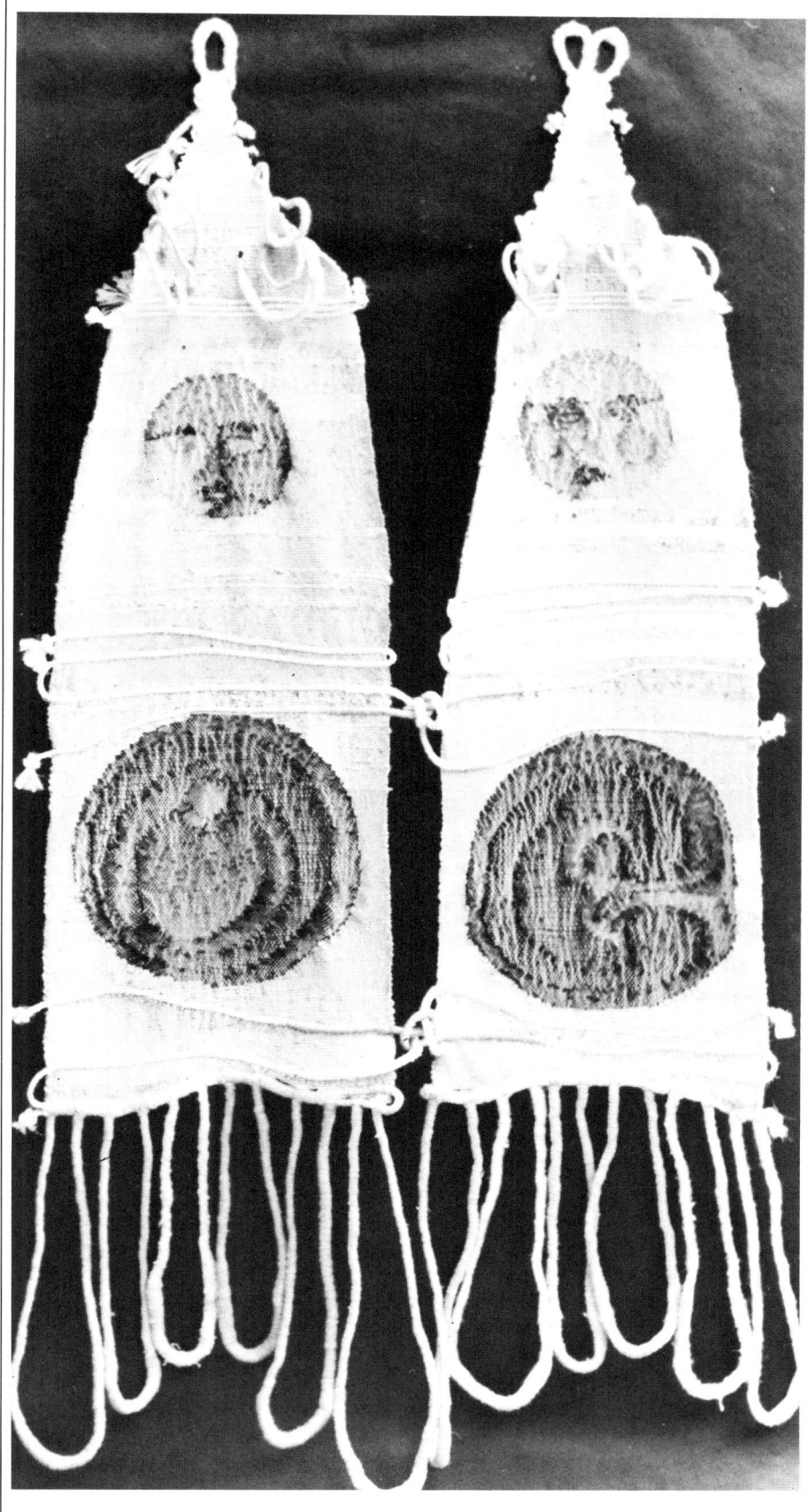

Wandbehang »Schwestern«,
sich nach oben zu verjüngendes
Gewebe mit Bildwebtechniken,
von Ruth Ginsberg-Place.

Wandbehang, aus zwei einzelnen
in Leinenbindung gewebten Teilen,
die oben und unten durch Knoten
und Zöpfe verbunden sind.
Von Ruth Mary Papenthein.

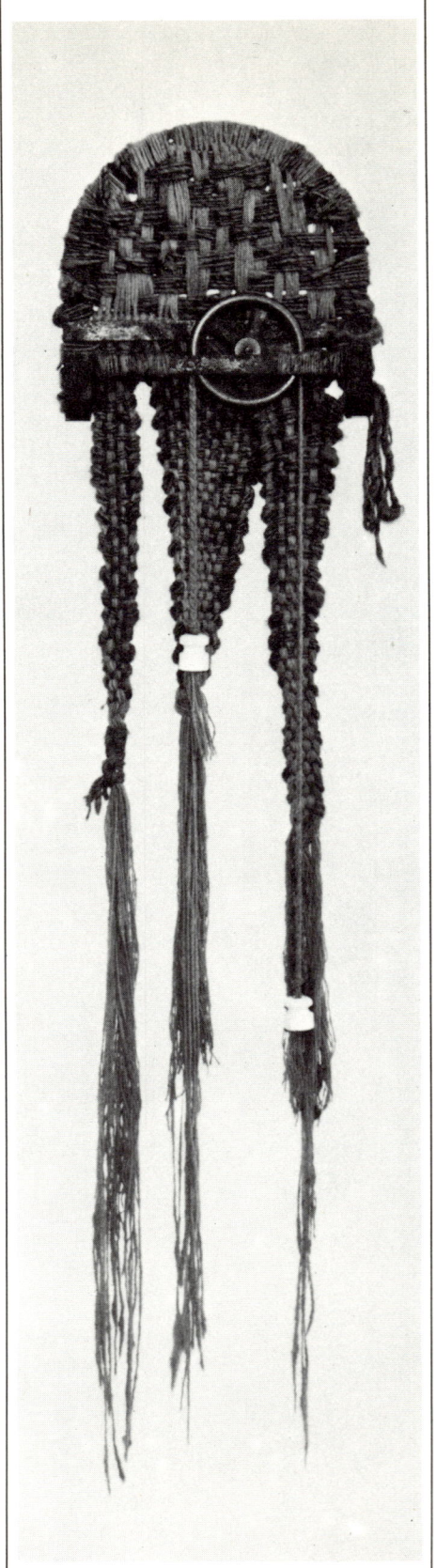

Wandbehang, hellorange.
Ein Fundgegenstand wurde als
Webrahmen verwendet. Das Rad
bewegt sich, wenn man an der
geflochtenen Schnur zieht.

»Frau, Haare«,
1,50 m lang,
Bildwebtechniken
und umwickelte
Kettfäden,
von John Riis.

Wandbehang »Totem«,
Gewebe mit Perlen und Federn,
von Gary Barlow.

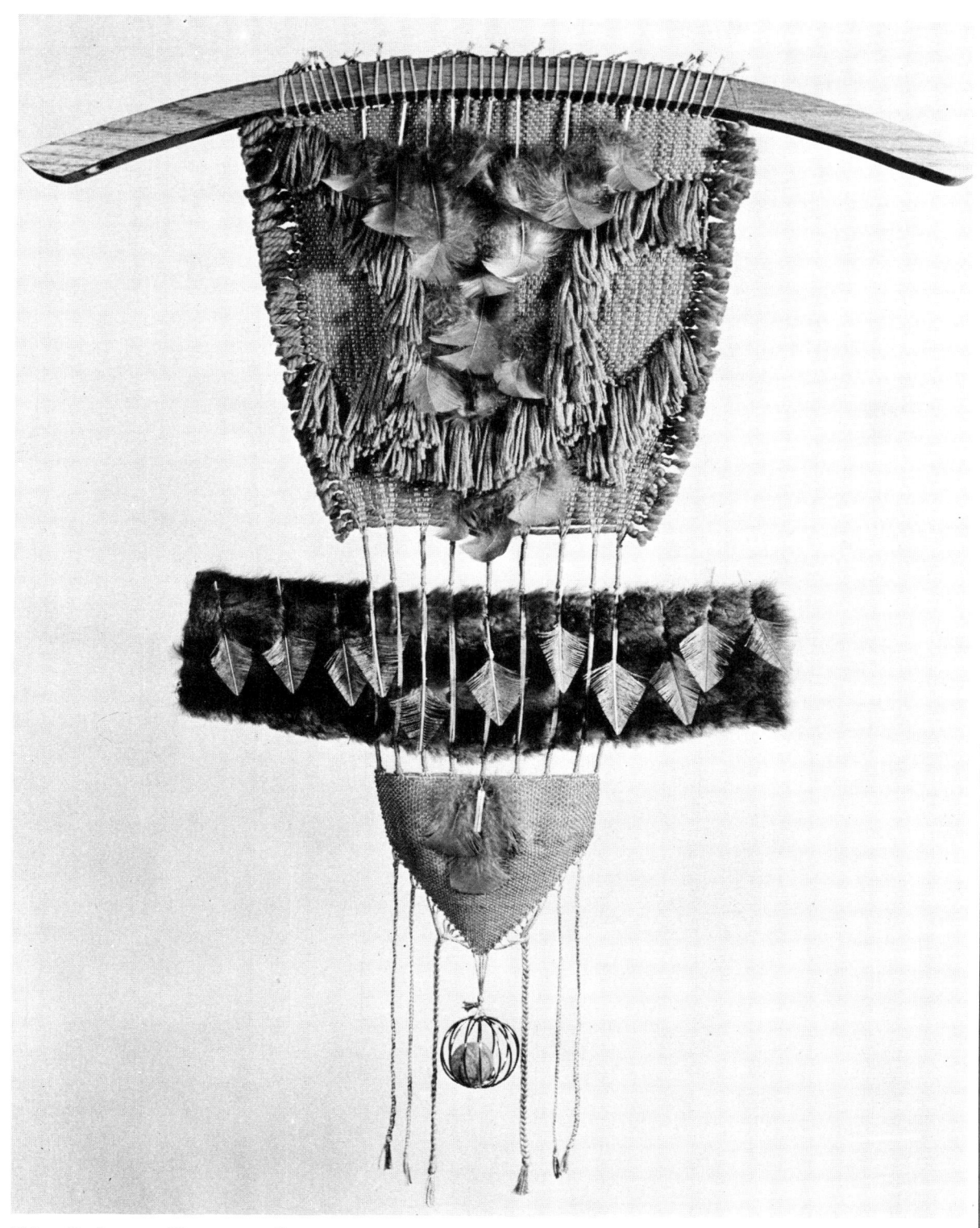

Wandbehang »Katzenspaß«
(Cat's Toy),
Leinenbindung und Knoten,
mit Fell, Federn und Kleiderbügel,
von Terry Illes.

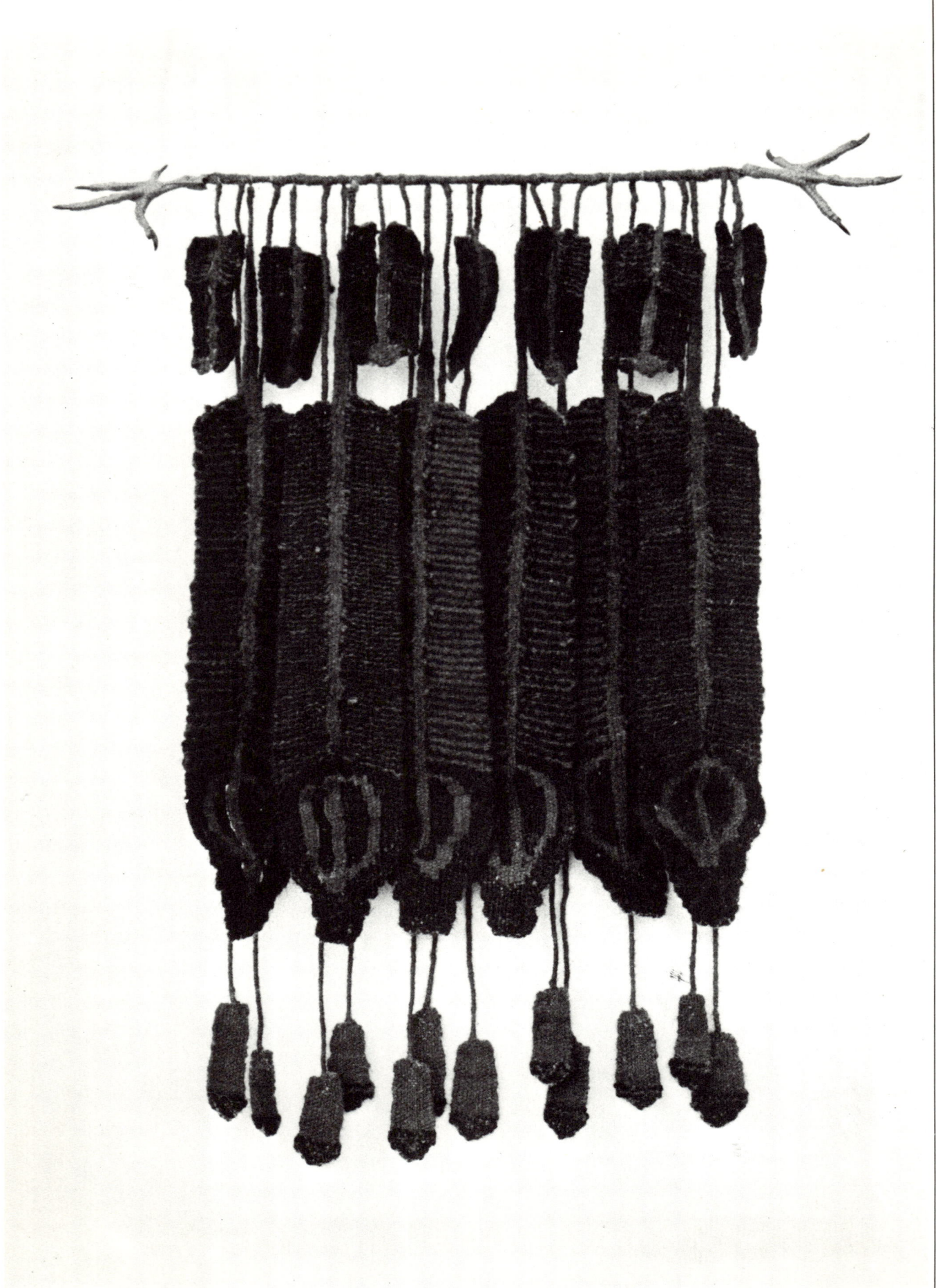

Abb. links:
Wandbehang »Federn«,
Bildwebtechniken,
aus Wolle mit Taubenfedern,
von John Riis.

Wandbehang von Luise Todd.

Wandbehang,
schußripsbindiges Gewebe
(seitlich aufgehängt),
von Adela Akers.

Wandbehang
»Rhythmus in Silber«,
aus Leinen und Seide
in Violett und Silber,
von Sylvia Heyden.

Abb. rechts:
Wandbehang,
Schußrips-Gewebe,
von Adela Akers.

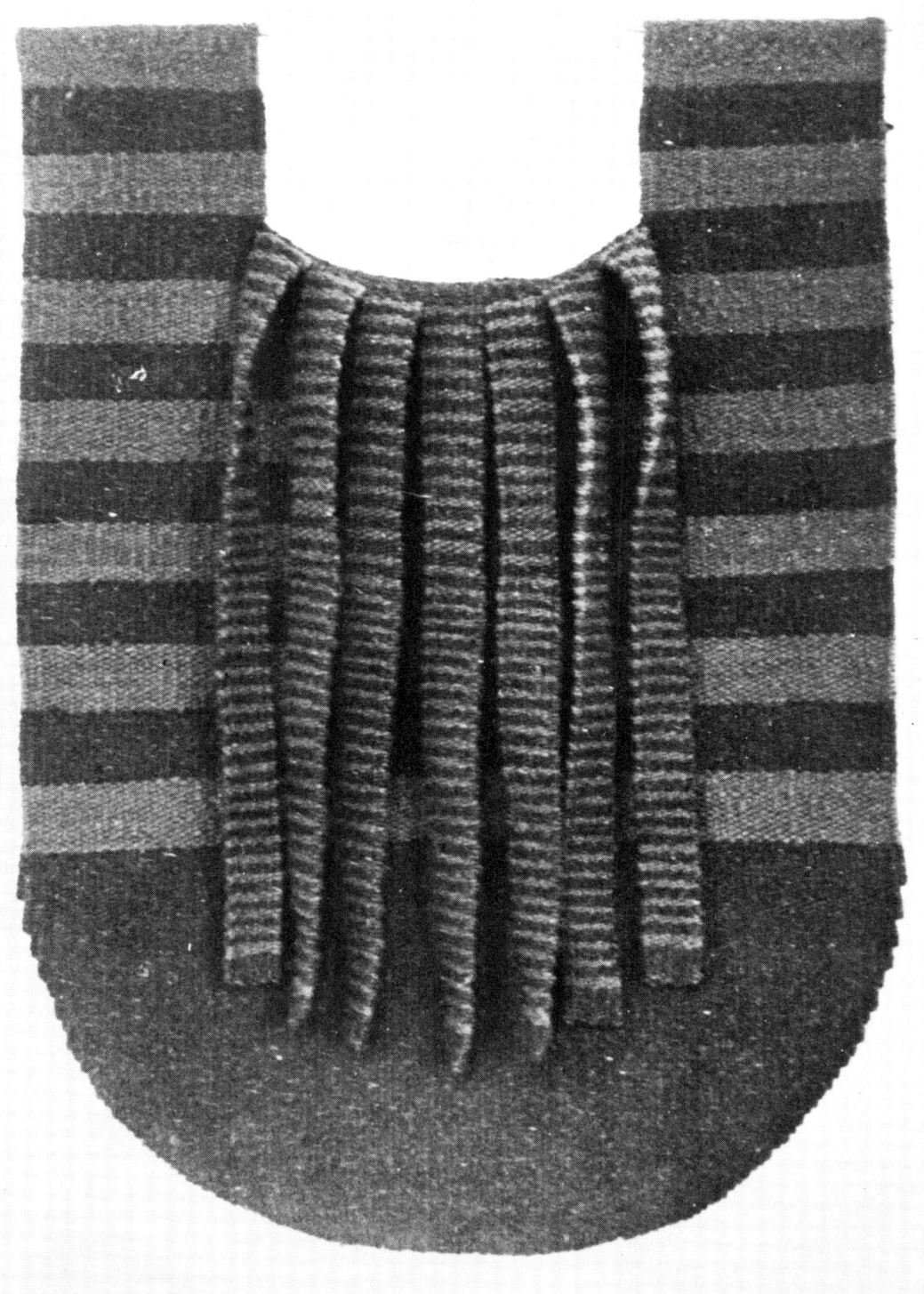

Fachwörterverzeichnis

Aufbäumen
Aufwinden der unter Spannung stehenden Kettfäden auf den Kettbaum.

Bandwebstuhl
Einfacher, zweischäftiger Webstuhl mit Schnurlitzen. Der geringen Webbreite wegen nur Bänderweben möglich.

Bildwebtechniken
Webtechniken für abstrakte oder bildliche Darstellungen, besonders in Teppichen, die flächige Malerei im Schuß erfordern. Die Bildwebtechniken unterscheiden sich je nach der Art, wie zwei Farbflächen miteinander verbunden werden. Sie werden besonders bei leinenbindigen Schußrips-Geweben gebraucht.

Bindung
Typische Gewebestruktur, die durch ein bestimmtes System des Verflechtens von Kett- und Schußfäden erzeugt wird. Das System – die Bindung – wird in einer Patrone gezeichnet.

Blattlade
Beweglicher Rahmen im Webstuhl, in dem das Webblatt sitzt. Die Blattlade dient zum Anschlagen des Schußfadens.

Blattstechen
Einstechen oder Einziehen der Kettfäden in die Riete des Webblatts.

Breithalter
Auch Spannstab genannt. Gerät, das man während des Webens besonders bei Schußripsbindungen braucht, um zu große Einarbeitung des Schußfadens an der Webkante zu verhindern.
Der Breithalter hat an den Enden Stacheln, die in die Webkante gestochen werden; durch Druck von oben auf den Stab spannt sich das Gewebe in der Breite.

Brustbaum
Fest im Webstuhl angebrachter, abgerundeter Balken, über den das Gewebe zum Warenbaum läuft, wo es aufgewickelt wird.

Direkt-Scheren
Das Kettgarn läuft über ein Schergatter direkt auf die Kettbaumwalze, so daß das Scheren auf Scherrahmen oder Scherbaum unnötig wird.

Docke
Lose gewundener Garnstrang, ähnlich einem Zopf.

Einarbeitung
Auch Einweben genannt; der Schußfaden legt sich bei der Verkreuzung mit den Kettfäden in Wellenlinien um diese, wobei die Kette immer etwas von ihrer ursprünglichen Breite verliert. Die Einarbeitung ist also die natürliche Schrumpfung der Kettenbreite während des Webens.

Einbinden
Bei Geweben mit Flor, Knoten, Flottungen u. ä. müssen diese von einem Grundgewebe gehalten werden. Der Flor wird dann z. B. von Schußeinträgen in Leinenbindung »eingebunden«.

Einlesestab
Flacher, schmaler, spitz zulaufender Stab, der in die Kette »eingelesen« wird. Der Einlesestab wirkt als fachbildende Einrichtung: mit ihm nimmt man nach einem bestimmten System Kettfäden auf, stellt den Stab auf die Kante und öffnet so ein Fach in der Kette. Er ist ein notwendiges Gerät bei handgefertigten Bindungsarten.

Einteilungsschnur
Vor Beginn des Webens wird auf den Webrahmen eine Schnur um die einzelnen Kettfäden gehäkelt, wodurch diese gleichmäßig gespreizt werden.

Einschuß
Auch Schußeintrag genannt; ein einzelner, in das Fach gelegter Schußfaden.

Einziehhaken
Ein der Häkelnadel ähnliches Gerät, mit Hilfe dessen die Kettfäden in die Litzenösen und ins Webblatt eingezogen werden.

Einzug

System, nach dem die Kettfäden durch die Litzenösen der Schäfte eingezogen werden.

Fach

Wenn ein Teil der Kettfäden mechanisch oder von Hand gehoben oder gesenkt wird, entsteht in der Kette eine Öffnung, durch die dann der Schußfaden gegeben wird. Diese Öffnung nennt man ein Fach.

Fachen

Lockeres Verdrehen von einem oder mehreren Fäden, wenn sie von der Spule abgewickelt werden.

Fadenkreuz

Die Kreuze entstehen beim Scheren durch kreuzweises Wickeln der Kettfäden um die Stifte des Scherbaums oder Scherbretts, wodurch die Kette, bis sie ganz auf den Webstuhl gespannt ist, in Ordnung bleibt. Auch Gelese genannt.

Fasern

Natürliche oder künstliche kurze, haarfeine Fäden, die zu Garn versponnen werden.

Flachwebstuhl

Jeder Webstuhl mit liegender, d. h. waagerechter Kette.

Flor

Aus der Gewebeoberfläche herausragende Fäden oder Schlingen.

Flottung

Auch flottierender Faden; ein Kett- oder Schußfaden, der mindestens zwei Fäden überkreuzt, ohne durch diese hindurchgewebt zu sein (vgl. Schwedenborten).

Füllschuß

Die Schußfäden, die in gemusterten Geweben das Grundgewebe bilden und die Musterfäden, wie Flottungen, einbinden.

Garndrehung

Schärfe und Richtung der Drehung von Garnen.

Garnhaspel

Eine Vorrichtung, die das Garn von Spulen strähnenförmig auf einen Rahmen wickelt.

Geleseleisten

Auch Teilstäbe oder Kreuzstäbe genannt; Stäbe, die nach dem Scheren in das Fadenkreuz (das Gelese) in der Kette gesteckt werden und bis nach dem Einzug der Kettfäden dort bleiben, damit die Kette in Ordnung bleibt.

Gewichtsnumerierung

Numerierung von Garn in tex, die angibt, wieviel Gramm 1000 m Garn wiegen.

Gobelinwebstuhl

Hochwebstuhl ohne Blattlade und Schäfte, mit Litzenstock und Schnurlitzen, zum Weben von Teppichen.

Grundgewebe

Untergrundgewebe, in das während des Webens das Muster eingetragen wird; meist in Leinenbindung.

Gurtwebstuhl

Auch Lendenwebstuhl genannt; bei diesem Webstuhl sind die Kettfäden an einen Stab geknotet, der mit einem Gurt um die Lenden des Webers befestigt ist. Das andere Ende der Kette hängt irgendwo gebündelt fest. Die Kette wird durch die Körperhaltung gespannt; gewebt werden kann im Stehen oder im Sitzen.

Handschützen

Auch Weberschiffchen genannt; alle Arten von Spulenhaltern und anderen Instrumenten, auf die der Schußfaden gewickelt wird und von denen er sich im Fach abspult bzw. von denen der Schußfaden für einen Schußeintrag abgewickelt wird.

Handwebstuhl

Alle Webstühle, die, im Gegensatz zu den Webmaschinen, von Hand bedient werden.

Hebel

Bei Tischwebstühlen Hebel, die durch Niederdrücken die Schäfte betätigen; dienen demselben Zweck wie die Tritte bei den Standwebstühlen.

Hochwebstuhl

Alle Webstühle mit hoher, d. h. senkrechter Kette.

Kelim

Leinenbindige Schußrips-Gewebe mit bildlicher Darstellung; unterscheiden sich von Gobelins durch die Schlitze im Gewebe.

Kettbaum

Der drehbare Balken am Webstuhl, auf den die Kette gewickelt wird und von dem sie sich je nach Länge des bereits Gewebten abwickeln läßt.

Kette

Die Längsfäden eines Gewebes, die auf den Webstuhl aufgespannt werden und durch die der Schuß hindurchgewebt wird.

Ketteinteilung

Kettdichte; Zahl der Kettfäden auf 10 cm Breite.

Kettfaden

Der einzelne Faden in der Kette.

Kettripsbindungen

Gewebe, in welchen sich Rippen bilden, die die Schußfäden verdecken; auch Querrips genannt.

Kontermarschwebstuhl

Bei diesem Webstuhl ist jeder Schaft mit zwei Seitenschwingen verschnürt, so daß beim Senken eines Schafts die anderen im Gegenzug nach oben gehen und ein Ober- und Unterfach gebildet werden.

Köper

Eine der Grundbindungen; bei Köper kreuzen sich Kett- und Schußfäden in Einheiten von zwei und mehr Fäden. Kennzeichnend für die Bindung ist der Diagonalgrat.

Kopfstück
Festes Gewebe, normalerweise in Leinenbindung vor dem eigentlichen Gewebe, am Anfang der Webarbeit.

Ladenbahn
Der Teil am Webstuhl, wo das Webblatt aufliegt und wo das Schiffchen durch die Kette gleitet.

Längennumerierung
Bezeichnung Nm zeigt an, wieviel Meter eines Garns 1 Gramm wiegen.

Längenschwund
Durch die Verkreuzung der Kettfäden mit den Schußfäden verkürzt sich die Kette um einiges, was man den Längenschwund nennt.

Leinenbindung
Auch Leinwand- oder Tuchbindung genannt; eine der Grundbindungen; die Leinenbindung entspricht dem Prinzip des Stopfens, d. h. ein Schußfaden geht immer abwechselnd über und unter einen Kettfaden.

Litze
Flache Metallstreifen, Drähte oder Schnüre mit einer Öse in der Mitte, die im Schaftrahmen hängen und durch die die Kettfäden gefädelt werden.

Litzenbaum
Litzenstock; der waagerechte Holzstab, an dem beim Webrahmen und Gobelinwebstuhl die Schnurlitzen befestigt sind.

Muster
Zeichnung im Gewebe; mit jeder Bindung sind verschiedene Muster möglich.

Oberfach
Ein Fach, das entsteht, wenn ein Teil der Kettfäden über die waagerechte Normallage angehoben wird.

Oberschuß
Ein flottierender Faden, mit dem Muster auf einem Grundgewebe gemalt werden und der vom Füllschuß eingebunden wird.

Öse
Schlinge oder Auge in der Mitte von Litzen, durch die der Kettfaden läuft.

Patrone
Zeichnung auf Papier, die angibt, wie der Webstuhl bespannt und verschnürt werden muß und in welcher Folge gewebt wird. Das Zeichnen der Patrone heißt Patronieren und das entsprechende Papier Patronenpapier.

Puschel
Auch Mäuschen genannt; über die Hand gewickeltes Garn, das anstelle eines Schiffchens oder einer Webnadel bei handgearbeiteten Bindungsarten verwendet wird.

Reihkamm
Flacher Stab mit senkrechten Stiften, den man während des Aufziehens der Kette auf den Webstuhl braucht, um die Kette gleichmäßig zu spreizen. Ersetzt während des Aufziehens das Webblatt.

Riet
Zwischenraum zwischen zwei Stäben des Webblatts, durch den der Kettfaden läuft. Webblätter gibt es in verschiedenen Rietdichten. Manche Weber nennen das Webblatt selbst Riet.

Rips
Gewebe mit horizontalen (Querrips) oder vertikalen (Längsrips) Rippen, in denen ein Fadensystem das andere verdeckt.

Schaft
Im Webstuhl aufgehängter Rahmen, in dem die Litzen befestigt sind.

Schaftwebstuhl
Tisch- oder Standwebstuhlmodell mit Oberfachbildung, bei dem jeder Schaft einzeln bedient werden kann.

Scherbaum
Auch Scherhaspel genannt; drehbares Holzgestell aus zwei senkrechten Rahmen mit Stiften zum Scheren einer langen Kette.

Scherbrett
Gerät zum Führen und Halten der Fäden beim Scheren einer mehrfädigen Kette, das dazu beiträgt, daß sich die Fäden unter gleichmäßiger Spannung abwickeln.

Scherrahmen
Einfacher Holzrahmen mit Stiften, auf dem eine kürzere Kette geschoren wird.

Scheren
Auch Zetteln genannt. Das ist die Vorbereitung des Kettgarns zum Aufspannen auf den Webstuhl, d. h. hauptsächlich die Arbeit des Abmessens von gleich langen Kettfäden.

Schiffchen
Auch Weberschiffchen oder Handschützen genannt; Gerät, in das Spulen gesetzt werden, auf die das Schußgarn gewickelt ist und das den Schußfaden durch das Fach trägt.

Schloß
Mittleres Gerüstteil eines Webstuhls, an dem die Schäfte aufgehängt sind.

Schürze
Tuch oder Schnur, das den Schürzenstock hält, an den die Kette am Waren- und Kettbaum gebunden ist (auch Anknottuch genannt).

Schürzenstock
Fester Holz- oder Metallstab, an dem die Kette auf dem Webstuhl befestigt wird.

Schuß
Die Querfäden in einem Gewebe; der Schuß liegt rechtwinklig zur Kette und wird mit dieser verwoben.

Schwedenborten
Bindungen mit zwei Schußfadensystemen, wobei ein Schußfaden für das Grundgewebe, der andere für das Muster gebraucht wird. Das Muster besteht aus langen oder kurzen Flottungen.

Seitenschwingen
Waagerechte hölzerne Latten bei Standwebstühlen, die mit den Schäften und mit den Tritten verschnürt sind; auch Querschemel genannt.

Spannung
Die Kettfäden müssen beim Weben gleichmäßig gestrafft sein; die Spannung wird mit Hilfe der Sperräder an Kett- und Warenbaum geregelt.

Sperräder
Zahnräder an den Enden von Kettbaum und Warenbaum, die ein Zurückrollen der Bäume verhindern.

Spinnen
Ausziehen und Verdrehen der Fasern zu einem endlosen Faden.

Spreizen
Die Kettfäden müssen zum Weben parallel in bestimmten, gleichmäßigen Abständen nebeneinanderliegen, also gleichmäßig gespreizt sein.

Spule
Verschiedenförmige Röhrchen, auf die das Schußgarn gewickelt wird und die man ins Schiffchen setzt; bezeichnet auch eine Lieferform von Garnen.

Streichbaum
Fester Balken, über den die Kette läuft, nachdem sie den Kettbaum verläßt.

Sumak
Handgearbeitete Schlingtechnik, meist in Teppichen.

Teppichklopfer
Fester, schwerer Anschlagkamm mit Metallzinken; notwendig für das Weben von Teppichen.

Tritt
Pedal zur Fußbedienung der Schäfte beim Standwebstuhl; auch Treten genannt.

Unterfach
Eine Fachöffnung, die durch Senken eines Teils der Kettfäden unter die waagerechte Normallage entsteht; bei Rollenzug- und Kontermarschwebstuhl anzutreffen.

Verschnürung
Verbindungsschnüre zwischen Tritten und Seitenschwingen beim Standwebstuhl; auch die in der Patrone angegebene Art der Verschnürung.

Warenbaum
Balken am Webstuhl, auf den das Gewebe beim Voranschreiten der Arbeit gewickelt wird.

Webblatt
auch Riet oder Kamm genannt; sitzt in der Blattlade, hält die Kettfäden gleichmäßig gespreizt und dient dem Anschlagen des Schußfadens.

Weberschiffchen
Siehe unter Handschützen.

Webkante
Fester seitlicher Geweberand, normalerweise verstärkt gearbeitet, bzw. wird verstärkt durch das Einlegen der Schußfadenenden ins Gewebe.

Webnadel
Holzstab, auf den das Schußgarn bei handgefertigten Bindungsarten gewickelt wird. Der Schußfaden wickelt sich nicht automatisch wie beim Schiffchen ab, sondern muß durch Drehung der Webnadel mit der Hand für jeden Schußeintrag abgewickelt werden.

Webrahmen
In der einfachsten Form ein Rahmen, auf den die Kettfäden straff gewickelt werden.

Zopf
Verschlungener Garnstrang, der geflochten wird, nachdem die Kette vom Scherbaumrahmen abgenommen wird, damit sie sich nicht verwirrt.

Bezugsquellen

Handwebgeräte
Walter Kircher
Alte Kasseler Straße 24
3550 Marburg/L.

**Webgeräte
Rohwolle, Garne,
natürliche Farbstoffe**
Textilkunst + Webatelier
Ariette Wehmer-Filiawe
Herrenstraße 32
7800 Freiburg

Rohwolle, Garne
Fa. Karl Abben Nachf.
Bekassinenau 129
2000 Hamburg-Rahlstedt

Fa. Gerhard Dieckhoff
Hermann-Löns-Str. 6
4790 Paderborn

HWG Dr. Heinrich Pabst
+ Walter Renschel
Hauptstr. 31
5252 Ründerroth

Junghans Wollversand
KG
Blücherplatz 15–27
5100 Aachen

Fa. Axel Seehawer
Sonnhalde 9
7400 Tübingen

Fa. Friedrich Traub
Lange Straße 32
7050 Waiblingen

Wolle
Wolle Hartmuth
Paulinenstraße 108
5102 Würselen

Webkurse
Werkgalerie Hochwart
Gisela Fröhlich
Postfach 8
7752 Insel Reichenau

Für Österreich
**Handarbeiten,
Wolle, Teppich-
und Bastelmaterial**
Fa. Hermann Posch
Favoritenstr. 27
A-1040 Wien 4

Bildquellen

Fotos
Arthur Burt
Seite 8

Nilis Leclerc, Inc.
Seite 21, 24, 26, 32, 52

Albert Richardson
Seite 149

Schacht Spindle Company
Seite 45

Claus-Peter Schmid
Seite 117

Shelburne Museum, Inc.
Seite 95

Richard Zimmer
Seite 6, 100, 151

Charles Vorhees
alle anderen Fotos

Zeichnungen
Robert L. Creager